어셔토플 단어
기초영어

토플 / 토익 / 아이엘츠 / 텝스
편입 / 대학원 / 공무원 / 특목고
수능의 기본이 되는

5

USHER 단어암기 프로그램 **별도 판매**
usherin.usher.co.kr

초·중·고등단어

어셔 어학연구소

# USHER **VOCABULARY**

## 어셔 토플 기초영어단어(초·중·고등단어) `5+1일 완성`

**초판 1쇄 발행** · 2013년 7월 1일
**개정증보판 9쇄 발행** · 2020년 2월 1일
**개정증보판 15쇄 발행** · 2025년 11월 1일

**지은이** . 어셔토플연구소
**펴낸곳** . 어셔 어학연구소
**펴낸이** . 어셔 어학연구소 출판팀
**주 소** . 서울 서초구 잠원로 3길 40 태남빌딩 2층 어셔어학연구소
**전 화** . 02) 595-5679
**홈페이지** . www.usher.co,kr
**ISBN** · 978-89-967161-7-4

**정 가** · 15,000원

**저작권자** . ⓒ2014, 어셔 어학연구소

이 책 및 mp3 내용의 저작권은 저자에게 있습니다.
서면에 의한 저자와 출판사의 허락없이 내용의 일부 혹은 전부를 인용하거나, 발췌하는 것을 금합니다.

COPYRIGHT© 2018 by Usher Language Research Institute
All rights reserved including the rights of reproduction In whole or part in any form Printed in Korea

# PREFACE

### USHER VOCABULARY 어셔 토플 기초영어단어(초·중·고등단어)

**토플학원을 다니는 학생들에게 가장 많이 듣는 질문**은 한 두 달 내 토플을 끝내야 하는데 토플단어 암기하려면 무엇을 해야 하느냐를 묻는 내용입니다. 그래서 우선 어셔 어학연구소에는 토플을 당장 준비하는 학생들을 위한 단어 2,600개를 정리하여 **iBT TOEFL VOCABULARY 13일 완성 (2014년 6월 출간)**을 먼저 출간하게 되었습니다.

하지만, 상당기간 공부를 하던 학생들을 대상으로 수업을 진행하다가 성적 향상이 없거나 더딘 학생들을 관찰한 결과, 말도 안되게, 어려운 토플 단어는 다 알면서 쉬운 초·중·고등 단어 즉, 기초단어를 몰라서 해석도, 라이팅도, 리스닝도, 스피킹도 모두 안 되는 경우를 '의외로' 자주 접하게 되었습니다.

### 한가지 무조건 기억해야 하는 것이 있습니다.
학생들이 종종 기본이 되고, 기초가 되는 것은 너무 쉽고 별거 아닌 것이라 생각하는데, 기본은 가장 중요한 내용입니다. 기본이 흔들리면 모든 것이 무너질 수 있다는 진부한 예를 들지 않고, 숫자로 설명한다면,

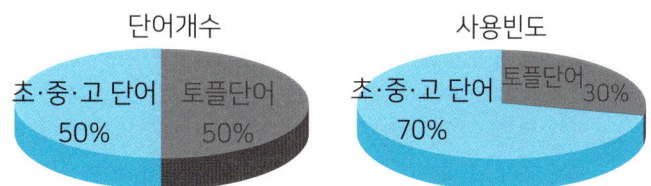

토플단어는 대략 2,600개입니다(2,646개).
기본단어인 초·중·고 단어도 2,600여개 입니다.

문제는, 거의 같은 2,500개이고, 심지어 토플단어 2,600개가 훨씬 더 어렵지만, 사용빈도를 따져 본다면, 전체 지문 구성 중 초·중·고단어가 70% 이상을 차지하고, 토플단어는 30% 정도를 차지한다고 할 수 있고, 그런 상태에서 초·중·고등 기본 단어를 모른 채, 토플단어만을 안다면, 어려운 소수의 단어로 전체 내용을 파악하려 하는 말도 안 되는 결과를 낳는다는 점이고, 이런 말도 안되는 점을 모른 채 기초 없는 학생들이 어려운 단어만을 붙잡고 씨름하다 중간에 토플을 포기하는 경우가 많다는 사실입니다.

재미있는 것은, 초·중·고등학교 단어는 다 아는데, 토플단어는 모르는 학생과 (즉 기초가 탄탄한 학생 대략 내신 1, 2등급), 토플단어는 다 알지만, 초·중·고등 학교 단어를 모르는 두 학생의 점수를 비교해 보면, 초·중·고등 학교 단어 정도의 수준이지만, 확실히 잘 아는 학생이 토플 리딩 점수 iBT TOEFL 30점 만점에 20r-,23점 정도까지도 나올 수 있는 반면, 토플단어는 알되, 초·중·고등 학교 단어를 모르는 학생은 15점도 안 나오는 어이없는 경우도 있다는 점입니다.

이를 생각해서 어셔 어학연구소에서는 토플을 준비해야 하지만, 기초가 부족한 학생들을 위해 약식으로 약식 단어장을 준비하였습니다. 구성은 간단히 초등단어 456개, 중등단어 1,000개, 고등단어 1,500개를 정리 하였으며, 매일 500개씩 6일 동안 암기할 수 있도록 하였습니다.

아울러, 현재 초·중·고등학교를 다니는 학생들 역시 두꺼운 단어장이 귀찮고 막바지 정리를 하고 싶다면 십분 활용할 수 있도록 구성을 하였습니다.

본인의 실력을 알고자 한다면, **주말 하루** 날 잡아서, 네 시간 정도만 투자하면 금방 파악이 될 수 있습니다. **원칙은 almost = not**입니다.

예전에 암기한 단어인데?
시간 주면 기억 날 텐데……
알 것 같은데?
정도로 아는 것은 모르는 것으로 하고, 모르는 것을 모아봤을 때, 대략 걸리는 시간입니다.

이 시간 동안, 내용을 추렸을 때 모르는 개수가

200개 안쪽이면, 토플단어를 병행하며 토플공부를 진행해도 됩니다.
500개 내외이면, 다소 버겁지만, 역시 토플공부를 진행할 수 있습니다.
1,000개 이상이라면, 무조건 토플공부 중단하고, 초·중·고등 단어를 빨리 5회 이상 암기하고 다시 토플공부를 시작할 것을 권해드립니다. 기초가 되는 기본단어를 모른 채 토플공부를 해봤자 시간의 효율성을 많이 저해될 것이 자명하기 때문입니다.
1,000개라고 해봐야 1회독 때 하루 200개씩 5일, 2회독때 400개씩 2.5일, 3회독때는 500개씩 2일, 4회독때 700개씩 1.5일, 5회독때 1,000개씩 1일,
총 13일 내외, 즉 2주 정도면 충분합니다.

시간을 많이 잡을 필요는 없습니다. 책의 부피를 보면 알 수 있듯이 어려운 내용은 아닙니다.
하지만 책의 부피와 반대로 가장 중요할 수 있는 내용이므로 꼭 위의 내용을 기억하고 숙지해서 토플은 물론, 토익, 수능, 편입, 텝스, 특목고, 공무원, 대학원 및 SAT,
GRE, GMAT시험을 준비하고자 하는 분들이 한 번 잠깐 확인할 정도로 이해하면 되는 교재입니다.

쉽지만, 중요한 단어를 확실히 숙지한 후, 원하는 각자의 시험에서 좋은 결과를 얻기를 바랍니다.

**어셔 어학연구소**

# Contents

- Preface
- 어셔 토플 기초영단어 특징
- 학습방법
- 인덱스
- 어셔 토플 기초영단어 구성

### USHER VOCABULARY 어셔 토플 기초영단어 (초·중·고등단어)

**Day 1**
- 체크사항 및 주의사항 ·············· 14
- 중등단어 **0001-0500** ·············· 15
- 어셔 토플 단어시험지 ·············· 25

**Day 2**
- 체크사항 및 주의사항 ·············· 30
- 중등단어 **0501-1000** ·············· 31
- 어셔 토플 단어시험지 ·············· 41

**Day 3**
- 체크사항 및 주의사항 ·············· 46
- 고등단어 **1001-1500** ·············· 47
- 어셔 토플 단어시험지 ·············· 57

**Day 4**
- 체크사항 및 주의사항 ·············· 62
- 고등단어 **1501-2000** ·············· 63
- 어셔 토플 단어시험지 ·············· 73

**Day 5**
- 체크사항 및 주의사항 ·············· 78
- 고등단어 **2001-2500** ·············· 79
- 어셔 토플 단어시험지 ·············· 89

**Day 6**
- 체크사항 및 주의사항 ·············· 94
- 초등단어 **2501-2956** ·············· 95
- 어셔 토플 단어시험지 ·············· 105

**INDEX** ·············· 110

# 1. 학습방법

### 1. 밑 빠진 독에 물 붓기 + 일정량 무조건 나가기
(설사 못 나갔다 해도 그날은 스킵하고 대신 완성률 적어두기) - 표 참조

모두들 인정할 수밖에 없는 내용 중에서, 암기한 내용은 반드시 잊혀진다는 것입니다. 이런 점에서 공부 중 상당부분인 암기라는 것은 밑 빠진 독에 물 붓기 라는 말이 전혀 틀린 말은 아닙니다. 하지만, 분명히 잊어버린 내용들이 있더라도, 새어 나가는 것보다 더 많은 물을 붓는다면 결국 물 높이는 조금씩이나마 계속 올라가게 되고, 그러다 어느 날 물이 넘치게 되면 게임은 끝나게 된다는 사실입니다.

다수의 학생들이 단어를 공부 할 때는 대부분 초반에 하루, 잘하면 이틀 정도만 제대로 하고는 곧 포기하곤 합니다. 이런 일들을 가능케 하는 것은 대충하겠다는 생각으로 시작했다기 보다는, 너무 잘하겠다는, 즉 확실하게 암기하겠다는 생각으로 하루하루는 정말 잘하지만, 그런 자세가 오히려 지나친 부담으로 다가와 결국 다음날 스스로 공부하는데 큰 방해가 되게 된다는 점입니다.

비슷한 예로 주위에 운동하겠다고 시작하는 사람들은 하나같이 기계부터 삽니다. 팔굽혀펴기 기계, 윗몸 일으키기, 바벨 등… 하지만, 보통 첫날 객기로(?!!!) 너무 강하게 운동한 것이 결국 문제가 되어 다음 날은 시작도 하기 전에 맘이 무거움을 느끼게 되고, 결국 이는 운동을 이어가는데 결정적인 부담이 되어 며칠하다가 그만두는 것과 같다고 하겠습니다.

그러므로, 너무 부담 갖지 마십시오. 할 수 있는 이게 팔굽혀펴기 다섯 개라면 그냥 다섯 개를 쭉 하다 보면, 어느 날 문득 열 개를 해도 될 것 같다는 생각이 들 때가 있고, 이런 일이 반복되면, 어느 순간 50개, 60개씩 늘어나는 것입니다. 하지만, 대부분의 경우에는 그저 옆 사람이 60개씩 한번에 하는 것이 부럽기만 할 뿐 그 사람이 그렇게 되는 데까지 걸린 과정은 무시하고 지나가는 경우가 결정적인 실패의 요인이 됩니다. 그러므로 너무 무리하지 말고, 그냥 편하게 하십시오. 하지만, 절대 정한 양은 지키는 철저함은 필요합니다.

### 2. 계획 잡는 방법
하루 500개씩 intensive하게 공부할 수 있는 사람이라면, 책의 편집대로 따르면 6일에 마쳐지게 되고, 한 달에 5번을 보게 됩니다. 하지만, 다른 공부나 일을 병행하기 때문에 500개씩이 부담스러운 경우에도 임의의 숫자대로 30개 또는 50개 등으로 목표를 잡되, 절대 다음의 B와 같이 하지 마십시오

| 구분 | A<br>단어 공부시간 확보된 경우 | B<br>하루 30개 목표 잘못된 경우 | C<br>하루 30개 목표 추천 계획 |
|---|---|---|---|
| 1일차 | 500 | 1-30 | 1-30 |
| 2일차 | 1000 | 31-60 | 501-530 |
| 3일차 | 1500 | 61-90 | 1001-1030 |
| ⋮ | ⋮ | ⋮ | ⋮ |
| ⋮ | ⋮ | ⋮ | ⋮ |
| 6일차 | 1회독 완성 | 151-180 | 부분 1회독 완성 |
| 7일차 | ⋮ | 181-210 | (1-30 간단히 복습 후 31-60) |
| ⋮ | ⋮ | ⋮ | (501-530 간단히 복습 후 531-560) |
| ⋮ | ⋮ | ⋮ | |
| 30일차 | 6회독 완성 | 책 앞부분 1/5도 못보고 포기 가능성 높고, 앞부분 기억도 잘 안남 | 같은 1/5 봤지만, 포기확률 적고, 기억할 가능성 높음 |

## 3. 이제 본격적인 계획을 짜봅시다.

다시 한번 절대 양을 많이 잡지 말 것. 너무 적게 잡았다면 중간에 늘려도 됩니다. 스스로에게 물었을 때, '이거 못하면 난 밥값도 못한거다'같은 반응이 나올 수 있는 정도로 우선 짜봅시다.

## 4. 매일 반복되는 500개씩을 외울 때는

4.1 우선, 오늘의 단어를 펴고, 모르는 것만 체크합니다. (총계를 내서 모르는 개수가 그날의 할당량이 됩니다)

4.2. 뒷면의 단어장을 펴고, 그 날의 범위 중 외워야 할 대상들만 그냥 쭉 훑어보며 모르는 것은 체크만 합니다.
(너무 시간이 없을 땐, 여기까지만이라도 하고 다음날로 넘어가야 합니다)

4.3. 우선 먼저 빨리 외워질 듯한 단어들은 우선 외워봅니다. 그래도 남는 단어들은 본격적으로 고민해봅니다. 이 과정만 잘 해 두면, 단어는 거의 다 외운 것이나 마찬가지입니다. 방법은 다음과 같습니다. (다른 사람이 이야기 해준 것보다 본인이 고민해 본 것이 더 잘 기억납니다)

    4.3.1. 억지쓰기
        "Jolt = 충격'라는 단어를 외울 때, 그녀의 졸(jol)티(t)는 충격이었다 등으로 외우기

    4.3.2. 잘라보기 (어근기준)
        "Delineate = 윤곽그리다'는 de / line /ate 라인이라는 단어가 들어있으니까, 윤곽 그리다

    4.3.3. 발음 갖고 장난치기
        Elucidate [ilúːsədèit] - 명확히 하다
        [일루서데이트] - (범인에게) 일루서! 데이트대! (범행 날짜 대!)

    4.3.4. 다 해봐도 안 외워지면, 사전을 펴는 게 빠릅니다. 사전 찾다가 스펠링 외워지고, 예문까지 봐두면, 의외로 빨리 외워집니다. 대신 많이 찾게 되면 너무 느리고, 효과가 떨어집니다. 그러므로 앞선 과정에서 많이 걸러져야 편합니다.

4.4. 위의 작업이 끝났으면 접은 상태에서 반복적으로 열 번씩만 읽으면 거의 외워집니다.

    4.4.1. 우선은 눈으로 뜻을 외우고,

    4.4.2. 다 외웠으면, 강세를 찍어가며 발음해보고,

    4.4.3. 그 다음 스펠링을 외웁니다.

4.5. 다 외웠는지 확인은 다시 맨 앞의 오늘의 단어를 보고 재검토하고, 자신 있으면, 책 속의 부록인 어셔 단어 시험지를 꺼내서 mp3를 틀어가며 시험 봅니다. 하루 통과 개수는 틀린 개수 10% 이내이어야 합니다. (500개 시험 보면 50개까지만 통과)

## 5. 위의 방법으로 하되, 개인적으로 할 것인지 같이 스터디 그룹을 만들어 할 것인지에 따라서 나눠 볼 수 있습니다. 혼자서는 아무래도 망가지기 쉬우므로, 스터디를 통해 같이 하는 방법을 권합니다. 하지만, 꼭 필요한 것은 아니므로 여건에 따라 하시면 됩니다.

5.1. 개별적으로 할 때 - 위의 방법대로 하면, 1회독에 6일, 한 달에 5회독이 가능합니다.

5.2. 스터디 그룹으로 할 때

    5.2.1. 수준이 비슷한 사람들끼리 뭉친다 - 수준차이가 나면 중간에 어그러질 수 있습니다.

    5.2.2. 일정량씩 하루 목표를 잡되, 규제 방법을 걸어두는 것이 좋습니다. 어셔 스타일은 처음에 6만원을 걸고,
- 1회독 때만 500개 중 50개까지만 면제해주고 개당 100원씩 삭감하는 방법이었습니다.
- 2회독부터는 50개 면제도 없앱니다. 그래야 마지막 하나까지 긴장하며 외웁니다.
- 3회독 때까지는 계속 표제어를 외웁니다.
- 4회독 때부터는 한글 뜻을 달지 않고 동의어로 뜻을 달아 시험을 봅니다.

# 2. 구성

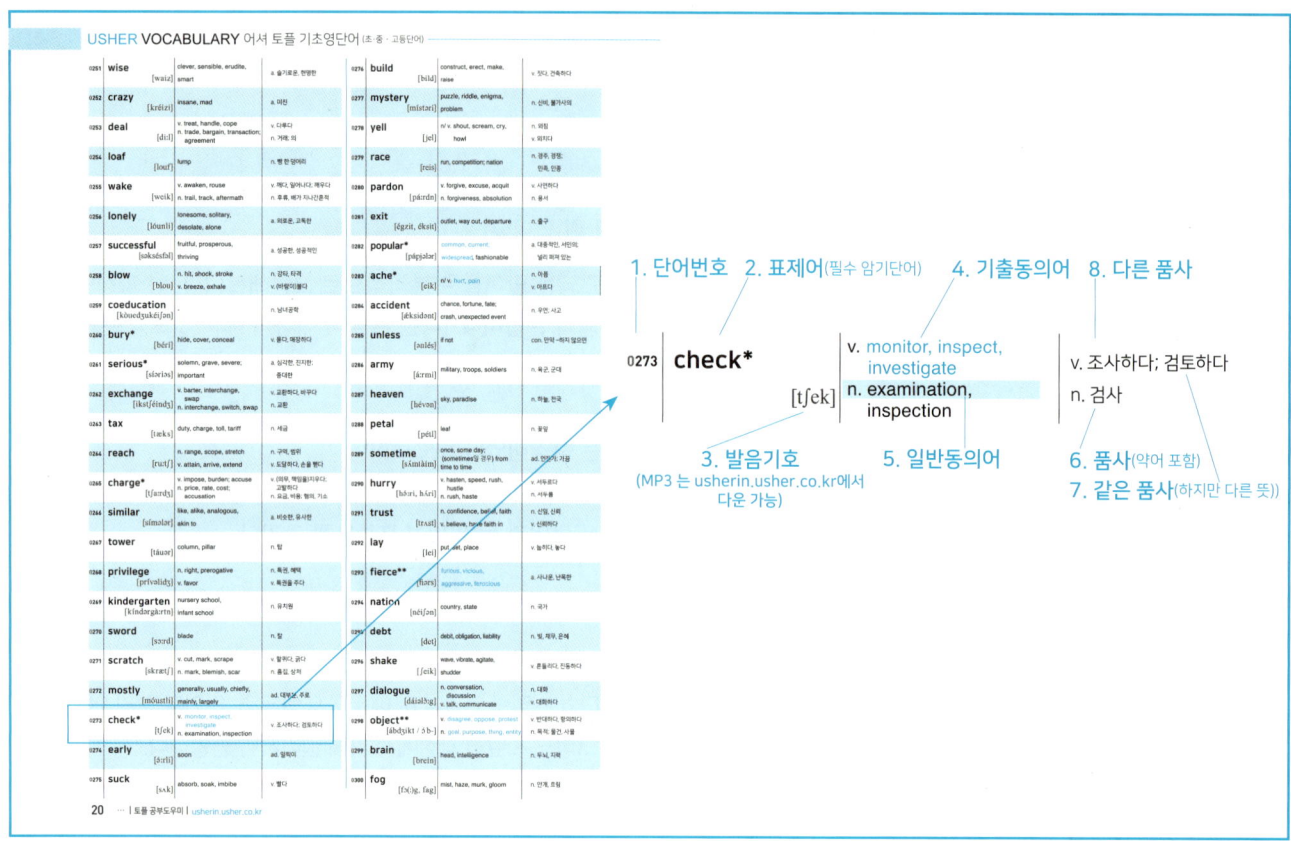

## 1. 단어 번호

매일 해야 하는 분량이니까 하는 것이 아닌, 전체 중 내가 몇 번이나 나갔는지를 파악하기 위해 번호를 붙여 두었습니다. 일정량 계획을 잡을 때 번호로 잡으시면 됩니다.

## 2. 표제어

시험에 기출 되었던 내용들로서 abcd순서로 하는 것은 너무 지루할 듯 하여, 무작위로 섞어 두었습니다.

## 3. 발음기호

보통 한국에서만 공부하는 학생들의 경우에는 발음기호를 신경 쓰지 않고 지나가는 경우가 많은데, 이렇게 할 경우, 읽기나 쓰기는 가능하겠지만, 듣기나 말할 때는 전혀 알아듣지 못하는 경우가 생기기도 합니다. 즉, 시각은 있지만, 청각과 말하는 능력을 스스로 포기하는 것과 마찬가지입니다. 극단적으로 이는 본인 스스로에게 언어 장애를 가져오는 행위라 할 만큼 위험한 일입니다. 그러므로 무료로 배포되는 mp3파일을 다운받아서 꼭 '들으며', '발음하며' 암기 해 두시기 바랍니다. 그렇지 않으면 나중에 듣기와 말하기를 할 때 큰 후회를 할 수 있습니다. 아울러, 단어를 암기할 때는 눈 또는 손으로만 외우는 것 이외에, 귀로 듣고, 입으로 말하기 등을 병행하여 가능한 모든 감각을 쓰는 것이 암기에도 더욱 효율적입니다.

## 4. 기출 동의어

같은 뜻을 가진 동의어로서, 시험에 나온 적이 있기에 따로 표시해 두었습니다. 모든 동의어가 모두 중요하지만, 시험 주관사인 ETS가 분석해서 낸 대로 그 빈도가 높은 것이 사실이므로 별도 표시해 두었습니다. 촉박하게 공부하는 경우 우선 순위로 생각하셔도 좋으나, 단어는 많이 알수록 좋다는 점은 적어두겠습니다.

## 5. 일반 동의어

기출 동의어는 아니지만, 충분히 가능성이 있기에 적어둔 내용입니다. 단어의 동의어를 많이 아는 것은 독해 단어시험에서도 중요하지만, 쓰기와 말하기 때에도 중요하므로 같이 기억해 두는 것이 좋습니다. 하지만, 버거우면 잠시 내려놔도 좋습니다.

## 6. 품사

품사라고 하면 문법을 생각하게 되어서 귀찮지만, 외국에서 살아서 느낌으로 아는 것이 아니라면, 반드시 챙겨 두는 것이 좋습니다. 구별과 기능은 간단히 다음과 같습니다.

| 명사 | n | 사물의 이름들을 모두 명사라 합니다. |
|---|---|---|
| 형용사 | a | 명사를 꾸미는 기능을 합니다. '~한으로 해석됩니다. 예 **우아한** 세계 |
| 부사 | ad | 형용사와 동사 등을 꾸미는 기능을 합니다. '~하게'로 해석됩니다. 예 **아름답게** 움직이다 |
| 동사 | v | 동작을 나타내는 말 '~하다'로 끝나는 말들입니다. 예 그는 **아프다** |
| 대명사 | pn | 명사를 대신하는 말. 몇 개 안됩니다. 예 **그녀, 이것, 저것** 등 |
| 접속사 | c | 이어주는 기능. 몇 개 안됩니다. 예 만약 ~ 해야만 한다면 |
| 전치사 | p | 우리말에는 없는 기능이지만, 반드시 기억해 두어야 합니다. 몇 개 안됩니다. 예 **in, on, at** 등 |
| 감탄사 | i | 무시해도 좋습니다. 본 교재에는 없습니다. |
| 구 | phr | 단어들이 합쳐져서 뜻을 가지는 것을 말합니다. 8품사와는 관계가 없지만, 중요 구가 본 교재에는 포함되어 있습니다. |
| 조동사 | Aux.v. | 동사를 보조하여 의미를 더하는 보조동사 예 'I can do it'의 **can** |

## 7. ; (세미콜론)

같은 품사이지만 다른 뜻일 경우 표시하는 방법입니다. 영영 사전에서 쓰는 방법을 차용했습니다.

## 8. / (슬래시)

영어는 같은 단어라도 품사가 달라지는 경우가 많습니다. fashion같은 경우, 우리는 명사로 '패션'만 알고 있지만, 토플을 포함한 수험영어에서는 make와 같은 '만들다'의 뜻으로도 너무 자주 쓰입니다. 이럴 경우, 명사로 해석해서는 절대 알 수가 없습니다. 같은 단어 중에도 많은 품사 차이와 뜻 차이가 있지만, 본 교재에서는 제일 중요한 뜻과 품사만을 우선 선별해 두었습니다.

# 3. 특         징

### 1. 토플, 토익, 수능, 편입, 텝스, 특목고, 공무원, 대학원 및 SAT GRE GMAT시험을 준비한다면서 정작 가장 쉬운 단어조차 모르는 학생들을 위한 교재

토플에서의 단어 개수는 어느 정도일까?라는 질문을 참 많이 받습니다. 이에 대해,

    1단계 : 초등단어 456개(본 교재 Day6)
    2단계 : 중학단어 1,000개(본 교재 Day1~2)
    3단계 : 고등학교 단어 1,500개(본 교재 Day3~5)
    4단계 : 토플단어 2,646개(USHER TOEFL VOCABULARY 별권)
    5단계 : SAT단어 GRE단어(추후 발매 예정)

정도로 생각하시면 쉽습니다. 이에 이점을 잘 활용하면 수준에 맞는 효율적인 영어 수학 능력을 키울 수 있을 것입니다. 기초없이는 아무것도 할 수 없음을 꼭 기억하고, 위에 언급한 모든 시험을 준비하는 수험생들은 이 단어장에 있는 단어를 다 알고 있는지 반드시 체크해야 합니다. 이 단어들조차 모른다면, 위의 어떤 시험도 제대로 준비할 수 없습니다. 꼭 기억해야 합니다.

### 2. 시험을 준비하기 전에 잠시 본인의 실력의 기본을 확인하고자 하는 분들을 위한 교재

본인의 실력을 기본적으로 확인하고자 하는 분들은 각 시험의 진단평가를 보는 것도 좋지만, 우선, 본 교재 리스트에 있는 단어를 과연 다 알고 있고, 자연스럽게 나올 만큼 모두 익숙하게 숙지하였는가를 꼭 되짚어 주시기 바랍니다.

### 3. 부담감을 줄이고, 빠른 확인을 위한 예문 생략

단어의 수준이 낮은 관계로 굳이 예문까지 넣어 부피가 커지지 않도록 하기 위해 예문을 뺐습니다. 원래 단어는 예문과 함께 기억 해야만, 단어의 뉘앙스와 쓰임을 잘 알 수 있기에 정석으로는 그렇게 해야 하나, 본 교재의 목적은 빠른 점검이기에 과감히 단어 예문을 빼고, 부피를 휴대하기 편하고 부담 없게 얇게 줄였습니다. 오래 잡고 있을 책이 아닙니다. 빨리 훑고 다음으로 상쾌하게 진행하시기 바랍니다.

### 4. 단어의 뉘앙스 파악을 위해 같이 기재된 동의어

단어는 원래 예문과 같이 암기해야 도움이 된다는 것은 확실하나, 3번의 이유 때문에 뺐습니다. 하지만, 그렇다고 뉘앙스를 완전히 포기 할 수는 없기에, 동의어를 넣어 도움을 얻을 수 있도록 하였고, 실제 기출문제로 출제된 단어에는 별도의 색 표시로 구별해 두었습니다.

### 5. IBT(토플) 최신 기출 단어 포함

사람들이 쓰는 단어는 어느 정도 되면 반복적으로 사용하는 경우가 많습니다. TOEFL(토플) 시험도 마찬가지로, 시험 형식이 아무리 달라져도 출제되는 어휘가 끝없이 많진 않습니다. 「USHER VOCABULARY 어셔 토플 기초영어단어(초·중·고등단어)」의 단어 리스트만 잘 외워도 시험장에서 큰 힘이 될 뿐만 아니라, 시간의 효율성에서도 극대화를 노릴 수 있습니다.

### 6. 기출 동의어 별도 표시와 라이팅 스피킹때도 필요한 동의어 정리

독해 시험에서는 동의어 문제가 나옵니다. 이때 반드시 필요한 것이 「USHER VOCABULARY 어셔 토플 기초영어단어(초·중·고등단어)」의 빨간색 표시된 동의어들입니다. 필수적으로 외워야 하지만, 1회독 때는 표제어만 중점적으로 외워도 2회독부터는 자동적으로 외워질 것입니다. 표제어들간에도 동의어가 많기 때문입니다. 독해시험에서의 동의어 문제뿐만 아니라, 동의어는 쓰기와 말하기 시험에서 같은 단어를 쓰지 않고 말을 바꾸는 paraphrase때 큰 도움이 됩니다. 이때 필요할 만한 단어들을 추가로 수록했습니다.

## 7. 자세한 학습방법 설명

단어를 공부하는데 가장 힘든 적은 하나하나의 단어를 외우는 것이 힘든 것보다, 꾸준히 공부해야 결과를 얻을 수 있는 단어공부의 특징 때문이라 할 수 있습니다. 이에 초점을 맞추어 「USHER VOCABULARY 어셔 토플 기초영어단어(초·중·고등단어)」는 단어 공부를 준비하고자 하는 학생들이 공부하는데 필요한 방법들을 정리해 두었습니다. 귀찮더라도 하나하나 따라 하다 보면, 효율성이 좋아지는 결과를 얻을 수 있을 것입니다.

## 8. 확실한 암기를 위한 어셔 스타일의 시험지 / 말하기 듣기를 위한 무료 mp3제공

학생들은 시험을 너무 싫어하지만, 세상의 모든 일들에 있어 결과를 파악하는 방법으로 시험은 '인간이 만든 최고의 작품'입니다. 너무 큰 부담이 수반되는 것이 단점이지만… 하지만, 학교에서 중간고사와 기말고사가 정말 싫음에도, 이런 중간고사와 기말고사가 없다면 과연 스스로 공부를 해서 공부한 티를 낼 수 있는 사람이 몇이나 될까요? 이런 점에서 이런 '유익한 부담'을 잘 이용하자는 뜻에서, 어셔 어학연구소에서는 단어 공부를 함에 있어 어셔만의 방법을 만들어 냈는데, 이는 mp3를 듣고, 단어와 품사 뜻을 모두 적는 시험입니다. (외국 생활이 길었던 분들은 품사는 생략해도 좋습니다) 대부분의 학교에서 시험 보는 방법은 한글 뜻만 적어두면, 스펠링을 적게 하던가, 스펠링을 미리 적어두면, 한글 뜻을 적게 하는 방법을 쓰지만, 이는 발음을 무시하고 암기하게 만들기 때문에 결국 듣기와 말하기를 완전히 망치는 지름길입니다. 다행히(?!!!) 토플에서는 듣기 말하기 읽기 쓰기 네 과목을 모두 시험 보기에 발음을 신경 써야 하는 부분은 선택이 아닌 필수이기에 극단적으로 보이지만, 지금까지의 공부방법이 잘못되었음을 인식하고 꼭 이 시험방법대로 따라 주시기 바랍니다. 다시 한번, 이를 무시하면, 스스로에게 말하지 못하고, 듣지 못하는 장애 아닌 장애를 만드는 결과를 가져올 수 있습니다.

## 9. 암기하기 편한 편집 디자인

책을 읽기 편하게 하는 가독성에 신경을 쓴 편집디자인으로 많은 단어를 외워야 하는 학생들의 수고에 조금이나마 도움이 되도록 노력하였습니다. '책의 구성'부분을 (본 교재 8~9페이지) 잘 참고하시어 도움받으시길 바랍니다.

## 10. 매일 일정량씩 나가는 계획을 스스로 짤 수 있도록 단어에 직접 붙인 번호

단어는 절대 어려워서 못하는 것이 아닙니다. 단지 꾸준하지 못해서 생기는 일일 뿐입니다. 꾸준함을 위해서는 매일매일 위기감을 갖고, 목표의식을 가져야 하는데, 이때 도움 될 수 있는 것이 전체 개수 중 내가 현재 몇 번을 외우고 있는가를 '수시로' 파악하는 것입니다. 부담스럽더라도 현재의 좌표를 항상 기억해가며 긴장감을 늦추지 않고 진행하면 조만간 부담이 스스로에 대한 만족감으로 바뀌게 됩니다. 6일만 참아 주시기 바랍니다.

## 11. 수준별 어휘 구별로 인한 맞춤형 공부

"가장 중요한 단어 = 가장 많이 쓰이는 단어"라는 사실을 기억하고, 이런 가장 많이 쓰이는 단어조차 다 외우지 않고 덜 중요한, 덜 자주 보는 단어를 외우는 실수를 하지 않으시길 바랍니다. 더 많이 쓰이는 쉬운 단어에서도 종종 막히게 되면 결국 실력항상에 걸림돌이 될 수 있기 때문입니다.

## 12. 표제어 암기에 도움되고 중간 포기를 줄이기 위한 편집 및 학습 방법 유도

동의어에 신경 쓰지 말고, 「USHER VOCABULARY 어셔 토플 기초영어단어(초·중·고등단어)」의 표제어 암기를 포기 없이 1번만 해도 토플의 기초 단어는 거의 다 잡은 것이나 마찬가지입니다. 이에, 중간 포기를 줄이기 위해 번호사용과 학습방법 안내를 통해 영어공부의 전환기를 찾아드릴 것입니다.

## 13. 단어 공부 중간 포기를 막고 싶다면 usher.co.kr/usher_intra.php > 난 오늘 참조

같은 공부를 하는 학생들의 하루하루의 느낌들을 보고, 나의 하루하루를 누군가와 비교할 수 있다는 것만으로도 큰 위안과 힘, 그리고 자극이 되곤 합니다. usher.co.kr/usher_intra.php을 방문하면 같은 과정을 밟고 있는 분들의 많은 얘기들을 접할 수 있습니다. 이를 통해 많은 도움이 되시길 바랍니다.

### 오늘의 단어 체크 순서 및 주의사항    USHER VOCABULARY 어셔 토플 기초영단어 (초·중·고등단어)

### 1. 아는 것과 모르는 것을 구별하는 기준은 "보는 즉시" 아는 것만이 진짜 아는 것이다.
다음 정도로 아는 것은 아는 것이 아닙니다.
- 알 것 같은데?
- 예전에 본건 확실한데?
- 천천히 생각하면 기억날 것 같은데?

### 2. 500개중 몇 개를 모르는지 확인하는 것을 시작점으로 시간을 계산해 봅니다.
(보통 단어 하나 외우는데 걸리는 시간은 5분 정도로 잡아도 쉬운 일이 아닙니다.)
내가 모르는 단어 80개/500X5분 = 400분 = 거의 9시간 이상 분량
**(50분 암기+ 10분 휴식기준+*시험 시간 500개 시험에 근 2시간)도 시간계산에 넣어야 합니다.**

### 3. 이를 기준으로 객관적인 본인의 하루 목표를 잡아야 합니다.
무조건 500개 목표하는 것 자체가 목표가 되어선 안됩니다.

### 4. 5분 동안 외운다고 목표 잡았을 때 5분 내내 한 단어만 외우는 "어리석은" 짓을 하면 안됩니다.
단어암기는 반복적으로 봐야 합니다. 최소 5번 정도 본다고 생각해야 합니다.
- 처음 외울 때 고민 2~3분 *5번 참조
- 두 번째 볼 때 1~2분 (처음에 안 된 단어를 잘 외워지도록 하는 고민 포함)
- 세 번째-다섯 번째 1~2분 (하루 분량 전체를 눈으로만 빠르게 반복 확인)

### 5. 고민단계를 꼭 확인해야 합니다
모르는 단계는 무조건 외우려 들지 말고 잘라보거나 발음해보는 등의 방법 (7페이지 안내문 참조) 등을 최대한 고민해서
**내가 외우기 쉽게 만들어 줄 힌트들을 단어 옆에 적어 두어야 합니다.**

### 6. 공부 환경 조성
- 핸드폰 꺼두기
- 책상 위 깨끗이 치우기
- 끝내야 할 개수와 끝내기로 한 시간 다시 한번 체크하고 긴장하기

### 7. 단어를 다 외우고 [시험을 반드시] 봐야 합니다.
시험은 인간의 게으름과 실수를 잡는 인류 최고의 발명품 입니다.

### 8. 시험보고 버리는 게 아니라, 시험보고 [틀린 단어]는 다시 한번 점검하고 오늘의 단어에 다시 한번 [표시][해] 두시기 바랍니다.
오늘은 못 외웠지만, 이렇게 한번 더 봐야 다음에 긴장하고 보고, 가끔씩은 그 사이 외워지기도 합니다. ^.^

---

**오늘의 단어** ── 모르는 단어 개수 : _____ 개 / 나의 오늘 목표는 ____ 번부터 ____ 번까지 !!!

1회독 : _____ / 500개    1회독 : _____ / 500개    1회독 : _____ / 500개    1회독 : _____ / 500개

_____ / 500개X5분=____분 (약 ____ 시간 필요) *휴식시간 및 시험시간(500개당 2시간 입니다)을 꼭 넣어야 합니다.

# Day 1

USHER VOCABURARY

## 어셔 토플 기초영단어 (초·중·고등단어)

USHER 단어암기 프로그램 별도 판매
usherin.usher.co.kr

## 오늘의 단어 체크 순서 및 주의사항    USHER VOCABULARY 어셔 토플 기초영단어 (초·중·고등단어)

### 1. 아는 것과 모르는 것을 구별하는 기준은 "보는 즉시" 아는 것만이 진짜 아는 것이다.
다음 정도로 아는 것은 아는 것이 아닙니다.
- 알 것 같은데?
- 예전에 본건 확실한데?
- 천천히 생각하면 기억날 것 같은데?

### 2. 500개중 몇 개를 모르는지 확인하는 것을 시작점으로 시간을 계산해 봅니다.
(보통 단어 하나 외우는데 걸리는 시간은 5분 정도로 잡아도 쉬운 일이 아닙니다.)
내가 모르는 단어 80개/500X5분 = 400분 = 거의 9시간 이상 분량
**(50분 암기+ 10분 휴식기준+*시험 시간 500개 시험에 근 2시간)도 시간계산에 넣어야 합니다.**

### 3. 이를 기준으로 객관적인 본인의 하루 목표를 잡아야 합니다.
무조건 500개 목표하는 것 자체가 목표가 되어선 안됩니다.

### 4. 5분 동안 외운다고 목표 잡았을 때 5분 내내 한 단어만 외우는 "어리석은" 짓을 하면 안됩니다.
단어암기는 반복적으로 봐야 합니다. 최소 5번 정도 본다고 생각해야 합니다.
- 처음 외울 때 고민 2~3분 *5번 참조
- 두 번째 볼 때 1~2분 (처음에 안 된 단어를 잘 외워지도록 하는 고민 포함)
- 세 번째-다섯 번째 1~2분 (하루 분량 전체를 눈으로만 빠르게 반복 확인)

### 5. 고민단계를 꼭 확인해야 합니다
모르는 단계는 무조건 외우려 들지 말고 잘라보거나 발음해보는 등의 방법 (7페이지 안내문 참조) 등을 최대한 고민해서
**내가 외우기 쉽게 만들어 줄 힌트들을 단어 옆에 적어 두어야 합니다.**

### 6. 공부 환경 조성
- 핸드폰 꺼두기
- 책상 위 깨끗이 치우기
- 끝내야 할 개수와 끝내기로 한 시간 다시 한번 체크하고 긴장하기

### 7. 단어를 다 외우고 시험을 반드시 봐야 합니다.
시험은 인간의 게으름과 실수를 잡는 인류 최고의 발명품 입니다.

### 8. 시험보고 버리는 게 아니라, 시험보고 틀린 단어 는 다시 한번 점검하고 오늘의 단어에 다시 한번 표시 해 두시기 바랍니다.
오늘은 못 외웠지만, 이렇게 한번 더 봐야 다음에 긴장하고 보고, 가끔씩은 그 사이 외워지기도 합니다. ^.^

---

**오늘의 단어** — 모르는 단어 개수 : _____ 개 / 나의 오늘 목표는 _____ 번부터 _____ 번까지 !!!

1회독 : _____ / 500개    1회독 : _____ / 500개    1회독 : _____ / 500개    1회독 : _____ / 500개

_____ / 500개X5분= _____ 분 (약 _____ 시간 필요) *휴식시간 및 시험시간(500개당 2시간 입니다)을 꼭 넣어야 합니다.

# Day 1

| No. | Word | Synonyms | Korean |
|---|---|---|---|
| 0001 | bottom [bátəm] | n/v. ground, base | n. 바닥, 아래, 밑바닥 v. 근거를 두다 |
| 0002 | math [mæθ] | mathematics | n. 수학 |
| 0003 | interest [íntərəst, -tərèst] | n. concern; benefit, advantage, profit v. attract, fascinate | n. 흥미, 이익, 이자 v. 관심을 갖게 하다 |
| 0004 | democracy [dimákrəsi] | republic, self-government, self-rule | n. 민주주의, 민주정치, 자치 |
| 0005 | turn [tɜːrn] | n. shift v. change, convert, transform; veer, change course | n. 차례, 전환 v. 변하다, 달라지다; 방향을 바꾸다 |
| 0006 | laundry [lɔ́ːndri] | washing, wash | n. 세탁물 |
| 0007 | photographer [fətágrəfər] | cameraman | n. 사진사 |
| 0008 | universe [júːnəvɜːrs] | cosmos, world, space | n. 우주, 전세계 |
| 0009 | license [láisəns] | permission, authorization | n. 면허 |
| 0010 | happy [hǽpi] | glad, fortunate, joyful, lucky | a. 행복한, 기쁜 |
| 0011 | merry [méri] | jolly, gay, mirthful, hilarious | a. 명랑한, 즐거운 |
| 0012 | energy [énərdʒi] | power, vigor, vitality | n. 힘, 활기 |
| 0013 | flood* [flʌd] | n. deluge, surge v. inundate, overflow | n. 홍수, 범람, 쇄도 v. 범람하다, 침수하다 |
| 0014 | leap [liːp] | v. n jump, bounce, spring, hop | v. 껑충 뛰다, 뛰어넘다 n. 도약, 점프 |
| 0015 | site* [sait] | place, location, position | n. 위치, 장소 |
| 0016 | scare [skɛər] | n. panic v. terrify, alarm, startle, frighten | n. 공포 v. 두려워하게 하다, 깜짝 놀라게 하다 |
| 0017 | evil [íːvəl] | immoral, malicious | a. 나쁜, 사악한 |
| 0018 | sink* [siŋk] | descend, submerge, plunge | v. 아래로 가라앉다 |
| 0019 | folk [fouk] | n. people, public a. ethnic, traditional | n. 사람들 a. 민속의, 전통의 |
| 0020 | chance** [tʃæns] | accident; probability, likelihood, possibility; opportunity | n. 우연; 가능성; 기회 |
| 0021 | mankind* [mænkáind] | human, humanity | n. 인류, 인간 |
| 0022 | entire** [entáiər] | whole, complete, total | a. 전체의 |
| 0023 | sophomore [sáfəmɔ̀ːr] | second-year | n. 2학년생 |
| 0024 | activity* [æktívəti] | movement, motion, action | n. 활동, 활기 |
| 0025 | snake [sneik] | n. serpent, viper v. crawl along, usually on ground | n. 뱀 v. (뱀처럼) 구불구불 가다 |
| 0026 | beast [biːst] | brute, animal, cattle | n. 짐승 |
| 0027 | clean** [kliːn] | a. unstained, clear; hygienic, antiseptic v. purify, wash | a. 청결한, 깨끗한; 살균의, 위생적인 v. 깨끗하게 하다 |
| 0028 | dull [dʌl] | dim; blunt; boring, uninteresting, tedious | a. 흐릿한; 무딘, 둔한; 따분한 |
| 0029 | marble [máːrbl] | - | n. 대리석 |
| 0030 | deserve [dizɔ́ːrv] | be worthy of, merit, be entitled to, earn, | v. ~받을 만하다. ~할 가치가 있다. |
| 0031 | danger [déindʒər] | hazard, risk, peril, jeopardy | n. 위험 |
| 0032 | tail [teil] | n. end, rear, hind part v. tag; follow, chase, track | n. 꼬리, 끝 v. 첨부하다; 미행하다 |
| 0033 | rainbow [réinbòu] | an arch of different colors | n. 무지개 |
| 0034 | fortunately [fɔ́ːrtʃənətli] | luckily, happily | ad. 운좋게, 다행히 |
| 0035 | grave [greiv] | n. tomb, vault a. serious, critical, severe; solemn | n. 무덤 a. 중대한, 근엄한, 엄숙한 |
| 0036 | hop [hap] | n.v. skip, jump, leap, spring | n. 깡충 뛰기 v. 한발로 뛰다 |
| 0037 | couple* [kʌ́pəl] | pair, duo | n. 한쌍 |
| 0038 | foolish [fúːliʃ] | silly, stupid, dull | a. 어리석은, 바보같은 |
| 0039 | tooth [tuːθ] | dent | n. 이 |
| 0040 | further* [fɔ́ːrðər] | a. additional, extra, more ad. moreover, besides | a. 그 이상의, 여분의 ad. 더 멀리, 게다가 |
| 0041 | badly [bǽdli] | deeply, severely; poorly | ad. 나쁘게, 심하게; 서투르게 |
| 0042 | throw [θrou] | cast, fling, hurl, toss | v. 던지다 |
| 0043 | own [oun] | v. have, possess, keep, retain a. personal, private, individual | v. 소유하다 a. 자기 자신의, 고유한 |
| 0044 | fact [fækt] | reality, actuality, truth | n. 사실 |
| 0045 | joy [dʒɔi] | delight, gladness, pleasure, mirth | n. 기쁨 |
| 0046 | rate [reit] | v. classify, evaluate n. speed, pace; ration, proportion; charge, cost, price | v. 평가하다, 등급을 매기다 n. 속도; 비율; 가격, 요금 |
| 0047 | furniture [fɔ́ːrnitʃər] | furnishing | n. 가구 |
| 0048 | stadium [stéidiəm] | stage, arena for recreation or spectating | n. 경기장 |
| 0049 | sheet [ʃiːt] | page; area, expanse | n. 시트, 종이 한장; 평평한 지역 |
| 0050 | instrument* [ínstrəmənt] | apparatus, appliance, tool | n. 기계, 기구 |

# USHER VOCABULARY 어셔 토플 기초영단어 (초·중·고등단어)

|  |  |  |  |
|---|---|---|---|
| 0051 | **revival** [rɪváɪvl] | restoration, renewal, rebirth | n. 재색, 회복, 부활 |
| 0052 | **symbol** [símbəl] | sign, mark | n. 상징 |
| 0053 | **comb** [koum] | n. hairbrush; v. brush; search | n. 빗; v. 빗질하다; 찾다 |
| 0054 | **gesture** [dʒéstʃər] | motion, sign, movement | n. 몸짓 |
| 0055 | **quarter** [kwɔ́ːrtər] | one-fourth; segment, section; place, district; residence | n. 4분의 1; 부분; 구역; 거주지 |
| 0056 | **memory** [méməri] | remembrance, recollection, reminiscence | n. 기억, 추억 |
| 0057 | **stay*** [stei] | remain, stop; remain, continue | v. 머무르다, 체류하다; 유지하다 |
| 0058 | **important*** [impɔ́ːrtənt] | significant, critical, consequential, influential | a. 중요한 |
| 0059 | **dig** [dig] | excavate, burrow, tunnel | v. 파다 |
| 0060 | **especially**\*\* [ispéʃəli] | particularly, notably, in particular, peculiarly | ad. 특별히 |
| 0061 | **frog** [frɔːg] | (jumping) amphibian | n. 개구리 |
| 0062 | **handshake** [hǽndʃèik] | handgrip, handclasp | n. 악수 |
| 0063 | **heat** [hiːt] | n. warmth, fervor, hotness, fire; v. warm, boil | n. 열, 더위; v. 가열하다, 데우다 |
| 0064 | **possible** [pásəbl] | a. feasible, potential, probable, likely, achievable | a. 가능한 |
| 0065 | **sick** [sik] | ill, diseased, unwell, ailing; disgusted, fed up | a. 병든; 싫증난 |
| 0066 | **foreign** [fɔ́rən] | alien, strange, external | a. 외국의, 익숙치 않은 |
| 0067 | **complain** [kəmpléin] | grumble, criticize; moan, whine | v. 불평하다; 한탄하다 |
| 0068 | **greedy** [gríːdi] | avaricious, desirous, covetous, selfish | a. 욕심 많은 |
| 0069 | **peaceful*** [píːsfəl] | serene, tranquil, placid, calm | a. 평온한, 조용한 |
| 0070 | **handsome** [hǽnsəm] | good-looking, beautiful, pretty | a. 잘생긴, 멋진 |
| 0071 | **cloudy** [kláudi] | overcast, gloomy, dim, nebulous, | a. 구름이 낀 |
| 0072 | **pleasant** [plézənt] | nice, pleasing, enjoyable | a. 기분좋은, 유쾌한 |
| 0073 | **mail** [meil] | n. post, letter; v. send, dispatch | n. 우편물; v. 발송하다 |
| 0074 | **raise*** [reiz] | n. increase / v. nurture, rear; lift, elevate; cause | n. 인상, 증가; v. 기르다, 사육하다; 올리다; 야기하다 |
| 0075 | **prepare*** [pripéər] | ready, arrange, get ready | v. 준비하다, 각오하다 |
| 0076 | **harmful** [háːrmfəl] | noxious, detrimental, hurtful | a. 해로운 |
| 0077 | **torch** [tɔːrtʃ] | n. flashlight, lamp; v. burn | n. 횃불; v. 방화하다 |
| 0078 | **store** [stɔːr] | n. shop, storage; v. save, reserve, keep | n. 가게, 저장; v. 따로 떼어두다, 저장하다 |
| 0079 | **astonish**\*\* [əstániʃ] | surprise, astound, shock, startle, speechless | v. 놀라게 하다 |
| 0080 | **fare** [fɛər] | price, charge; passenger | n. 운임; 승객 |
| 0081 | **shadow** [ʃǽdou] | n. shade, dusk; v. shade; follow, trail | n. 그림자; v. 그늘지게 하다; 뒤를 따라가다 |
| 0082 | **weight** [weit] | load, heaviness; importance | n. 무게; 중요성 |
| 0083 | **certain*** [sə́ːrtən] | specific, definite; assertive, positive, convinced | a. 특정한 : 자신하는, 확실한 |
| 0084 | **flute** [fluːt] | pipe, fife | n. 플룻, 피리 |
| 0085 | **correctly** [kəréktli] | properly, rightly, right | ad. 적당하게, 알맞게 |
| 0086 | **arrest** [ərést] | v. seize, capture; n. catch, apprehension | v. 체포하다, 검거하다; n. 체포 |
| 0087 | **taste** [teist] | n. flavor, savor; v. try, sample | n. 맛, 취향; v. 맛보다 |
| 0088 | **treat** [triːt] | handle, manage, deal with | v. 대접하다, 다루다 |
| 0089 | **cash** [kæʃ] | money | n. 현금 |
| 0090 | **president** [prézədənt] | chairman | n. 대통령, 장(長) |
| 0091 | **damage** [dǽmidʒ] | n. harm, impairment, hurt; v. impair, mar, injure | n. 손해, 피해; v. 손해를 입히다 |
| 0092 | **sharp**\*\* [ʃɑːrp] | keen, pointed, acute; sudden, abrupt, rapid, acute | a. 날카로운; 급격한 |
| 0093 | **french** [frentʃ] | - | n. 프랑스 사람, 프랑스어 |
| 0094 | **temperature** [témpərətʃər] | heat, fever | n. 온도, 열 |
| 0095 | **step** [step] | n. footstep; level, degree; v. tread, walk | n. 걸음; 정도, 수준; v. 걷다 |
| 0096 | **independent** [índipéndənt] | self-governing, liberated, free, autonomous; separate | a. 독립적인, 자주의; 독자적인 |
| 0097 | **greeting** [gríːtiŋ] | salutation, welcome | n. 인사, 환영 |
| 0098 | **vacation** [veikéiʃən] | holiday, leave, break | n. 휴가 |
| 0099 | **locate** [loukéit] | place, situate, set, settle; find, discover | v. 놓다, 위치하다; 찾아내다 |
| 0100 | **overhear** [òuvərhíər] | eavesdrop | v. 우연히 듣다, 엿듣다 |

# Day 1

|  |  |  |  |
|---|---|---|---|
| 0101 | route [ruːt] | path, course, road, direction | n. 길, 노선, 항로 |
| 0102 | reason [ríːzən] | n. motive, cause, sense v. deduce, infer | n. 이유, 원인, 이성 v. 추론하다, 사고하다 |
| 0103 | spade [speid] | shovel | n. 삽 |
| 0104 | but [bʌt] | ad. only, merely, just, solely, simply prep. except (for) con. yet | ad. 단지, 다만 prep. ~을 제외하고 con. 그러나 |
| 0105 | musician [mjuːzíʃən] | player, instrumentalist, performer | n. 음악가 |
| 0106 | afraid [əfréid] | frightened, scared, fearful, apprehensive | a. 두려운 |
| 0107 | invent [invént] | make, create, design, devise, innovate | v. 발명하다 |
| 0108 | goal [goul] | object, objective, aim, purpose, target | n. 목적, 목표, 골 |
| 0109 | though [ðou] | con. although, albeit ad. however, nevertheless, notwithstanding | con. ~임에도 불구하고 ad. 그러나 |
| 0110 | replace** [ripléis] | change, substitute, take the place of, supplant, supersede | v. 대체하다, 바꾸다 |
| 0111 | collect* [kəlékt] | accumulate, assemble, gather, pile up | v. 모으다, 수집하다 |
| 0112 | angry [ǽŋgri] | furious, indignant, resentful, irate | a. 성난, 노한 |
| 0113 | ground [graund] | n. reason, rationale, root, basis; spot field v. base | n. 기초, 근거; 지면, 땅, 운동장 v. 근거를 두다 |
| 0114 | wealth* [welθ] | fortune, property; affluence, abundance, profusion | n. 부, 재산; 풍부 |
| 0115 | grab [græb] | catch, snatch, grasp, seize | v. 붙잡다 |
| 0116 | section [sékʃən] | part, district, segment, partition | n. 부분, 구역, 분할 |
| 0117 | track** [træk] | v. chase, trail, trace, follow n. indication, record, footprint | v. 추적하다 n. 지나간 자취, 흔적 |
| 0118 | candle [kǽndl] | wax light | n. 양초, 촛불 |
| 0119 | subject [sʌ́bdʒekt] | n. topic, theme v. expose a. dependent, susceptible | n. 주제; 실험대상; 신하 v. 드러내다, 노출시키다 a. ~하기 쉬운, 영향을 받는 |
| 0120 | battle [bǽtl] | n. fight, action, war v. fight | n. 전투 v. 싸우다 |
| 0121 | state [steit] | n. condition, situation; country v. assert, express | n. 상태; 나라, 국가 v. 진술하다, 주장하다 |
| 0122 | umbrella [ʌmbrélə] | n. parasol, sunshade a. extensive, comprehensive | n. 우산 a. 포괄적인 |
| 0123 | dictionary [díkʃənèri] | lexicon, vocabulary, wordbook | n. 사전 |
| 0124 | beach [biːtʃ] | shore, seashore, strand, seaside, coast | n. 해안 |
| 0125 | voyage [vɔ́iidʒ] | n. cruise v. sail, navigate | n. 항해, 항행 v. 항해하다 |
| 0126 | promise [prámis] | n. appointment, engagement, pledge, vow / v. guarantee, pledge, give one's word | n. 약속 v. 약속하다 |
| 0127 | coal [koul] | a hard black substance that is extracted from the ground and burned as fuel | n. 석탄 |
| 0128 | library [láibrèri] | a building where things such as books are kept for people to read, use, or borrow | n. 도서관 |
| 0129 | iceberg [áisbəːrg] | icesheet | n. 빙산 |
| 0130 | clever [klévər] | smart, intelligent, ingenious | a. 영리한, 현명한 |
| 0131 | problem [prábləm] | trouble, question, issue | n. 문제, 과제, 고민 |
| 0132 | engage** [engéidʒ] | participate in, take part in; employ, hire; promise, contract, pledge, betroth | v. 종사하다; 고용하다; 약혼하다, 약속하다 |
| 0133 | expect** [ikspékt] | predict, anticipate, await, reckon on | v. 기대하다, 예기하다 |
| 0134 | telephone [téləfòun] | phone, call | n. 전화 |
| 0135 | fear [fiər] | n. terror, fright, horror, panic, dread v. be afraid of | n. 두려움, 공포 v. 두려워 하다 |
| 0136 | throat [θrout] | neck | n. 목구멍 |
| 0137 | semester [siméstər] | term, half-year, session | n. 학기 |
| 0138 | neighbor [néibər] | acquaintance | n. 이웃사람 |
| 0139 | luck [lʌk] | fortune, chance, fate | n. 행운 |
| 0140 | surprise* [sərpráiz] | v. amaze, astound, startle, astonish n. astonishment, wonder | v. 놀라게 하다 n. 놀람, 놀라운 일 |
| 0141 | puzzle [pʌ́zl] | n. mystery, riddle, enigma v. perplex, confuse, embarrass | n. 수수께끼, 당황 v. 당혹하게 하다 |
| 0142 | fault [fɔːlt] | defect, blemish, flaw, shortcoming; A fracture in the continuity of a rock formation | n. 결점, 흠 : 단층 (지질학) |
| 0143 | below [bilóu] | prep / ad. beneath, under, underneath | prep/ad. ~보다 아래에 |
| 0144 | fun [fʌn] | n. pleasure, amusement v. enjoyable, pleasant | n. 재미, 즐거움 a. 즐거운 |
| 0145 | toward [tɔːrd, təwɔ́ːrd] | | prep. ~쪽으로, ~를 향하여 |
| 0146 | method [méθəd] | manner, process, means, way, system, mode, procedure | n. 방법, 방식, 체계 |
| 0147 | explain* [ikspléin] | account for, elucidate, explicate | v. 설명하다, 해명하다 |
| 0148 | resource [ríːsɔːrs, -zɔːrs] | asset, means | n. 자원, 수단 |
| 0149 | daughter [dɔ́ːtər] | female child | n. 딸 |
| 0150 | weather [wéðər] | n. climate, atmospheric condition v. endure, withstand | n. 날씨, 기후 v. (어려움 등을) 견디다; 풍화하다 |

# USHER VOCABULARY 어셔 토플 기초영단어 (초·중·고등단어)

| No. | Word | Synonyms | Meaning |
|---|---|---|---|
| 0151 | delight [diláit] | n. joy, pleasure, happiness, exultation / v. gratify, please, amuse, charm | n. 황홀경, 기쁨 / v. 기쁘게 하다 |
| 0152 | salt [sɔːlt] | saline | n. 소금 |
| 0153 | towel [táuəl] | napkin | n. 수건, 타월 |
| 0154 | background [bǽkgràund] | circumstances, setting, backdrop | n. 배경 |
| 0155 | brown [braun] | - | a. 갈색의 / n. 갈색 |
| 0156 | hero [híərou] | character, champion | n. 영웅 |
| 0157 | trick [trik] | n. joke; delusion, deception; knack, technique, one's ability / v. deceive, trap, cheat, maneuver | n. 장난; 속임수; 묘기, 재주 / v. 속이다 |
| 0158 | hurt [həːrt] | v. injure, damage, impair / n. wound, harm | v. 다치게 하다 / n. 부상 |
| 0159 | without [wiðáut] | but, except | prep. ~없이, 제외하고 |
| 0160 | devil [dévl] | satan, demon | n. 악마 |
| 0161 | rat [ræt] | mouse | n. 쥐, 들쥐 |
| 0162 | bathroom [bǽθrù(ː)m] | toilet, restroom | n. 욕실 |
| 0163 | ostrich [ɔ́stritʃ] | camel-bird | n. 타조 |
| 0164 | merchant [məːrʃənt] | merchandiser, trader, dealer, seller | n. 상인 |
| 0165 | republic [ripʌ́blik] | constitutional government, democratic state | n. 공화국 |
| 0166 | earning [ə́ːrniŋ] | income, acquisition | n. 소득 |
| 0167 | purpose** [pə́ːrpəs] | goal, aim, end, object, intention | n. 목적, 용도 |
| 0168 | beer [biər] | alcoholic beverage made from malted grain | n. 맥주 |
| 0169 | price [prais] | cost, rate, value, worth | n. 가격, 가치 |
| 0170 | art [aːrt] | artwork, graphics; skill, prowess | n. 예술, 미술; 기술 |
| 0171 | howl [haul] | roar, cry, scream, yell | v. 울부짖다 |
| 0172 | force* [fɔːrs] | n. strength, power, might, energy / v. coerce, impel, push | n. 힘, 세력 / v. 강제하다, 강요하다 |
| 0173 | occur [əkə́ːr] | happen, take place, appear | v. 일어나다, 생기다 |
| 0174 | sleep [sliːp] | nap, doze | v. 자다 |
| 0175 | follow [fálou/fɔ́lou] | trace; take after, ensue, result in | v. 뒤따르다; ~의 결과로 일어나다 |
| 0176 | castle [kǽsl, káːsl] | palace, fortress, tower | n. 성 |
| 0177 | religious [rilídʒəs] | spiritual; pious, devout | a. 종교적인; 독실한 |
| 0178 | weak [wiːk] | infirm, fragile, frail, delicate, feeble | a. 약한, 허약한 |
| 0179 | system [sístəm] | organization, scheme; process, method | n. 체계, 조직; 방식 |
| 0180 | monk [mʌŋk] | monastic, votary | n. 승려 |
| 0181 | pick [pik] | v. select, choose / n. selection, choice, option | v. 고르다, 선택하다, 줍다 / n. 선택권 |
| 0182 | powder [páudər] | dust, flour | n. 가루, 화약 |
| 0183 | skill** [skil] | expertise, know-how, craft, technique | n. 기술 |
| 0184 | past [pæst, paːst] | a. former, last, bygone, previous / prep. after, by / n. history, foretime | a. 과거의 / prep. ~을 지나서 / n. 과거 |
| 0185 | surface [sə́ːrfis] | n. superficies, area, exterior / v. emerge, appear | n. 표면 / v. (어둠 속이나 숨어 있던 곳에서) 나오다, 모습을 드러내다 |
| 0186 | rope [roup] | cord, cable, string, line | n. 밧줄 |
| 0187 | lantern [lǽntərn] | lamp, light | n. 랜턴 |
| 0188 | date [deit] | n. time, day; appointment, meeting / v. chronicle | n. 날짜, 약속 / v. ~의 연대를 추정하다 |
| 0189 | envelope [énvəlòp] / envelop [invéləp] | n. cover, wrapper, casing / v. embrace, encircle, enclose, encompass | n. 봉투 / v. 감싸다, 뒤덮다 |
| 0190 | canal [kənǽl] | channel, duct, conduit, waterway | n. 운하 |
| 0191 | culture [kʌ́ltʃər] | n. civilization, custom, society / v. cultivate, raise | n. 문화 / v. 배양하다 |
| 0192 | area [ɛ́əriə] | scope, extent, range; region | n. 범위, 영역; 지역 |
| 0193 | crash [kræʃ] | n. smash, clash, collision, collapse, bang / v. bump, dash | n. 굉음, 추락, 충돌 / v. 충돌하다 |
| 0194 | invite [inváit] | ask, call | v. 초대하다 |
| 0195 | none [nʌn] | nobody, no-one, neither | pn/ a/ ad. 아무도 ~않다 |
| 0196 | disappoint [dìsəpɔ́int] | frustrate, let down, baffle | v. 좌절시키다 |
| 0197 | return** [ritə́ːrn] | come back, retreat, revert | v. 돌아오다; 돌려주다, 반납하다, 되돌아가다 / n. 돌아옴, 귀환; 반납 |
| 0198 | pull [pul] | haul, tug, draw, drag | v. 잡아당기다, 끌다; 뽑다 / n. 끌기, 끌어당기기 |
| 0199 | precious [préʃəs] | valuable, dear, priceless, invaluable | a. 귀중한, 값어치 있는 |
| 0200 | drown [draun] | sink, submerge | v. 물에 빠지다, 익사하다 |

# Day 1

| No. | Word | Pronunciation | Synonyms | Meaning |
|---|---|---|---|---|
| 0201 | steady | [stédi] | continuous, constant; stable, firm, fixed | a. 지속적인; 안정된, 확고한 |
| 0202 | appetite | [ǽpətàit] | desire, hunger | n. 식욕, 욕구 |
| 0203 | probably | [prábəbli] | presumably, likely, perhaps | ad. 아마 |
| 0204 | diligent | [dílədʒənt] | industrious, assiduous, earnest | a. 근면한, 부지런한 |
| 0205 | nickname | [níknèim] | an informal name | n. 별명, 애칭 |
| 0206 | apart | [əpá:rt] | separately, aside | ad. 떨어져서, 따로 |
| 0207 | competent | [kámpətənt] | qualified, suitable, capable, proficient | a. 적합한, 유능한, 능숙한 |
| 0208 | slave | [sleiv] | servant | n. 노예 |
| 0209 | close* | a. [klous] v. [klouz] | a. near, intimate, familiar v. shut, end | a. 면밀한, 가까운 v. 닫다, 마감하다 |
| 0210 | safely | [séifli] | securely, without risk | ad. 안전하게, 무사히 |
| 0211 | huge* | [hju:dʒ, ju:dʒ] | massive, mammoth, gigantic, immense, vast, colossal | a. 큰, 거대한, 막대한 |
| 0212 | hurray | [həréi] | hurrah, cheer, hooray | n. 만세 |
| 0213 | traffic | [trǽfik] | movement, transport; trade, dealing | n. 교통, 거래 |
| 0214 | hang* | [hæŋ] | dangle, suspend, swing; execute | v. 걸다, 매달다; 교수형에 처하다 |
| 0215 | draw*** | [drɔ:] | pull, haul, attract; delineate, describe; derive | v. 끌다; 그리다; (결론을) 끌어내다 |
| 0216 | composer | [kəmpóuzər] | writer, author, musician | n. 작곡가 |
| 0217 | shout | [ʃaut] | yell, cry, scream, bawl, call | v. 외치다, 고함치다 |
| 0218 | downtown | [dáuntáun] | city | n. 번화가 |
| 0219 | doll | [dal] | puppet, dummy | n. 인형 |
| 0220 | nearly | [níərli] | almost, approximately, virtually, just about, roughly | ad. 거의, 대략 |
| 0221 | excellent | [éksələnt] | outstanding, fine, eminent | a. 훌륭한, 뛰어난 |
| 0222 | primary* | [práiməri] | chief, main, principal; fundamental, elementary, basic | a. 주요한; 근본적인 |
| 0223 | pretend | [priténd] | feign, fake, affect; assume | v. ~인체 하다, 가장하다 |
| 0224 | wild* | [waild] | undomesticated, untamed; violent, rough | a. 야생의, 거친 |
| 0225 | giant* | [dʒáiənt] | n. monster a. huge, enormous, gigantic, great | n. 거인 a. 거대한, 위대한 |
| 0226 | scar | [ska:r] | mark, injury, wound | n. 상처, 흉터 |
| 0227 | fur | [fə:r] | hair, coat, skin, pelt | n. 모피, 부드러운 털 |
| 0228 | deer | [diər] | buck | n. 사슴 |
| 0229 | ancestor | [ǽnsestər] | forefather, predecessor, root, precursor | n. 선조, 조상 |
| 0230 | protect* | [prətékt] | shield, defend, guard, save, shelter | v. 보호하다, 지키다 |
| 0231 | excited | [iksáitid] | agitated, aroused | a. 흥분한 |
| 0232 | anyway | [éniwèi] | anyhow, in any case, at any rate | ad. 어쨌든, 아무튼 |
| 0233 | dish | [diʃ] | plate, bowl; food | n. 접시; 요리 |
| 0234 | department | [dipá:tmənt] | section, branch, division, office, ministry | n. 부서 |
| 0235 | forward | [fɔ́:rərd] | n. ahead, forth, onward, a. advanced, prospective | ad. 앞으로 a. 진보적인, 향후의 |
| 0236 | push | [puʃ] | n/ v. shove, drive, thrust | v. 추진하다, 밀다 n. 밀기; 추진 |
| 0237 | stomach | [stámək] | belly, abdomen | n. 복부, 위 |
| 0238 | drum | [drʌm] | n. a musical instrument v. beat, pound | n. 북 v. 드럼을 치다 |
| 0239 | garage | [gərá:ʒ] | carport, parking lot | n. 차고 |
| 0240 | sigh | [sai] | exhale | v. 한숨을 쉬다, 한숨 짓다; 한숨을 쉬며 말하다 n. 한숨, 한숨 소리 |
| 0241 | drag | [dræg] | draw, pull, haul, trail, lug, tug, tow | v. 질질 끌다 |
| 0242 | tradition | [trədíʃən] | custom | n. 전통, 관습 |
| 0243 | appear <to do> <that> | [əpíər] | seem to, look; emerge, occur | v. ~인 것으로 보이다; 나타나다 |
| 0244 | balance | [bǽləns] | n. equilibrium v. equilibrate, equalize, match | n. 균형 v. 균형을 잡다 |
| 0245 | metal | [métl] | alloy | n. 금속 |
| 0246 | jewel | [dʒú:əl] | gem, gemstone, precious stone | n. 보석 |
| 0247 | pumpkin | [pʌ́mpkin] | - | n. 호박 |
| 0248 | pause | [pɔ:z] | v. rest, break, halt, intermit n. break | v. 잠시 멈추다, 중단하다 n. 중지, 중간 휴식 |
| 0249 | lock | [lak] | n. fastening, clasp v. shut, close, fasten | n. 자물쇠 v. 잠그다 |
| 0250 | burden* | [bə́:rdn] | n. load, weight v. charge, impose, | n. 무거운 짐, 부담 v. ~을 지우다, 부담주다 |

# USHER VOCABULARY 어셔 토플 기초영단어 (초·중·고등단어)

| No. | Word | Synonyms | Meaning |
|---|---|---|---|
| 0251 | wise [waiz] | clever, sensible, erudite, smart | a. 슬기로운, 현명한 |
| 0252 | crazy [kréizi] | insane, mad | a. 미친 |
| 0253 | deal [di:l] | v. treat, handle, cope; n. trade, bargain, transaction; agreement | v. 다루다; n. 거래; 합의 |
| 0254 | loaf [louf] | lump | n. 빵 한 덩어리 |
| 0255 | wake [weik] | v. awaken, rouse; n. trail, track, aftermath | v. 깨다, 일어나다; 깨우다; n. 후류, 배가 지나간 흔적 |
| 0256 | lonely [lóunli] | lonesome, solitary, desolate, alone | a. 외로운, 고독한 |
| 0257 | successful [səksésfəl] | fruitful, prosperous, thriving | a. 성공한, 성공적인 |
| 0258 | blow [blou] | n. hit, shock, stroke; v. breeze, exhale | n. 강타, 타격; v. (바람이)불다 |
| 0259 | coeducation [kòuedʒukéiʃən] | - | n. 남녀공학 |
| 0260 | bury* [béri] | hide, cover, conceal | v. 묻다, 매장하다 |
| 0261 | serious* [síəriəs] | solemn, grave, severe; important | a. 심각한, 진지한; 중대한 |
| 0262 | exchange [ikstʃéindʒ] | v. barter, interchange, swap; n. interchange, switch, swap | v. 교환하다, 바꾸다; n. 교환 |
| 0263 | tax [tæks] | duty, charge, toll, tariff | n. 세금; v. 세금을 부과하다, 과세하다 |
| 0264 | reach [ri:tʃ] | n. range, scope, stretch; v. attain, arrive, extend | n. 구역, 범위; v. 도달하다, 손을 뻗다 |
| 0265 | charge* [tʃa:rdʒ] | v. impose, burden; accuse; n. price, rate, cost; accusation | v. (의무, 책임을)지우다; 고발하다; n. 요금, 비용; 혐의, 기소 |
| 0266 | similar [símələr] | like, alike, analogous, akin to | a. 비슷한, 유사한 |
| 0267 | tower [táuər] | column, pillar | n. 탑 |
| 0268 | privilege [prívəlidʒ] | n. right, prerogative; v. favor | n. 특권, 혜택; v. 특권을 주다 |
| 0269 | kindergarten [kíndərgà:rtn] | nursery school, infant school | n. 유치원 |
| 0270 | sword [sɔ:rd] | blade | n. 칼 |
| 0271 | scratch [skrætʃ] | v. cut, mark, scrape; n. mark, blemish, scar | v. 할퀴다, 긁다; n. 흠집, 상처 |
| 0272 | mostly [móustli] | generally, usually, chiefly, mainly, largely | ad. 대부분, 주로 |
| 0273 | check* [tʃek] | v. monitor, inspect, investigate; n. examination, inspection | v. 조사하다; 검토하다; n. 검사 |
| 0274 | early [ó:rli] | soon | a. 초기의, 이른; ad. 초기에, 일찍, 조기에 |
| 0275 | suck [sʌk] | absorb, soak, imbibe | v. 빨다 |
| 0276 | build [bild] | construct, erect, make, raise | v. 짓다, 건축하다 |
| 0277 | mystery [místəri] | puzzle, riddle, enigma, problem | n. 신비, 불가사의 |
| 0278 | yell [jel] | n/ v. shout, scream, cry, howl | n. 외침; v. 외치다 |
| 0279 | race [reis] | run, competition; nation | n. 경주, 경쟁; 민족, 인종 |
| 0280 | pardon [pá:rdn] | v. forgive, excuse, acquit; n. forgiveness, absolution | v. 사면하다; n. 용서 |
| 0281 | exit [égzit, éksit] | outlet, way out, departure | n. 출구 |
| 0282 | popular* [pápjələr] | common, current; widespread, fashionable | a. 대중적인, 서민의; 널리 퍼져 있는 |
| 0283 | ache* [eik] | n/ v. hurt, pain | n. 아픔; v. 아프다 |
| 0284 | accident [æksidənt] | chance, fortune, fate; crash, unexpected event | n. 우연; 사고 |
| 0285 | unless [ənlés] | if not | con. 만약 ~하지 않으면 |
| 0286 | army [á:rmi] | military, troops, soldiers | n. 육군, 군대 |
| 0287 | heaven [hévən] | sky, paradise | n. 하늘, 천국 |
| 0288 | petal [pétl] | leaf | n. 꽃잎 |
| 0289 | sometime [sʌ́mtàim] | once, some day; (sometimes일 경우) from time to time | ad. 언젠가; 가끔 |
| 0290 | hurry [hə́:ri, hʌ́ri] | v. hasten, speed, rush, hustle; n. rush, haste | v. 서두르다; n. 서두름 |
| 0291 | trust [trʌst] | n. confidence, belief, faith; v. believe, have faith in | n. 신임, 신뢰; v. 신뢰하다 |
| 0292 | lay [lei] | put, set, place | v. 눕히다, 놓다 |
| 0293 | fierce** [fiərs] | furious, vicious, aggressive, ferocious | a. 사나운, 난폭한 |
| 0294 | nation [néiʃən] | country, state | n. 국가 |
| 0295 | debt [det] | debit, obligation, liability | n. 빚, 채무, 은혜 |
| 0296 | shake [ʃeik] | wave, vibrate, agitate, shudder | v. 흔들리다, 진동하다 |
| 0297 | dialogue [dáiəlɔ̀:g] | n. conversation, discussion; v. talk, communicate | n. 대화; v. 대화하다 |
| 0298 | object** [ábdʒikt / ɔ́b-] | v. disagree, oppose, protest; n. goal, purpose, thing, entity | v. 반대하다, 항의하다; n. 목적; 물건, 사물 |
| 0299 | brain [brein] | head, intelligence | n. 두뇌, 지력 |
| 0300 | fog [fɔ(:)g, fag] | mist, haze, murk, gloom | n. 안개, 흐림 |

# Day 1

| No. | Word | Synonyms | Meaning |
|---|---|---|---|
| 0301 | waste [weist] | v. squander, dissipate, lavish / n. rubbish, refuse, debris | v. 낭비하다, 허비하다 / n. 쓰레기 |
| 0302 | fat [fæt] | obese, overweight, chubby; greasy, fatty | a. 살찐, 뚱뚱한; 지방이 많은, 기름기가 많은 |
| 0303 | sample [sǽmpəl] | specimen, pattern, model, example | n. 견본, 예 |
| 0304 | liberty [líbərti] | freedom, independence | n. 자유, 해방 |
| 0305 | bend [bend] | curve, deform, flex | v. 구부리다, 휘다 |
| 0306 | very [véri] | ad. really, greatly / a. exact, precise | ad. 매우, 아주 / a. 바로 그 |
| 0307 | hand [hænd] | v. give, pass, deliver / n. the parts of one's body at the end of one's arms; help | v. 주다, 건네주다 / n. 손, 도움 |
| 0308 | ceremony [sérəmòuni] | rite, observance, ritual, ceremonial | n. 의식 |
| 0309 | nephew [néfju:] | - | n. 조카 |
| 0310 | biology [baiάlədʒi] | - | n. 생물학 |
| 0311 | type** [taip] | kind, sort, pattern, model | a. 유형, 양식, 전형 |
| 0312 | suitcase [sú:tkèis] | bag, trunk | n. 여행가방 |
| 0313 | cemetery [sémətèri] | graveyard, churchyard, burial ground | n. 공동묘지 |
| 0314 | feast [fi:st] | festival, fiesta, celebration | n. 축제 |
| 0315 | include [inklú:d] | contain, comprise, embrace, encompass | v. 포함하다 |
| 0316 | rudely [rú:dli] | impolitely, discourteously, roughly | ad. 무례하게, 불쑥 |
| 0317 | saw [sɔ:] | n. a tool for cutting / v. cut | n. 톱 / v. 톱으로 켜다 |
| 0318 | unity [jú:nəti] | union, oneness, harmony, concord | n. 통일, 단일 |
| 0319 | various [véəriəs] | diverse, varied, many, numerous | a. 여러가지의, 다양한 |
| 0320 | british [brítiʃ] | - | n. 영국인 / a. 영국의 |
| 0321 | fill [fil] | occupy, satisfy; fulfill | v. 채우다, 신청서를 작성하다; 이행하다 |
| 0322 | borrow [bɔ́:rou] | lend, adopt | v. 빌리다 |
| 0323 | survive [sərváiv] | remain, outlive, last | v. 살아남다, 잔존하다 |
| 0324 | solar [sóulər] | - | a. 태양의 |
| 0325 | destroy** [distrɔ́i] | ruin, demolish, crush, shatter | v. 파괴하다 |
| 0326 | mile [mail] | - | n. 마일 (1,609m) |
| 0327 | gather [gǽðər] | collect, aggregate, assemble | v. 모으다, 수확하다 |
| 0328 | adventure [ædvéntʃər] | venture | n. 모험 |
| 0329 | creek [kri:k] | brook, stream, river | n. 작은 만, 시내 |
| 0330 | describe [diskráib] | depict, delineate, portray, picture, explain | v. 묘사하다, 설명하다 |
| 0331 | feather [féðər] | plume, plumage | n. 깃털 |
| 0332 | equal [í:kwəl] | a. equivalent, even / v. match | a. 같은, 동등한 / v. ~과 같다 |
| 0333 | vote [vout] | n. voting, ballot, poll, election / v. elect | n. 투표 / v. 투표하다 |
| 0334 | servant [sə́:rvənt] | maid, slave, attendant | n. 하인 |
| 0335 | dear [diər] | darling, beloved, precious | a. 친애하는 |
| 0336 | lesson [lésn] | lecture, class, instruction | n. 학과, 교훈 |
| 0337 | event [ivént] | occurrence, happening, incident | n. 사건, 행사 |
| 0338 | shade [ʃeid] | v. cover, screen, conceal / n. shadow; hue, tint | v. 그늘지게 하다, 가리다 / n. 그늘; 빛깔, 색조 |
| 0339 | press [pres] | v. compress, push, urge, force down / n. pressure; newspapers, journalism | v. 누르다, 밀어붙이다 / n. 압박; 정기간행물 |
| 0340 | lift [lift] | v. raise, elevate, exalt, uplift / n. encouragement; elevator | v. 들어 올리다 / n. 승강기, 엘리베이터 |
| 0341 | triumph [tráiəmf] | n. victory, success / v. win, prevail | n. 승리, 정복, 대성공 / v. 승리를 거두다 |
| 0342 | bottle [bάtl] | a glass or plastic container | n. 병 |
| 0343 | record** [rékərd] | n. document, evidence / v. register | n. 기록, 증거 / v. 기록하다, 녹음하다 |
| 0344 | regular [régjələr] | a. uniform, even; normal, common | a. 규칙적인, 정기적인; 보통의 |
| 0345 | explore [ikspló:r] | investigate, search, probe, examine | v. 탐험(탐구)하다, 연구하다 |
| 0346 | amuse [əmjú:z] | entertain, please, cheer | v. 즐겁게 하다 |
| 0347 | simple* [símpəl] | unsophisticated, naive, unaffected, plain | a. 간단한, 순진한, 꾸밈없는 |
| 0348 | speech [spi:tʃ] | talk, communication, oration, address | n. 말, 연설 |
| 0349 | bubble [bʌ́bl] | - | n. 거품 |
| 0350 | bet [bet] | gamble | v. (돈을) 걸다 / n. 내기; 내기 돈 |

# USHER VOCABULARY 어셔 토플 기초영단어 (초·중·고등단어)

| No. | Word | Synonyms | Meaning |
|---|---|---|---|
| 0351 | interesting [íntrestiŋ] | intriguing, attractive, amusing, entertaining | a. 흥미로운, 재미있는 |
| 0352 | admiral [ǽdmərəl] | commander, general | n. 제독, 해군대장 |
| 0353 | charming [tʃáːrmiŋ] | attractive, appealing, lovely, fascinating | a. 매력적인 |
| 0354 | sore [sɔːr] | a. painful; grieved, sorrowful  n. wound | a. 아픈; 슬픈  n. 상처 |
| 0355 | short [ʃɔːrt] | brief, momentary; scarce, low; small, little | a. 짧은; 부족한; 작은 |
| 0356 | spirit* [spírit] | mind, soul, heart | n. 정신, 영혼 |
| 0357 | palace [pǽlis] | castle, court | n. 궁전 |
| 0358 | clap [klæp] | n. applause; slap  v. applaud, cheer, acclaim | n. 박수; 파열음  v. 손뼉을 치다, 두드리다 |
| 0359 | booth [buːθ] | small room, container | n. 노점, 작은 방 |
| 0360 | slide [slaid] | slip, glide, skid | v. 미끄러지다 |
| 0361 | seed [siːd] | n. grain, germ, kernel  v. sow, plant | n. 씨앗  v. 씨앗을 뿌리다 |
| 0362 | history [hístəri] | chronicle, record, annals | n. 역사 |
| 0363 | harvest [háːrvist] | n. harvest, yield  v. harvest, reap | n. 수확  v. 수확하다 |
| 0364 | sand [sænd] | grit | n. 모래, 모래밭 |
| 0365 | beggar [bégər] | person asking for charity | n. 거지 |
| 0366 | edge** [edʒ] | n. periphery, border, margin, boundary, verge, brink | n. 가장자리, 모서리 |
| 0367 | circle [sɔ́ːrkl] | n. ring, round, cycle; group, society  v. circulate, encircle | n. 원; 집단  v. 돌다, 선회하다 |
| 0368 | officer [ɔ́(ː)fisər] | official, executive, functionary | n. 공무원, 장교 |
| 0369 | prison [prízn] | jail | n. 감옥, 교도소 |
| 0370 | become [bikʌ́m] | come to be, grow to be, develop into | v. ~이 되다 |
| 0371 | contest [kántest] | n. competition, struggle, fight, combat  v. contend, dispute | n. 경쟁, 논쟁  v. 다투다, 이의를 제기하다 |
| 0372 | pair [pɛər] | couple, twosome, match, brace | n. 한 쌍  v. 짝을 짓다 |
| 0373 | dream [driːm] | n. wish, vision, fantasy  v. imagine, visualize | n. 꿈  v. 꿈 꾸다, 상상하다 |
| 0374 | useless [júːslis] | vain, futile, worthless, fruitless | a. 쓸모 없는 |
| 0375 | angle [ǽŋgl] | gradient | n. 각도 |
| 0376 | bike [baik] | bicycle, cycle, vehicle, wheel | n. 자전거 |
| 0377 | invader [invéidər] | raider, intruder, aggressor | n. 침략자 |
| 0378 | seat [siːt] | n. chair, bench  v. set, sit, put, settle | n. 자리, 좌석  v. 앉히다, 앉다 |
| 0379 | hesitate [hézətèit] | reluctant, waver, vacillate, scruple | v. 주저하다, 망설이다 |
| 0380 | pilgrim [pílgrim] | wanderer, traveler | n. 순례자; 나그네, 방랑자 |
| 0381 | patient [péiʃənt] | a. forbearing, tolerant, lenient, enduring  n. sufferer, invalid | a. 인내심 있는  n. 환자 |
| 0382 | pray [prei] | beg, ask, implore, solicit, petition | v. 기원하다, 빌다 |
| 0383 | war [wɔːr] | battle, fight, struggle, combat, conflict | n. 전쟁 |
| 0384 | pill [pil] | tablet, capsule | n. 알약 |
| 0385 | trip [trip] | journey, tour, travel | n. 여행 |
| 0386 | funeral [fjúːnərəl] | burial | n. 장례식 |
| 0387 | continue [kəntínjuː] | last, go on, keep, carry on | v. 계속하다 |
| 0388 | hardly [háːrdli] | barely, scarcely[liːd]  *과거형 또는 납 [léd] | ad. 거의 ~아니다 |
| 0389 | abuse [əbjúːz] | v. misuse, ill-use; maltreat, mistreat  n. maltreatment | v. 남용하다; 학대하다  n. 학대 |
| 0390 | hollow* [hálou] | empty, vacant | a. 텅 빈, 공허한 |
| 0391 | fence [fens] | n. barrier, wall, defence  v. enclose, surround, bound | n. 울타리  v. 울타리를 치다 |
| 0392 | strange [steindʒ] | unusual, unfamiliar, bizarre, odd | a. 낯선, 이상한 |
| 0393 | alphabet [ǽlfəbèt] | - | n. 알파벳, 문자 |
| 0394 | touch [tʌtʃ] | v. contact, meet; impress, move  n. contact; tactile | v. 접촉하다; 감동시키다  n. 접촉; 촉감 |
| 0395 | terrible [térəbəl] | dreadful, awful, frightful, horrible | a. 무서운, 끔찍한 |
| 0396 | piece* [piːs] | n. fragment, part, bit  v. join, combine, link | n. 조각  v. 연결하다, 결합하다 |
| 0397 | almost [ɔ́ːlmoust] | nearly, virtually, about, practically | ad. 거의 |
| 0398 | lead* *과거형 [liːd] 또는 납 [léd] | n. clue, hint, indication  v. cause, contribute; drive, move, draw; guide | v. 안내하다; 연결되다  n. 선두, 우세; 납 [léd] |
| 0399 | float** [flout] | stay on the top, be buoyant, drift | v. 뜨다; (마음 속에) 떠오르다 |
| 0400 | choose [tʃuːz] | select, elect, pick, opt | v. 고르다, 선택하다 |

# Day 1

| No. | Word | Synonyms | Meaning |
|---|---|---|---|
| 0401 | valuable [væljuəbl] | precious, costly, useful, expensive, worthy | a. 가치가 있는, 값비싼 |
| 0402 | tomb [tu:m] | grave, vault | n. 묘, 무덤 |
| 0403 | hobby* [hábi] | leisure activity, pastime | n. 취미, 오락, 놀이 |
| 0404 | stripe [straip] | band, line | n. 줄무늬, 줄 |
| 0405 | god [gad] | lord | n. 신 |
| 0406 | pop [pap] | n. popular music v. appear suddenly | n. 대중음악 v. 갑자기 등장하다 |
| 0407 | graduate [grædʒuèit] | v. grade, receive, have, confer, bestow n. bachelor | v. 졸업하다, 학위를 수여하다 n. 대학졸업자 |
| 0408 | port [pɔ:rt] | harbor, haven | n. 항구 |
| 0409 | coil [kɔil] | n. reel, roll v. wind, twist, curl | n. 코일, 감긴 것, 고리 v. (고리 모양으로) 감다, 휘감다 |
| 0410 | superstition [sù:pərstíʃən] | cult object, belief in sign of things to come | n. 미신 |
| 0411 | government [gávərnmənt] | administration, rule, ministry | n. 정부 |
| 0412 | calm [ka:m] | quiet, tranquil, still, placid, peaceful, restful | a. 침착한, 차분한; 잔잔한 v. 진정시키다 |
| 0413 | passenger [pǽsəndʒər] | traveler, traveler, fare | n. 승객 |
| 0414 | education [édʒukèiʃən] | training, schooling, instruction, teaching, tuition | n. 교육, 훈련 |
| 0415 | flame [fleim] | n. blaze, fire v. burn | n. 정열, 불길 v. 타오르다 |
| 0416 | valley [væli] | canyon | n. 골짜기, 계곡 |
| 0417 | silk [silk] | - | n. 비단 |
| 0418 | proud [praud] | arrogant, haughty, conceited | a. 거만한, 자존심 있는; 자랑스러운 |
| 0419 | dollar [dálər] | money | n. 달러 |
| 0420 | since [sins] | ad/prep / con. afterward, from con. Because | ad/prep/con. 그 후, 그 이래 con. ~이기 때문에, 왜냐하면 |
| 0421 | information [ìnfərméiʃən] | facts, knowledge, data | n. 정보, 지식 |
| 0422 | experience [ikspíəriəns] | n. practice, episode v. undergo, suffer, taste, try | n. 경험 v. 경험하다 |
| 0423 | attend [əténd] | be present at; take care, pay attention; accompany | v. 참석하다; 돌보다; (결과로) 수반하다 |
| 0424 | sow [sou] | seed, plant, spread | v. 씨를 뿌리다 |
| 0425 | control* [kəntróul] | n. mastery, supervision v. maneuver, manage, dominate, govern, rule; refrain | n. 억제, 통제 v. 지배하다, 통제하다 |
| 0426 | sweet [swi:t] | nice, lovely, charming, pleasant | a. 달콤한 n. 단 것, 사탕 및 초콜릿류 |
| 0427 | eraser [iréisər] | rubber | n. 지우개 |
| 0428 | sugar [ʃúgər] | sweet substance | n. 설탕 |
| 0429 | shine [ʃain] | v. beam, gleam, shimmer, glow n. beam, brightness, sparkle | v. 빛나다 n. 빛남 |
| 0430 | enough [ináf] | a. sufficient, adequate, ample ad. sufficiently, plenty | a. 충분한 ad. 충분히 pn. 충분한 양 |
| 0431 | temple [témpəl] | sanctuary, shrine | n. 절, 사원 |
| 0432 | reply [riplái] | n. answer, reaction v. answer, respond, return | n. 대답 v. 대답하다 |
| 0433 | judge [dʒʌdʒ] | n. referee, umpire v. decide, assess, rate | n. 재판관 v. 재판하다, 판단하다 |
| 0434 | stair [stɛər] | step | n. 계단 |
| 0435 | comedy [kámədi] | play, humour | n. 희극, 코미디 |
| 0436 | coast [koust] | shore, beach, seaside, seashore | n. 해안 |
| 0437 | fair [fɛər] | unbiased, just, impartial, disinterested | a. 공평한, 공정한 ad. 공정하게, 타당하게 n. 박람회, 전시회 |
| 0438 | immediately [imí:diətli] | straight away, instantly, directly, promptly | ad. 즉시, 당장 |
| 0439 | course*** [kɔ:rs] | progression, process, progress, way; lectures, curriculum | n. 경과, 진행, 추세; 수업 |
| 0440 | grammar [grǽmər] | language rules, the rules of a language | n. 문법 |
| 0441 | list [list] | n. register, catalogue v. record, catalogue | n. 명부 v. 리스트를 작성하다 |
| 0442 | boring [bɔ́:riŋ] | tedious, tiresome, wearisome, irksome | a. 지루한, 따분한 |
| 0443 | hunger [hʌ́ŋgər] | starvation, famine | n. 굶주림 |
| 0444 | body [bádi] | corpse, flesh, trunk, carcass | n. 몸, 신체 |
| 0445 | gift [gift] | donation, present, contribution; talent, ability | n. 선물; 재능 |
| 0446 | vegetable [védʒətəbl] | plant, herb | n. 야채 |
| 0447 | busy [bízi] | occupied, engaged, active, swamped | a. 바쁜 |
| 0448 | behind [biháind] | back, after, backwards, at the back of | ad, prep. ~의 뒤에 |
| 0449 | atom [ǽtəm] | particle | n. 원자 |
| 0450 | ahead [əhéd] | ad. onwards, forwards a. advanced, ahead of time, already, at an advantage | ad. 앞에, 앞으로 a. 유리한 지위에 있는 |

# USHER VOCABULARY 어셔 토플 기초영단어 (초·중·고등단어)

| No. | Word | Synonyms | Meaning |
|---|---|---|---|
| 0451 | statue* [stǽtʃuː] | figure, sculpture | n. 상, 모습, 인물상 |
| 0452 | concert [kánsə(ː)rt] | recital, musical performance | n. 음악회 |
| 0453 | town [taun] | city, metropolis | n. 읍, 도시 |
| 0454 | opinion [əpínjən] | view, notion, idea, belief, thought | n. 의견, 견해 |
| 0455 | habit [hǽbit] | custom, practice, wont, way, use | n. 버릇, 습관, 관습 |
| 0456 | fever [fíːvər] | temperature, heat, fire, state of high temperature or agitation | n. 열 |
| 0457 | along [əlɔ́ːŋ] | through, on, beside, over, or parallel to the length or direction of; during | prep/ad. ~을 따라서, ~을 지나서 |
| 0458 | bow [bou] | v. stoop, bend; yield, submit  n. archery; obeisance | v. 구부리다; 굽히다  n. 활; 절 |
| 0459 | understand** [ʌ̀ndərstǽnd] | comprehend, grasp, make head or tail of | v. 이해하다 |
| 0460 | increase [inkríːs] | v. augment, enlarge, escalate  n. augment | v. 늘리다, 불리다  n. 증가 |
| 0461 | pretty [príti] | a. nice, handsome, beautiful  ad. quite, fairly, reasonably | a. 매력적인, 예쁜, 귀여운  ad. 어느정도, 꽤; 아주, 매우 |
| 0462 | birth [bəːrθ] | origin, genesis | n. 출생 |
| 0463 | diary [dáiəri] | journal, daybook | n. 일기 |
| 0464 | tough [tʌf] | firm, strong, hard, sturdy, stout, vigorous, hardy | a. 튼튼한, 강인한 |
| 0465 | potato [pətéitou] | - | n. 감자 |
| 0466 | navy [néivi] | fleet | n. 해군 |
| 0467 | smell [smel] | n. scent, odor, fragrance, aroma, perfume  v. sniff | n. 냄새  v. 냄새를 맡다 |
| 0468 | rapidly* [rǽpidli] | quickly, fast, apace, swiftly, speedily, quick, promptly | ad. 급속히, 빨리, 순식간에 |
| 0469 | pal [pæl] | friend, buddy, fellow, companion, associate | n. 친구 |
| 0470 | whisper [wíspər] | murmur, mumble | v. 속삭이다; 은밀히 말하다  n. 속삭임, 소곤거리는 소리 |
| 0471 | niece [niːs] | - | n. 여자조카 |
| 0472 | explode [iksplóud] | burst, blow up, blast | v. 폭발하다, 격발하다 |
| 0473 | once* [wʌns] | con. when  ad. then | conj. 일단 ~하면  ad. 이전에, 일찍이, 한번 |
| 0474 | chase [tʃeis] | pursue, hunt, follow, run | v. 뒤쫓다, 추구하다  n. 추적, 추격 |
| 0475 | bridge [bridʒ] | span | n. 다리  v. 다리를 놓다 |
| 0476 | series [síriːz] | sequence, string, succession, set | n. 일련, 연속 |
| 0477 | base [beis] | bottom, basis; center, core | n. 기초, 근거; 맨 아래 부분  v. …에 근거지[본부/본사]를 두다 |
| 0478 | actually* [ǽktʃuəli] | in fact, as a matter of fact, literally, indeed, apparently, really, in reality, in truth, truly | ad. 사실상, 실제로 |
| 0479 | produce* [prədjúːs] | yield, generate, make, manufacture, create | v. 생산(산출)하다, 일으키다  n. 생산물[품], (특히) 농작물/농산물 |
| 0480 | trouble [trʌ́bəl] | n. distress, worry, concern; difficulty  v. bother, vex, annoy, disturb | n. 근심, 걱정; 문제  v. 괴롭히다 |
| 0481 | joke [dʒouk] | n. laugh, jest, gag, trick,  v. mock, jest | n. 농담  v. 농담을 하다 |
| 0482 | politely [pəláitli] | courteously, gently | ad. 공손히, 정중하게 |
| 0483 | sight [sait] | view, vision, spectacle, look, scene | n. 광경, 경치 |
| 0484 | planet [plǽnit] | celestial body orbiting a star | n. 행성 |
| 0485 | wonderful [wʌ́ndərfəl] | marvelous, remarkable, awesome, excellent | a. 훌륭한 |
| 0486 | company [kʌ́mpəni] | association, group; companionship | n. 회사, 조합; 동료, 일행 |
| 0487 | several [sévərəl] | some, a number of, various, different, | a. 각각의, 몇몇의  pn. 몇몇 |
| 0488 | solution [səlúːʃən] | n. answer, explanation, key, result; mixture, mix, solvent | n. 해결(책); 용매, 용액 |
| 0489 | private [práivit] | individual, personal, confidential, secret | a. 사적인, 개인적인 |
| 0490 | worry [wə́ːri] | be anxious, be concerned | v. 걱정하다; 걱정하게 만들다  n. 걱정, 우려 |
| 0491 | space [speis] | room, interval, place, distance, area, gap; the galaxy | n. 공간  v. 간격을 두다 |
| 0492 | stone [stoun] | gravel, pebble, rock, | n. 돌 |
| 0493 | wide [waid] | broad, large, extensive, spacious, ample, vast | a. 넓은, 너른; 폭이~인  ad. 완전히, 있는 대로 다, 활짝 |
| 0494 | pulse [pʌls] | n. vibration, beat, rhythm  v. vibrate, beat, vibrate, beat | n. 맥박  v. 맥박치다, 고동치다, 활기가 넘치다 |
| 0495 | wagon [wǽgən] | carriage, a strong vehicle with four wheels | n. 짐마차, 화물기차 |
| 0496 | fight [fait] | n. conflict, battle, war, combat  v. battle | n. 싸움, 결투, 논쟁  v. 싸우다 |
| 0497 | continent [kántənənt] | mainland | n. 대륙 |
| 0498 | absent [ǽbsənt] | missing, lacking | a. 결석한, 부재의  v. 결석[결근]하다, 불참하다 |
| 0499 | besides* [bisáidz] | prep. apart from  ad. in addition, as well, moreover | prep. 그 외에도  ad. 게다가 |
| 0500 | low [low] | short, small | a. 낮은; 바닥 가까이의  ad. 낮게, 아래로 |

# 단어시험 보는 방법

1. 화장실을 먼저 다녀옵니다.
2. 핸드폰을 꺼둡니다.
3. 책상 위에 필기도구를 제외하고 깨끗이 치웁니다.
4. 단어 3회독 MP3파일을 틀고 시작합니다.

## 주의사항

1. 채점속도가 빠르다고 시험 도중 MP3 파일을 멈추지 마세요
2. 채점시 스펠링 & 품사 & 뜻 중 하나라도 빠트릴 을 경우 틀린 답입니다.

| 틀린개수 | |
|---|---|
| 채점자이름 | 본인이름 |

| | | | |
|---|---|---|---|
| 1 | 30 | 59 | 88 |
| 2 | 31 | 60 | 89 |
| 3 | 32 | 61 | 90 |
| 4 | 33 | 62 | 91 |
| 5 | 34 | 63 | 92 |
| 6 | 35 | 64 | 93 |
| 7 | 36 | 65 | 94 |
| 8 | 37 | 66 | 95 |
| 9 | 38 | 67 | 96 |
| 10 | 39 | 68 | 97 |
| 11 | 40 | 69 | 98 |
| 12 | 41 | 70 | 99 |
| 13 | 42 | 71 | 100 |
| 14 | 43 | 72 | 101 |
| 15 | 44 | 73 | 102 |
| 16 | 45 | 74 | 103 |
| 17 | 46 | 75 | 104 |
| 18 | 47 | 76 | 105 |
| 19 | 48 | 77 | 106 |
| 20 | 49 | 78 | 107 |
| 21 | 50 | 79 | 108 |
| 22 | 51 | 80 | 109 |
| 23 | 52 | 81 | 110 |
| 24 | 53 | 82 | 111 |
| 25 | 54 | 83 | 112 |
| 26 | 55 | 84 | 113 |
| 27 | 56 | 85 | 114 |
| 28 | 57 | 86 | 115 |
| 29 | 58 | 87 | 116 |

**USHER**
usherin.usher.co.kr

| 117 | 149 | 181 | 213 |
|---|---|---|---|
| 118 | 150 | 182 | 214 |
| 119 | 151 | 183 | 215 |
| 120 | 152 | 184 | 216 |
| 121 | 153 | 185 | 217 |
| 122 | 154 | 186 | 218 |
| 123 | 155 | 187 | 219 |
| 124 | 156 | 188 | 220 |
| 125 | 157 | 189 | 221 |
| 126 | 158 | 190 | 222 |
| 127 | 159 | 191 | 223 |
| 128 | 160 | 192 | 224 |
| 129 | 161 | 193 | 225 |
| 130 | 162 | 194 | 226 |
| 131 | 163 | 195 | 227 |
| 132 | 164 | 196 | 228 |
| 133 | 165 | 197 | 229 |
| 134 | 166 | 198 | 230 |
| 135 | 167 | 199 | 231 |
| 136 | 168 | 200 | 232 |
| 137 | 169 | 201 | 233 |
| 138 | 170 | 202 | 234 |
| 139 | 171 | 203 | 235 |
| 140 | 172 | 204 | 236 |
| 141 | 173 | 205 | 237 |
| 142 | 174 | 206 | 238 |
| 143 | 175 | 207 | 239 |
| 144 | 176 | 208 | 240 |
| 145 | 177 | 209 | 241 |
| 146 | 178 | 210 | 242 |
| 147 | 179 | 211 | 243 |
| 148 | 180 | 212 | 244 |

| 245 | 277 | 309 | 341 |
| --- | --- | --- | --- |
| 246 | 278 | 310 | 342 |
| 247 | 279 | 311 | 343 |
| 248 | 280 | 312 | 344 |
| 249 | 281 | 313 | 345 |
| 250 | 282 | 314 | 346 |
| 251 | 283 | 315 | 347 |
| 252 | 284 | 316 | 348 |
| 253 | 285 | 317 | 349 |
| 254 | 286 | 318 | 350 |
| 255 | 287 | 319 | 351 |
| 256 | 288 | 320 | 352 |
| 257 | 289 | 321 | 353 |
| 258 | 290 | 322 | 354 |
| 259 | 291 | 323 | 355 |
| 260 | 292 | 324 | 356 |
| 261 | 293 | 325 | 357 |
| 262 | 294 | 326 | 358 |
| 263 | 295 | 327 | 359 |
| 264 | 296 | 328 | 360 |
| 265 | 297 | 329 | 361 |
| 266 | 298 | 330 | 362 |
| 267 | 299 | 331 | 363 |
| 268 | 300 | 332 | 364 |
| 269 | 301 | 333 | 365 |
| 270 | 302 | 334 | 366 |
| 271 | 303 | 335 | 367 |
| 272 | 304 | 336 | 368 |
| 273 | 305 | 337 | 369 |
| 274 | 306 | 338 | 370 |
| 275 | 307 | 339 | 371 |
| 276 | 308 | 340 | 372 |

| 373 | 405 | 437 | 469 |
| --- | --- | --- | --- |
| 374 | 406 | 438 | 470 |
| 375 | 407 | 439 | 471 |
| 376 | 408 | 440 | 472 |
| 377 | 409 | 441 | 473 |
| 378 | 410 | 442 | 474 |
| 379 | 411 | 443 | 475 |
| 380 | 412 | 444 | 476 |
| 381 | 413 | 445 | 477 |
| 382 | 414 | 446 | 478 |
| 383 | 415 | 447 | 479 |
| 384 | 416 | 448 | 480 |
| 385 | 417 | 449 | 481 |
| 386 | 418 | 450 | 482 |
| 387 | 419 | 451 | 483 |
| 388 | 420 | 452 | 484 |
| 389 | 421 | 453 | 485 |
| 390 | 422 | 454 | 486 |
| 391 | 423 | 455 | 487 |
| 392 | 424 | 456 | 488 |
| 393 | 425 | 457 | 489 |
| 394 | 426 | 458 | 490 |
| 395 | 427 | 459 | 491 |
| 396 | 428 | 460 | 492 |
| 397 | 429 | 461 | 493 |
| 398 | 430 | 462 | 494 |
| 399 | 431 | 463 | 495 |
| 400 | 432 | 464 | 496 |
| 401 | 433 | 465 | 497 |
| 402 | 434 | 466 | 498 |
| 403 | 435 | 467 | 499 |
| 404 | 436 | 468 | 500 |

# Day 2

USHER VOCABURARY

## 어셔 토플 **기초영단어** (초·중·고등단어)

USHER 단어암기 프로그램 별도 판매
usherin.usher.co.kr

## 오늘의 단어 체크 순서 및 주의사항

**USHER VOCABULARY** 어셔 토플 기초영단어 (초·중·고등단어)

### 1. 아는 것과 모르는 것을 구별하는 기준은 "보는 즉시" 아는 것만이 진짜 아는 것이다.

다음 정도로 아는 것은 아는 것이 아닙니다.
- 알 것 같은데?
- 예전에 본건 확실한데?
- 천천히 생각하면 기억날 것 같은데?

### 2. 500개중 몇 개를 모르는지 확인하는 것을 시작점으로 시간을 계산해 봅니다.

(보통 단어 하나 외우는데 걸리는 시간은 5분 정도로 잡아도 쉬운 일이 아닙니다.)
내가 모르는 단어 80개/500X5분 = 400분 = 거의 9시간 이상 분량
**(50분 암기+ 10분 휴식기준+*시험 시간 500개 시험에 근 2시간)도 시간계산에 넣어야 합니다.**

### 3. 이를 기준으로 객관적인 본인의 하루 목표를 잡아야 합니다.

무조건 500개 목표하는 것 자체가 목표가 되어선 안됩니다.

### 4. 5분 동안 외운다고 목표 잡았을 때 5분 내내 한 단어만 외우는 "어리석은" 짓을 하면 안됩니다.

단어암기는 반복적으로 봐야 합니다. 최소 5번 정도 본다고 생각해야 합니다.
- 처음 외울 때 고민 2~3분 *5번 참조
- 두 번째 볼 때 1~2분 (처음에 안 된 단어를 잘 외워지도록 하는 고민 포함)
- 세 번째-다섯 번째 1~2분 (하루 분량 전체를 눈으로만 빠르게 반복 확인)

### 5. 고민단계를 꼭 확인해야 합니다

모르는 단계는 무조건 외우려 들지 말고 잘라보거나 발음해보는 등의 방법 (7페이지 안내문 참조) 등을 최대한 고민해서 **내가 외우기 쉽게 만들어 줄 힌트들을 단어 옆에 적어 두어야 합니다.**

### 6. 공부 환경 조성

- 핸드폰 꺼두기
- 책상 위 깨끗이 치우기
- 끝내야 할 개수와 끝내기로 한 시간 다시 한번 체크하고 긴장하기

### 7. 단어를 다 외우고 시험을 반드시 봐야 합니다.

시험은 인간의 게으름과 실수를 잡는 인류 최고의 발명품 입니다.

### 8. 시험보고 버리는 게 아니라, 시험보고 틀린 단어 는 다시 한번 점검하고 오늘의 단어에 다시 한번 표시 해 두시기 바랍니다.

오늘은 못 외웠지만, 이렇게 한번 더 봐야 다음에 긴장하고 보고, 가끔씩은 그 사이 외워지기도 합니다. ^.^

---

**오늘의 단어** — 모르는 단어 개수 : _____ 개 / 나의 오늘 목표는 _____ 번부터 _____ 번까지 !!!

1회독 : _____ / 500개   1회독 : _____ / 500개   1회독 : _____ / 500개   1회독 : _____ / 500개

_____ / 500개X5분=_____분 (약 _____ 시간 필요) *휴식시간 및 시험시간(500개당 2시간 입니다)을 꼭 넣어야 합니다.

# Day 2

| No. | Word | Pronunciation | Synonyms | Meaning |
|---|---|---|---|---|
| 0501 | ride | [raid] | drive | v. 타다, 타고 가다; 승마하다  n. (차량)타고 가기 |
| 0502 | turtle | [tə́:rtl] | leatherback | n. 바다거북 |
| 0503 | gray | [grei] | n / a. muted silver in color | n. 회색  a. 회색의 |
| 0504 | supply | [səplái] | v. furnish, provide, replenish  n. reservoir, store, surplus | v. 공급하다; 보충하다  n. 공급, 보급 |
| 0505 | detective | [ditéktiv] | n / a. agent | n. 탐정, 수사관 |
| 0506 | college | [kálidʒ] | school, academy, university | n. 단과대학, 전문학교 |
| 0507 | dark | [da:rk] | gloomy, black, obscure, dim | a. 어두운 |
| 0508 | monument | [mánjəmənt] | memorial | n. 기념비, 기념물 |
| 0509 | industrial | [indʌ́striəl] | manufacturing | a. 산업의, 공업의 |
| 0510 | plant | [plænt] | n. factory, mill, works, manufactory, vegetable  v. set, put, sow | n. 식물, 공장  v. 식물을 심다, 건설하다 |
| 0511 | knee | [ni:] | joint | n. 무릎 |
| 0512 | flat | [flæt] | a. level, even, plane | a. 평평한, 납작한  n. 평평한 부분 |
| 0513 | twin | [twin] | a. double, dual, twofold, duplicate  n. double | a. 한 쌍의  n. 쌍둥이의 한 사람 |
| 0514 | master* | [mǽstər] | n. commander, chief, head  v. learn thoroughly, pick up, grasp, accomplish | n. 주인, 지배자  v. 숙달하다, 정통하다 |
| 0515 | chopstick | [tʃápstìk] | - | n. 젓가락 |
| 0516 | million | [mìljən] | - | n. 100만, 백만 |
| 0517 | guard* | [ga:rd] | v. protect, defend, shield, shelter  n. lookout, safeguard | v. 보호하다; 경계하다  n. 경계, 경호인 |
| 0518 | arrive | [əráiv] | come, reach | v. 도착하다 |
| 0519 | dry | [drai] | arid, droughty, thirsty, dried | a. 마른, 건조한; 비가 오지 않은  v. 마르다; 말리다 |
| 0520 | passport | [pǽspɔ̀:rt] | - | n. 여권 |
| 0521 | ceiling | [sì:liŋ] | roof | n. 천장 |
| 0522 | pigeon | [pìdʒən] | dove | n. 비둘기 |
| 0523 | tear | v.[tɛər] n.[tiər] | v. rip, sever, split  n. - | v. 찢다, 자르다  n. 눈물 |
| 0524 | robber | [rábər] | burglar, thief | n. 강도 |
| 0525 | crop | [krap] | harvest, yield, agricultural produce | n. 농작물 |
| 0526 | plate | [pleit] | n. dish, bowl, platter, salver  v. coat, overlay | n. 접시, 판  v. 도금하다 |
| 0527 | relative | [rélətiv] | n. relation, kinsman, kin  a. comparative, relational, related | n. 친척  a. 비교상의, 상대적인 |
| 0528 | jar | [dʒa:r] | pot, vase, vessel | n. 항아리 |
| 0529 | cover** | [kʌ́vər] | v. hide, conceal; include, contain, encompass; deal  n. wrap, cap | v. ~를 덮다, 감추다; ~를 포함하다; ~를 다루다  n. 덮개 |
| 0530 | hometown | [hóumtàun] | birthplace | n. 고향 |
| 0531 | desert* | v. [dɪˈzɜːrt] n. [dézərt] | v. abandon, forsake  a. barren, desolate, arid | v. 버리다  n. 사막 |
| 0532 | gain | [gein] | v. obtain, procure, acquire, attain, earn, win, capture  n. attainment, income, increase | v. 얻다, 획득하다  n. 이익, 증가 |
| 0533 | report | [ripɔ́:rt] | n. account, statement, information  v. inform, tell, relate, announce, notify | n. 보고  v. 보고하다 |
| 0534 | count* | [kaunt] | v. calculate, enumerate, figure; matter, weigh, signify  n. a noble status | v. 총 수를 세다, 계산하다  n. (총계를 알기 위한) 셈, 계산; 총수, 총계 |
| 0535 | such | [sʌtʃ] | a. alike, similar  ad. so, thus, as  pron. this | a. 그런, 그러한  pron. 그러한 것 |
| 0536 | silent* | [sáilənt] | speechless, dumb, mute | a. 말없는, 고요한 |
| 0537 | twice | [twais] | doubly, double, twofold | ad. 두번 |
| 0538 | hide* | [haid] | n. fur, skin  v. camouflage, disguise, mask, conceal, screen, veil, cover | n. 동물의 가죽  v. 숨기다, 감추다 |
| 0539 | sculpture | [skʌ́lptʃər] | n. statue, carving  v. carve, chisel, engrave, model | n. 조각품, 조소 |
| 0540 | believe | [bilí:v] | trust, think, credit, suppose, guess, deem, | v. 믿다 |
| 0541 | engineer | [èndʒiníər] | machinist, engine driver, mechanic | n. 기사; 기술자, 수리공  v. 제작하다; 조작하다 |
| 0542 | advice | [ədváis] | counsel, notice, tip, consultation | n. 충고 |
| 0543 | grand* | [grænd] | imposing, stately, august, majestic, dignified | a. 웅장한, 웅대한 |
| 0544 | affair | [əfɛ́ər] | matter, business, thing, case, job, concern | n. 사건, 일 |
| 0545 | present | n.a.[préznt] v.[prìˈzent] | n. gift, donation, offering  a. existing; current  v. give, introduce, show, offer | n. 현재, 선물  a. 존재하는; 현재의  v. 증정하다, 주다 |
| 0546 | cool | [ku:l] | a. chilly, cold, fresh, calm  v. chill, refrigerate | a. 서늘한, 냉정한  v. 차게하다, 가라앉히다 |
| 0547 | outline* | [áutlàin] | n. summary, contour, silhouette, sketch, draft  v. rough out, delineate; make a guideline | n. 윤곽, 약도  v. 윤곽을 그리다; 요약하다 |
| 0548 | group | [gru:p] | n. party, cluster, team, band, troop, crowd  v. align, array, class, classify | n. 집단  v. 정리하다, 배열하다 |
| 0549 | allow* | [əláu] | enable, permit, let, grant | v. 허락하다 |
| 0550 | data | [déitə] | information, datum(sg.) | n. 자료 |

# USHER VOCABULARY 어셔 토플 기초영단어 (초·중·고등단어)

| No. | Word | Pronunciation | Synonyms | Meaning |
|---|---|---|---|---|
| 0551 | flashlight | [flǽʃlait] | torch | n. 카메라의 플래시 |
| 0552 | voice | [vɔis] | sound | n. 목소리 |
| 0553 | journey | [dʒə́ːrni] | trip, tour, travel, voyage, drive | n. 여행 |
| 0554 | ticket | [tíkit] | label, card, tag | n. 표, 입장권 |
| 0555 | refuse | [rifjúːz] | v. reject, decline, deny, turn down; n. garbage, waste material, rubbish, trash | v. 거절하다, 거부하다; n. 쓰레기 |
| 0556 | pass | [pæs] | elapse, progress, go by, wear on; approve, ratify | v. 지나가다, 통과하다; 나아가다; n. 합격 |
| 0557 | thumb | [θʌm] | first finger on the hand | n. 엄지손가락 |
| 0558 | fresh | [freʃ] | new, recent, green, young; cool | a. 새로운; 시원한 |
| 0559 | kind* | [kaind] | a. benign, humane, compassionate; n. type, sort, variety | a. 친절한; n. 종류 |
| 0560 | select | [silékt] | choose, pick, pick out, opt, sort | v. 고르다, 선택하다 |
| 0561 | turkey | [tə́ːrki] | - | n. 칠면조 |
| 0562 | ocean | [óuʃən] | sea | n. 대양 |
| 0563 | shock* | [ʃɑːk] | n. blow, impact; v. jolt, startle, stun | n. 충격, 충돌; v. 충격 주다 |
| 0564 | favorite | [féivərit] | a. pet, beloved, darling, popular | a. 좋아하는, 마음에 드는; n. 좋아하는 사람, 좋아하는 물건 |
| 0565 | custom | [kʌ́stəm] | practice, habit, wont, usage, use, way; tradition, convention | n. 전통 |
| 0566 | inning | [íniŋ] | - | n. 회(回) |
| 0567 | wood | [wud] | forest, timber, lumber | n. 나무, 숲 |
| 0568 | delicious | [dilíʃəs] | tasty, palatable, yummy, tasteful, delicate, nice | a. 맛있는 |
| 0569 | riddle | [rídl] | puzzle, enigma, mystery | n. 수수께끼 |
| 0570 | clue | [kluː] | hint, sign | n. 실마리, 단서 |
| 0571 | struggle* | [strʌ́gl] | v. contend, fight, battle, strive, combat, conflict, contest, wrestle, fighting; n. effort, labour | v. 싸우다, 발버둥치다, 분투하다; n. 분투, 노력 |
| 0572 | appointment | [əpɔ́intmənt] | assignation, engagement; designation, nomination | n. 약속; 임명 |
| 0573 | recently | [ríːsntli] | lately, newly, latterly, of late | ad. 최근에 |
| 0574 | population | [pàːpjuléiʃn] | people, residents | n. 인구, 주민 |
| 0575 | dawn | [dɔːn] | daybreak, daylight, morning | n. 새벽 |
| 0576 | instead | [instéd] | rather, alternatively, as an alternative | ad. 대신에 |
| 0577 | intimate** | [íntəmit] | a. close, familiar, affectionate; n. companion, friend | a. 친밀한, 친숙한; 애정깊은; n. 친구 |
| 0578 | cleave* | [kliːv] | split, rip, dissect, divide | v. 쪼개다 |
| 0579 | afterward | [ǽftərwərd] | later, subsequently, later on, then, next, thereafter | ad. 후에, 나중에 |
| 0580 | german | [dʒə́ːrmən] | - | n. 독일사람, 독일어 |
| 0581 | load | [loud] | n. burden, cargo, freight, shipment; v. pack, stack, pile | n. 짐; 임박; v. 짐 싣다 |
| 0582 | normal | [nɔ́ːrməl] | regular, standard, ordinary, common, usual, natural | a. 표준의, 평균의, 정상인 |
| 0583 | accept | [əksépt] | admit, approve, acknowledge, acquire, receive, take | v. 받아들이다 |
| 0584 | future | [fjúːtʃər] | n. futurity, hereafter, tomorrow; a. coming, prospective, forthcoming, next, oncoming | n. 미래; a. 미래의 |
| 0585 | forest | [fɔ́(ː)rist] | - | n. 숲 |
| 0586 | wish | [wiʃ] | n. want, desire, will, longing, aspiration; v. request, want, desire | n. 소원; v. 원하다 |
| 0587 | stress* | [stres] | n. emphasis, accent; force; anxiety, tension; v. emphasize | n. 강조; 압력; 긴장, 부담감; v. 강조하다 |
| 0588 | bone | [boun] | cartilage | n. 뼈 |
| 0589 | seldom | [séldəm] | infrequently, rarely, hardly, scarcely | ad. 거의 ~하지 않는 |
| 0590 | quiet | [kwáiət] | pacific, calm, tranquil | a. 조용한, 고요한 |
| 0591 | feed** | [fiːd] | v. nourish, graze, sustain; n. nourishment | v. 먹을 것을 주다; 먹이다; n. 먹이 |
| 0592 | chief | [tʃiːf] | n. leader, boss, principal, captain, manager, director; a. main, major, primary, staple, paramount | n. 우두머리; a. 주요한 |
| 0593 | mayor | [méiər] | - | n. 시장 |
| 0594 | import | [impɔ́ːrt] | bring in, introduce | v. 수입하다; n. 수입품 |
| 0595 | shrug | [ʃrʌg] | gesture, motion | v. 어깨를 으쓱하다 |
| 0596 | celebrate* | [séləbrèit] | commemorate, praise | v. 축하하다, 찬양하다 |
| 0597 | gun | [gʌn] | rifle, shooter, piece, pistol, firearm | n. 총 |
| 0598 | office | [ɔ́(ː)fis] | bureau, position, post, function, department | n. 사무실, 회사 |
| 0599 | lose | [luːz] | be beaten, be defeated | v. 잃다, 지다 |
| 0600 | empty** | [émpti] | a. vacant, hollow, void, blank, unoccupied; v. discharge, clear | a. 빈, 공허한; v. 비우다 |

# Day 2

| No. | Word | Pronunciation | Synonyms | Meaning |
|---|---|---|---|---|
| 0601 | homesick | [hóumsìk] | nostalgic | a. 고향을 그리워하는, 향수병의 |
| 0602 | obtain** | [əbtéin] | gain, earn, achieve, acquire, procure, win, get | v. 얻다, 손에 넣다, 획득하다 |
| 0603 | leak | [li:k] | ooze, seep, trickle | v. 새다 / n. 새는 곳[구멍/틈] |
| 0604 | create*** | [kriéit] | invent, devise, produce, make | v. 만들다, 창작하다 |
| 0605 | revolution | [rèvəlú:ʃən] | revolt, rising, rebellion | n. 혁명 |
| 0606 | public | [pʌ́blik] | a. common, open, national, general, communal, popular n. audience, people | a. 공중의, 공공의 n. 공중, 대중 |
| 0607 | cheap | [tʃi:p] | inexpensive, low-priced | a. 값싼 |
| 0608 | athlete | [ǽθli:t] | sportsman | n. 운동선수 |
| 0609 | sunrise | [sʌ́nràiz] | sunup, dawn, daybreak | n. 해돋이 |
| 0610 | spot** | [spat] | v. mark, stain; see, detect, find n. mark, speck, stain; place | v. 더럽히다; 발견하다 n. 반점, 얼룩; 장소 |
| 0611 | bowl | [boul] | vessel, dish, plate, basin | n. 사발, 그릇 |
| 0612 | fruit | [fru:t] | product, result, produce | n. 과일; 생산물, 결과 |
| 0613 | bill | [bil] | account, invoice; note; beak | n. 계산서; 지폐; 새 부리 |
| 0614 | shut | [ʃʌt] | close, lock | v. 닫다 |
| 0615 | competition | [kàmpətíʃən] | contest, rivalry, race, match | n. 경쟁, 시합 |
| 0616 | machine | [məʃí:n] | engine, device, mechanism, apparatus | n. 기계 |
| 0617 | hunter | [hʌ́ntər] | huntsman | n. 사냥꾼 |
| 0618 | rule | [ru:l] | standard, command, order, regulation | n. 규정, 규칙 v. 통치하다, 다스리다, 지배하다 |
| 0619 | tightly | [táitli] | firmly | ad. 단단히 |
| 0620 | grade | [greid] | n. class, degree; rank, rating, order, rate v. rate, classify | n. 학년; 정도, 수준 v. 나누다 |
| 0621 | hastily | [héistli] | hurriedly, quickly, in a hurry | ad. 서둘러서 |
| 0622 | remove** | [rimú:v] | withdraw, extract, eliminate; carry, transfer, transport | v. 제거하다, 없애다; 움직이다 |
| 0623 | carve | [ka:rv] | sculpt, chip, chisel, engrave, etch, mold | v. 새기다, 조각하다 |
| 0624 | guest | [gest] | visitor | n. 손님 |
| 0625 | review | [rivjú:] | n. criticism, evaluation, critique; examination v. assess, evaluate, criticize; check | n. 비평, 논평; 재조사 v. 논평하다, 재검토 하다 |
| 0626 | oath* | [ouθ] | promise, vow, pledge, swear | n. 맹세, 서약 |
| 0627 | source* | [sɔ:rs] | origin, derivation; supplier | n. 근원, 원천; 공급지 |
| 0628 | dumb | [dʌm] | mute, speechless | a. 벙어리의 |
| 0629 | belong to | [bilɔ:ŋ] [ tu:] | be part of, pertain to | v. ~에 속하다 |
| 0630 | travel | [trǽvəl] | v/ n. journey, tour, voyage | v. 여행하다 n. 여행 |
| 0631 | properly | [prápərli] | duly, rightly, right, correctly, appropriately, aptly | ad. 적당히, 올바르게, 적절히 |
| 0632 | tie** | [tai] | n. relationship, bond, connection, network v. connect | n. 끈, 매듭; 인연, 관계 v. 연결하다, 묶다 |
| 0633 | shoulder | [ʃóuldər] | - | n. 어깨 |
| 0634 | steal | [sti:l] | thieve, rob | v. 훔치다 |
| 0635 | excuse | [ikskjúz] | pardon, forgive, absolve, condone, exempt; justify | v. 용서하다; 변명하다 n. 변명, 이유, 핑계거리 |
| 0636 | husband | [hʌ́sbənd] | man, spouse, mate, partner | n. 남편 |
| 0637 | effect* | [ifékt] | result, consequence, outcome; influence, impact, efficacy | n. 결과; 효과, 영향 |
| 0638 | silly | [síli] | foolish, dull, idiotic | a. 어리석은 |
| 0639 | century | [séntʃuri] | centennial, centenary | n. 세기, 100년 |
| 0640 | horizon | [həráizən] | skyline, view | n. 수평선 |
| 0641 | marry | [mǽri] | bond, join, unify, unite, tie | v. 결혼하다 |
| 0642 | bookstore | [búkstɔ:r] | bookshop | n. 서점 |
| 0643 | crack* | [kræk] | v. break, snap, split n. narrow break | v. 부수다, 깨뜨리다 n. 갈라진 틈 |
| 0644 | smoke | [smouk] | v. fumigate, fume n. fume | v. 담배를 피우다 n. 연기 |
| 0645 | common* | [kámən] | shared, joint, ordinary, usual, general, public, normal, communal | a. 공통의, 공동의, 보통의 |
| 0646 | holiday | [hálədèi] | vacation, festival, feast, leave, recess, day off | n. 휴일, 휴가 |
| 0647 | single | [síŋgəl] | only, sole; unmarried, lone, individual, solitary, singular, alone | a. 단 하나의; 혼자의 |
| 0648 | election | [ilékʃən] | choice, option, pick, poll, voting | n. 선거 |
| 0649 | receive* | [risí:v] | obtain, accept, acquire, get | v. 받다, 얻다 |
| 0650 | cookie | [kúki] | biscuit | n. 쿠키 |

# USHER VOCABULARY 어셔 토플 기초영단어 (초·중·고등단어)

| No. | Word | Synonyms | Meaning |
|---|---|---|---|
| 0651 | suffer [sʌ́fər] | experience, agonize, tolerate, grieve, undergo, ache | v. 고통을 받다, 고민하다 |
| 0652 | agree [əgríː] | assent, accede, consent, concede, comply; conform | v. 동의하다, 일치하다 |
| 0653 | offer [ɔ́ːfər] | v. present, proffer, tender, propose  n. proposal, suggestion | v. 제공하다, 제출하다  n. 제안 |
| 0654 | idea [aidíːə] | notion, thought, conception, concept, opinion, view, mind, intention, design, plan | n. 생각, 이념 |
| 0655 | worth [wəːrθ] | n. value, merit, price, cost, valuation, rate  a. deserving, valuable | n. 가치  a. ~에 가치가 있는 |
| 0656 | comparison [kəmpǽrisn] | analogy, association, likeness, similarity | n. 비교, 대조 |
| 0657 | pet [pet] | darling, favorite, minion | n. 애완동물 |
| 0658 | compulsory*** [kəmpʌ́lsəri] | obligatory, forced, necessary, compelled, binding | a. 강제적인, 의무적인 |
| 0659 | thin [θin] | lean, slender, tenuous, slim, weak, sparse, slight, skinny | a. 얇은, 야윈 |
| 0660 | science [sáiəns] | knowledge, learning | n. 과학 |
| 0661 | except [iksépt] | v. exclude, rule out  prep. apart from, but for, saving, other than | v. 제외하다  prep. ~을 제외하고는 |
| 0662 | drop [drap] | fall, lower, drip, sink | v. 떨어지다, 떨어뜨리다 |
| 0663 | gaze [geiz] | v. stare, watch  n. look, stare | v. 바라보다, 응시하다  n. 응시 |
| 0664 | respect [rispékt] | v. esteem, admire, cherish  n. esteem, regard, admiration, honor, appreciation | v. 존경하다, 중요시하다  n. 존경 |
| 0665 | chest [tʃest] | breast | n. 가슴 |
| 0666 | principal*** [prínsəpəl] | a. main, prime, chief, paramount, capital, foremost  n. boss, director | a. 주요한, 주된  n. 장관, 교장 |
| 0667 | else [els] | otherwise, more, still, other | ad. 그 밖에 |
| 0668 | exercise** [éksərsàiz] | v. use, employ, exert; work out  n. activity, work | v. (권력 등을) 행사하다; 훈련하다  n. 운동, 연습 |
| 0669 | row [rou] | line, rank, series, range, string | v. 노[배]를 젓다  n. 줄, 열 |
| 0670 | health [helθ] | soundness, well-being | n. 건강 |
| 0671 | mouse [maus] | rat | n. 생쥐 |
| 0672 | colorful [kʌ́lərfəl] | bright, picturesque | a. 다채로운, 화려한 |
| 0673 | front [frʌnt] | n. face, facade, forehead  a. foremost, leading  v. face onto | n. 정면, 앞부분  a. 맨앞의  v. ~쪽으로 마주하다 |
| 0674 | limit** [límit] | n. bound, boundary  v. restrict, confine | n. 한계, 경계  v. 제한하다 |
| 0675 | refrigerator [rifrídʒərèitər] | fridge, icebox, cooler, freezer | n. 냉장고 |
| 0676 | break* [breik] | v. shatter, destroy, batter, crack, fracture, smash  n. rest, pause, respite, interruption, intermission | v. 깨뜨리다, 부수다  n. (짧은) 휴식 |
| 0677 | error [érər] | mistake, blunder, slip | n. 실수, 오류 |
| 0678 | figure* [fígjər] | n. amount, number, digit; sculpture, statue, shape; person, character  v. ponder, think, imagine | n. 숫자; 모양; 인물  v. 생각하다, 상상하다 |
| 0679 | tongue [tʌŋ] | language, speech | n. 혀; 언어 |
| 0680 | prince [prins] | lord | n. 왕자 |
| 0681 | later [léitər] | a. posterior, subsequent, latter, following  ad. after, afterward, subsequently | a. 더 늦은  ad. 후에, 나중에 |
| 0682 | true [truː] | real, right, truthful, authentic | a. 정말의, 진실한 |
| 0683 | nature** [néitʃər] | tendency, characteristic, personality, quality, temperament; environment, world, | n. 성질, 특징, 본질; 자연 |
| 0684 | exactly [igzǽktli] | precisely, accurately, right | ad. 정확히 |
| 0685 | hole** [houl] | pit, pore, opening, cavity, hollow | n. 구멍 |
| 0686 | crown [kraun] | royalty | n. 왕관, 왕위 |
| 0687 | factory [fǽktəri] | plant, mill, works | n. 공장 |
| 0688 | add [æd] | append, subjoin, annex, affix, attach | v. 더하다, 보태다 |
| 0689 | wool [wul] | the outer coat of sheep, yaks, etc. | n. 양모 |
| 0690 | ruin* [rúːin] | n. decay, downfall  v. devastate, destroy, wreck, spoil, demolish, damage | n. 폐허, 파멸  v. 파괴하다 |
| 0691 | wet [wet] | drenched, dampened, moist, humid | a. 젖은, 축축한  v. 적시다 |
| 0692 | watch [wɑtʃ] | n. clock, guard  v. observe, guard, look, see | n. 손목시계, 감시  v. 지켜보다 |
| 0693 | branch [bræntʃ] | division, department | n. 가지, 지부  v. 갈라지다, 나뉘다 |
| 0694 | cotton [kɑ́tn] | thread or cloth manufactured from the fiber of plants | n. 솜, 면화 |
| 0695 | square [skwɛər] | a. a plane figure having four equal sides  n. area, center, plaza | n. 정사각형; 광장  a. 정사각형의 |
| 0696 | main [mein] | chief, prime, principal, cardinal, leading, capital | a. 주요한, 주된 |
| 0697 | deck [dek] | - | n. 갑판 |
| 0698 | noble [nóubəl] | a. honorable, dignified, worthy  n. lord, aristocrat, noblemen | a. 귀족의, 고상한  n. 귀족 |
| 0699 | examination [igzæ̀mənéiʃən] | inspection, test, investigation, survey, checkup | n. 시험, 조사 |
| 0700 | plane [plein] | level; aircraft | n. 수평면; 비행기 |

# Day 2

| No. | Word | | Definition | Korean |
|---|---|---|---|---|
| 0701 | suburb | [sʌ́bəːrb] | area on city outskirts | n. 교외, 주변 |
| 0702 | sunshine | [sʌ́nʃàin] | sunlight | n. 햇빛 |
| 0703 | sniff | [snif] | smell, scent | v. 코를 킁킁거리다, 냄새를 맡다 |
| 0704 | dirty | [dəˊːrti] | foul, unclean, filthy | a. 더러운, 불결한, 비열한 |
| 0705 | deep | [diːp] | a. profound  ad. profoundly, low | a. 깊은  ad. 깊게 |
| 0706 | cousin | [kʌ́zn] | - | n. 사촌 |
| 0707 | introduce | [ìntrədjúːs] | bring in, acquaint | v. 소개하다, 도입하다 |
| 0708 | roar | [rɔːr] | n/ v. cry, shout, yell | n. 고함소리  v. 으르렁 거리다 |
| 0709 | hit | [hit] | strike, beat, knock, bang | n. 치기, 강타, 타격  v. 치다, 때리다 |
| 0710 | grass | [græs, graːs] | herb, pasture, lawn | n. 풀, 잔디 |
| 0711 | prove** | [pruːv] | verify, substantiate, confirm, validate | v. 증명하다, 입증하다 |
| 0712 | trousers | [tráuzərz] | pants | n. 바지 |
| 0713 | cost | [kɔːst] | price, charge, expense, value, expenditure, rate | n. 비용 |
| 0714 | post | [poust] | n. column, pillar, pole  v. display, pin up | n. 기둥  v. (게시, 전단을) 붙이다 |
| 0715 | wear | [wɛər] | v. clothes, costume, dress; undermine  n. clothing, clothes, dress, raiment; abrasion, damage, deterioration | v. 옷을 입다; 닳게 하다  n. 착용; 마모, 손상 |
| 0716 | famous | [féiməs] | celebrated, well-known, eminent, distinguished | a. 유명한, 잘 알려진 |
| 0717 | answer | [ǽnsər] | n. reply, response  v. reply, respond | n. 대답  v. 대답하다 |
| 0718 | bar | [baːr] | v. hinder, obstruct, deter, stop, impede  n. stick, twig; counsel, court | v. 방해하다  n. 막대기; 법정 |
| 0719 | design* | [dizáin] | n. outline, plan  v. intend, plan, project, create, devise, contrive communicating through idea | n. 계획  v. 만들다, 고안하다 |
| 0720 | stethoscope | [stéθəskòup] | medical instrument to hear sound from inner body | n. 청진기 |
| 0721 | village | [vílidʒ] | country, countryside, settlement | n. 마을 |
| 0722 | wound | [wuːnd] | n. injury, hurt, cut  v. injure, cut, hurt, pierce, offend | n. 상처, 부상  v. 상처를 입히다 |
| 0723 | foundation** | [faundéiʃən] | basis, underpinning, base; ground, establishment | n. 기초, 토대; 설립, 창설 |
| 0724 | maybe | [méibiː] | perhaps, possibly, probably | ad. 어쩌면, 아마 |
| 0725 | pitch | [pitʃ] | throw, cast, toss; set up, erect | v. 던지다; 무언가를 세우다 |
| 0726 | straight | [streit] | a. direct, upright; honest  ad. directly; immediately | a. 직접적인, 곧은, 똑바로 선; 솔직한  ad. 곧장; 즉시 |
| 0727 | vain | [vein] | useless, futile; conceited, proud | a. 공허한, 실속없는; 자만심이 강한, 잘난척하는 |
| 0728 | language | [lǽŋgwidʒ] | tongue, speech | n. 언어 |
| 0729 | uniform** | [júːnəfɔ̀ːrm] | consistent, even, invariable, homogeneous, same, equal, steady, constant | n. 제복, 군복, 교복, 유니폼  a. 일관성 있는, 일정한 |
| 0730 | hate | [heit] | v. detest, abhor, loathe, despise, disdain  n. antagonism, aversion, hostility | v. 미워하다, 싫어하다  n. 혐오 |
| 0731 | fail | [feil] | be unsuccessful | n. 실패, 낙제, 불합격  v. 실패하다 |
| 0732 | halt* | [hɔːlt] | stop, cease, standstill, end, pause | n. 멈춤, 중단  v. 멈추다, 서다 |
| 0733 | sound | [saund] | a. uninjured, unharmed; reasonable; sturdy  n. noise  v. seem, appear to do | a. 건전한, 정상적인; 합리적인; 튼튼한  n. 소리  v. 소리나다, ~처럼 보이다 |
| 0734 | hospital | [háspitl] | infirmary | n. 병원 |
| 0735 | coin | [kɔin] | money, currency | v. 만들다  n. 동전, 화폐 |
| 0736 | saying | [séiiŋ] | proverb, adage, phrase | n. 격언 |
| 0737 | difficult | [dífikʌ̀lt] | hard, heavy, trying, tough, arduous, laborious, severe, troublesome | a. 어려운 |
| 0738 | thief | [θiːf] | robber, burglar, prig | n. 도둑 |
| 0739 | parade | [pəréid] | march | n. 행렬 |
| 0740 | rid | [rid] | eliminate, wipe | v. 제거하다 |
| 0741 | able | [éibl] | skilful, apt, capable | a. 유능한; 할 수 있는 |
| 0742 | shower | [ʃáuər] | rain; bath | n. 샤워기, 샤워실; 샤워; 소나기  v. 샤워를 하다; 쏟아져 내리다 |
| 0743 | alarm* | [əláːrm] | n. fear, fright, terror, dismay, anxiety; alert, warning  v. surprise, startle, frighten, terrify, astonish | n. 놀람, 공포; 경보  v. 놀라게 하다 |
| 0744 | burn | [bəːrn] | scorch, fire, flame, glow | v. 타다, 태우다 |
| 0745 | degree* | [digríː] | measure, extent, scale; rank, grade, level, | n. 정도, 범위; 등급, 단계 |
| 0746 | climate | [kláimət] | atmosphere, weather, clime | n. 기후 |
| 0747 | basement | [béismənt] | the lowest story of a building | n. 최하부, 지하 |
| 0748 | senior | [síːnjər] | n / a. elder, major, superior, older | n. 선배  a. 손위의 |
| 0749 | amount | [əmáunt] | sum, quantity, number, total | v. 총계가 ~에 이르다  n. 양, 액수, 총계 |
| 0750 | alone | [əlóun] | a. single, lonely, lonesome, sole, solitary, only  ad. only | a. 홀로, 다만  ad. 단지 |

# USHER VOCABULARY 어셔 토플 기초영단어 (초·중·고등단어)

| No. | Word | Synonyms | Korean |
|---|---|---|---|
| 0751 | **bedside** [bédsàid] | - | n. 침대 곁 |
| 0752 | **match*** [mætʃ] | n. game, competition; peer, mate, companion; matchstick  v. equal; adapt, agree, fit | n. 경기; 짝; 성냥  v. 대등하다; 조화시키다 |
| 0753 | **remember** [rimémbər] | recall, recollect, keep in mind | v. 기억하다, 생각해내다 |
| 0754 | **sail** [seil] | v. navigate  n. - | v. 항해하다  n. 돛 |
| 0755 | **spend** [spend] | expend, squander, waste, consume, exhaust | v. 소비하다 |
| 0756 | **relay** [ríːlei] | n. shift  v. transmit, communicate | v. 전달하다; 중계하다  n. 릴레이 경주, 계주 |
| 0757 | **nuclear** [njúːkliər] | atomic | a. 핵의 |
| 0758 | **bean** [biːn] | haricot | n. 콩 |
| 0759 | **handle** [hændl] | n. grip  v. manage, deal with | n. 손잡이  v. 다루다 |
| 0760 | **poor** [puər] | miserable, needy, wretched, mean, bad, meager, destitute | a. 가난한, 열악한 |
| 0761 | **tool*** [tuːl] | implement, instrument, utensil, device, appliance, gadget | n. 도구, 기구 |
| 0762 | **imagine** [imædʒin] | fancy, think, conceive, suppose, guess, figure, visualize, reckon | v. 상상하다, 생각하다 |
| 0763 | **log** [lɔ(ː)g] | billet, timber | n. 통나무; 일지[기록]  v. 일지에 기록하다 |
| 0764 | **bite** [bait] | gnaw, chew | n. 물기, 무는 행위  v. 물다 |
| 0765 | **mistake** [mistéik] | n. error, blunder, slip  v. misunderstand, misjudge | n. 잘못, 틀림, 오해  v. 오해하다 |
| 0766 | **sad** [sæd] | sorrowful, mournful | a. 슬픈, 슬퍼하는 |
| 0767 | **indeed*** [indíːd] | in truth, in fact, surely, really, truly, actually | ad. 정말로 |
| 0768 | **view*** [vjuː] | v. consider, deem, regard  n. outlook; opinion, prospect, idea, notion | v. 바라보다, 조사하다, 간주하다  n. 전망, 조망; 관점 |
| 0769 | **unlike** [ʌnláik] | different, dissimilar | p. ~와 다른, ~와 달리  a. 서로 다른 |
| 0770 | **insect** [ínsekt] | bug | n. 곤충 |
| 0771 | **job** [dʒab] | project, assignment, task, undertaking; vocation, career | n. 일, 직무 |
| 0772 | **soldier** [sóuldʒər] | serviceman, warrior | n. 군인, 병사 |
| 0773 | **home** [houm] | house, residence, dwelling, abode, habitation | n. 가정, 고향 |
| 0774 | **settler** [sétlər] | colonist, colonizer | n. 이주민 |
| 0775 | **nod** [nad] | v. doze, drowse  n. beck | v. 끄덕이다, 인사하다  n. 끄덕임 |
| 0776 | **tiny**** [táini] | little, minuscule, minute, small, infinitesimal, microscopic, petite | a. 미세한, 아주 작은 |
| 0777 | **might** [mait] | v. may, can, be able  n. power, force, strength, vigor, energy | aux. v. ~일지도 모른다, ~해도 좋다  n. 힘 |
| 0778 | **suddenly** [sʌ́dnli] | all of a sudden, abruptly, short, all at once, unawares, unexpectedly | ad. 갑자기 |
| 0779 | **stare** [stɛər] | v / n. gaze | v. 응시하다, 노려보다  n. 응시 |
| 0780 | **honest** [ánist] | straight, upright, sincere, fair, straightforward, candid, square, frank, genuine, true | a. 정직한 |
| 0781 | **heart** [haːrt] | core, soul, pith, courage, bosom, mind, spirit | n. 핵심, 심장 |
| 0782 | **hydrogen** [háidrədʒən] | - | n. 수소 |
| 0783 | **grain** [grein] | corn, cereal; granule, seed, kernel | n. 곡식, 낟알, 알갱이 |
| 0784 | **theater** [θíː(ː)ətər] | theatre, playhouse, stage | n. 극장 |
| 0785 | **guide*** [gaid] | v. escort, lead; direct, conduct  n. advisor, mentor | v. 안내하다, 지도하다  n. 안내인 |
| 0786 | **shape** [ʃeip] | n. form, figure, mould, mold, appearance  v. form, make | n. 모양  v. 만들다 |
| 0787 | **gallery** [gǽləri] | - | n. 화랑 |
| 0788 | **prairie** [préəri] | grassland, meadow | n. 대초원 |
| 0789 | **blanket** [blǽŋkit] | rug, cover, wrap, coverlet | n. 담요 |
| 0790 | **owl** [aul] | - | n. 올빼미 |
| 0791 | **contrary*** [kántreri] | opposite, converse, adverse, reverse, opposed, counter | a. 반대의, 반대되는 |
| 0792 | **bless** [bles] | sanctify, hallow | v. 축복하다 |
| 0793 | **life** [laif] | existence, living, being, spirit, biography | n. 살아 있음, 삶, 목숨, 생물 |
| 0794 | **dye*** [dai] | n. pigment, stain  v. pigment, stain, color, paint, tint, hue | n. 염료, 물감  v. 염색하다 |
| 0795 | **drugstore** [drʌ́gstɔ̀ːr] | pharmacy | n. 약국 |
| 0796 | **elementary**** [èləméntəri] | rudimentary, basic, primary, fundamental | a. 기본의, 초보의; 초등교육의 |
| 0797 | **decrease**** [díːkriːs] | n. decline, reduction  v. diminish, dwindle, lessen, abate | n. 축소, 감소  v. 줄다, 감소하다 |
| 0798 | **hawk** [hɔːk] | falcon, kite | n. 매 |
| 0799 | **sentence** [séntəns] | judgment, verdict, clause, adjudication, doom, phrase | n. 문장; 형벌, 형  v. (형을)선고하다 |
| 0800 | **pepper** [pépər] | - | n. 후추 |

# Day 2

| No. | Word | Synonyms | Meaning |
|---|---|---|---|
| 0801 | loud [laud] | noisy | a. 시끄러운, 큰소리를 내는<br>ad. 큰소리로 |
| 0802 | closet [klázit] | cabinet | n. 벽장 |
| 0803 | letter [létər] | character, type; message | n. 문자; 편지 |
| 0804 | clear* [kliər] | lucid, transparent; distinct; apparent, obvious, evident, plain, manifest | a. 알아듣기[보기] 쉬운, 분명한, 확실한<br>v. 치우다 : (어떤 장소에서 사람들을) 내보내다 |
| 0805 | wedding [wédiŋ] | marriage | n. 결혼, 결혼식 |
| 0806 | score* [skɔ:r] | n. twenty; grade, mark; musical composition, musical note<br>v. gain, count, win | n. 20; 득점, 점수; 악보<br>v. 얻다; 득점을 올리다, 하다; 득점을 매기다, 기록하다 |
| 0807 | general [dʒénərəl] | n. admiral<br>v. common, universal | n. 대장, 장군<br>a. 일반의, 대체적인 |
| 0808 | miss [mis] | lose, omit, fail; long for | n. ~양(Mrs, Ms)<br>v. 놓치다; 그리워하다 |
| 0809 | schedule 미국[skédʒu(:)l] 영국[ˈʃedju:l] | timetable, list, program, table, programme | n. 일정, 스케줄<br>v. 일정을 잡다, 예정하다 |
| 0810 | altogether [ɔ:ltəgéðər] | completely, entirely, totally, whole, wholly, absolutely, all | ad. 완전히, 전부 |
| 0811 | special* [spéʃəl] | express, particular, especial, peculiar, specific | n. 특별한 것, 특별 상품; 특집 방송<br>a. 특별한 |
| 0812 | win [win] | obtain, gain, procure, secure, earn, acquire, attain | v. 이기다; (경기 등에서 이겨 무엇을) 따다[타다/차지[쟁취]하다]<br>n. 승리 |
| 0813 | frankly [fræŋkli] | openly, sincerely, plainly | ad. 솔직히 |
| 0814 | wink [wiŋk] | blink, twinkle, flicker | v. 윙크하다; (빛이)깜빡거리다<br>n. 윙크 |
| 0815 | alive [əláiv] | living, lively, vivid, quick, brisk, animated, active, animate | a. 살아있는 |
| 0816 | bright [brait] | radiant, glowing, beaming, brilliant, shining, luminous; intelligent, astute, aware, smart | a. 빛나는; 영리한, 머리가 좋은 |
| 0817 | ancient** [éinʃənt] | prehistoric, antique, old, early, aged, antiquated | a. 옛날의, 고대의 |
| 0818 | cloth [klɔ(:)θ] | fabric, textile | n. 천, 직물 |
| 0819 | anxious [æŋkʃəs] | worried, nervous, tense, troubled; eager, desirous, impatient, yearning, keen | a. 걱정하는; 간절히 바라는 |
| 0820 | beyond [bijánd] | further, farther, across, over | prep/ad. ~의 저쪽에, ~이상으로 |
| 0821 | living room [líviŋ ru:m] | sitting room, parlor, lounge | n. 거실 |
| 0822 | least [li:st] | minimum | n. 가장 적은 양, 것<br>a. 가장 적은, 최소한의 |
| 0823 | mammal [mǽməl] | - | n. 포유동물 |
| 0824 | bay [bei] | gulf, inlet, bight | n. 만 |
| 0825 | teenager [tí:nèidʒər] | adolescent, juvenile, youth | n. 10대 소년소녀 |
| 0826 | sincerely [sinsíərli] | truly, genuinely, heartily, honestly, frankly | ad. 성실히, 진정으로 |
| 0827 | crew [kru:] | n. flight attendant; gang, team, squad, company | n. 승무원; 동료, 일행 |
| 0828 | change** [tʃeindʒ] | v. alter, vary, turn, convert, metamorphose, transform<br>n. fluctuation, alteration | v. 바꾸다, 변하다<br>n. 변화, 잔돈 |
| 0829 | amazing [əméiziŋ] | astonishing, astounding, wonderful, surprising, marvelous, prodigious, striking | a. 놀랄만한, 굉장한 |
| 0830 | scream [skri:m] | v. shriek, cry, yell<br>n. howl | v. 소리치다, 비명지르다<br>n. 절규, 비명 |
| 0831 | electricity [ilèktrísəti] | - | n. 전기 |
| 0832 | magazine [mægəzí:n] | journal, periodical | n. 잡지 |
| 0833 | pronunciation [prənʌnsiéiʃən] | accent, enunciation, utterance, articulation, pronouncing | n. 발음 |
| 0834 | guess* [ges] | v. conjecture, suppose<br>n. speculation, supposition | v. 추측하다<br>n. 추측 |
| 0835 | sale [seil] | selling, auction | n. 판매, 염가판매 |
| 0836 | example [igzǽmpəl] | sample, model, case, instance | n. 예, 견본, 모범, 본보기 |
| 0837 | situation [sítʃuèiʃən] | condition, position; location, site, place, spot | n. 상황, 처지; 위치, 장소 |
| 0838 | scholar [skálər] | intellectual | n. 학자 |
| 0839 | mild [maild] | amiable, meek, gentle; temperate, clement | a. 온순한, 관대한; (기후가) 온난한 |
| 0840 | declare [dikléər] | announce, proclaim | v. 선언하다 |
| 0841 | blind [blaind] | sightless | a. 눈이 먼 |
| 0842 | label [léibəl] | tag, ticket | n. 꼬리표, 딱지 |
| 0843 | join* [dʒɔin] | v. connect, link, unite, combine, attach; sign up for, enter<br>n. union; joint | v. 연결하다, 잇다; 합쳐지다; 가입하다 |
| 0844 | inner [ínər] | internal, interior, inside; inward, intrinsic | a. 안의, 안쪽의; 내면의 |
| 0845 | perhaps [pərhǽps] | maybe, possibly, perchance, probably | ad. 아마 |
| 0846 | captain [kǽptən] | master, commander, leader, chief, head | n. 우두머리, 선장 |
| 0847 | stem [stem] | n. stalk<br>v. hamper, hinder; originate | n. 줄기, 대<br>v. 막다, 저지하다; 유래하다 |
| 0848 | nurse [nə:rs] | v. tend, attend; nurture<br>n. caretaker | v. 간호하다; 양육하다<br>n. 간호사, 유모 |
| 0849 | flight [flait] | escape, breakout, getaway, fleeing, departure, retreat; voyage, navigation, flying | n. 탈출, 도망; 비행 |
| 0850 | curious* [kjúəriəs] | inquisitive, inquiring, interested | a. 호기심 있는 |

# USHER VOCABULARY 어셔 토플 기초영단어 (초·중·고등단어)

|  |  |  |  |
|---|------|----------|---------|
| 0851 | thermometer [θərmámətər] | measure of temperature | n. 온도계 |
| 0852 | plenty [plénti] | abundance, profusion, affluence | n. 풍부, 많음 |
| 0853 | whether [wéðər] | if | con. ~인지 아닌지 |
| 0854 | comfort [kʌ́mfərt] | v. soothe, console, reassure; n. support, solace, ease | v. 위로하다; n. 위로, 위안, 편안함 |
| 0855 | chain [tʃein] | n. bond, string; v. bind, restrain, confine | n. 사슬; 연속; v. 묶다 |
| 0856 | museum [mjuːzíəm] | exhibition, exposition | n. 박물관, 미술관 |
| 0857 | stupid [stjúːpid] | dull, silly, senseless, foolish | a. 바보같은, 어리석은 |
| 0858 | shell [ʃel] | hull, husk, skin | n. 껍질, 조개 |
| 0859 | wrap [ræp] | envelop, wind; cover | v. 감싸다, 두르다; 가리다, 숨기다 |
| 0860 | practice [præktis] | n. custom, habit; drill; action; v. execute; exercise | n. 관습; 연습; 실행; v. 실행하다; 연습하다 |
| 0861 | moment [móumənt] | instant, minute, second | n. 순간, 한 때 |
| 0862 | attract** [ətrǽkt] | appeal, draw, charm, allure, intrigue | v. (주의, 흥미를) 끌다, 매혹하다 |
| 0863 | butterfly [bʌ́tərflài] | an insect with large colorful wings and a thin body | n. 나비 |
| 0864 | smart [smaːrt] | intelligent, bright, sharp, clever, shrewd | a. 영리한, 기민한 |
| 0865 | quite [kwait] | entirely, completely, fairly, pretty, rather | ad. 아주, 완전히, 매우; 꽤 |
| 0866 | neither [níðər] | not either | pn. (둘 중) 어느 것도 ~아니다 (명사지만, 동사를 부정으로 같이 해석해야 함); ad. ~도 아니고 ~도 아니다 |
| 0867 | save [seiv] | rescue, salvage; conserve, preserve | v. 구조하다; 저축하다 |
| 0868 | giraffe [dʒəræf] | - | n. 기린 |
| 0869 | gay [gei] | joyous, gleeful, jovial, jolly, merry, cheerful | a. 명랑한, 쾌활한 |
| 0870 | subway [sʌ́bwèi] | metro, underpass | n. 지하도, 지하철 |
| 0871 | enemy [énəmi] | foe, adversary, opponent, antagonist | n. 적, 원수 |
| 0872 | stormy [stɔ́ːrmi] | turbulent, torrential; violent, rough | a. 폭풍의; 격렬한 |
| 0873 | warn [wɔːrn] | caution, alert | v. 경고하다 |
| 0874 | bother [bɑ́ðər] | v. annoy, worry, trouble, harass, disturb, fuss; n. annoyance, vexation | v. 걱정하다, 근심하다, 괴롭히다, 잔소리하다; n. 성가심, 귀찮음 |
| 0875 | international [ìntərnǽʃənəl] | global, planetary, world, worldwide | a. 국제의, 국제적인 |
| 0876 | however [hauévər] | yet, but | conj. =no matter how; ad. 그러나; 아무리 ~ 해도 |
| 0877 | bound* [baund] | n. limit, boundary, border; v. spring, jump; recover | n. 범위, 경계, 한계; a. ~로 향하는; 꼭 ~할 것 같은; v. (공이) 튀다; (경제 등이) 회복되다 |
| 0878 | death [deθ] | demise | n. 죽음, 사망 |
| 0879 | poet [póuit] | bard | n. 시인 |
| 0880 | swing [swiŋ] | n. sway, oscillation; v. rock, oscillate, wave, shake | n. 그네, 진동; v. 흔들리다 |
| 0881 | effort* [éfərt] | attempt, endeavor, exertion, striving, struggle | n. 노력, 수고 |
| 0882 | heavy** [hévi] | burdensome, ponderous, weighty; demanding, considerable, significant | a. 무거운, 비중이 큰; 상당한, 심한 |
| 0883 | slip [slip] | v. slide; sneak, leak; n. mistake, error, blunder | v. 미끄러지다; (비밀 등이) 새다; n. 미끄러짐; 실수 |
| 0884 | order* [ɔ́ːrdər] | v. command, direct; sort, arrange; n. direction, command; arrangement, alignment, organization, sequence | v. 명령하다, 지시하다; 정리하다; n. 명령; 순서, 정렬; 질서 |
| 0885 | rein [rein] | n. bridle, curb; v. control | n. 고삐; v. 통제하다, 억제하다 |
| 0886 | proverb [prɑ́vəːrb] | maxim, saying | n. 속담, 격언 |
| 0887 | depend [dipénd] | rely, trust | v. 의존하다, 믿다 |
| 0888 | owe [ou] | be in debt, be obligated | v. 빚지고 있다; ~의 은혜를 입다 |
| 0889 | necessary** [nésəsèri] | required, indispensable, essential, requisite, vital, integral | a. 필요한, 필수적인 |
| 0890 | care [kɛər] | n. worry, concern, attention, solicitude, trouble, anxiety, heed, caution, consideration; v. mind | n. 걱정, 주의, 배려, 돌봄; v. 걱정하다 |
| 0891 | hay [hei] | - | n. 건초 |
| 0892 | tourist [túərist] | sightseer, visitor, traveler, hiker | n. 여행자, 관광객 |
| 0893 | dining-room [dáiniŋ ruːm] | cafeteria | n. 식당 |
| 0894 | adult [ədʌ́lt] | a. grown-up, grown, mature, full-grown; n. mature person | a. 어른의, 성인의; n. 어른, 성인 |
| 0895 | repeat [ripíːt] | v. retell, restate; n. repetition, reiteration, echo | v. 되풀이 하다; n. 반복, 되풀이 |
| 0896 | mention [ménʃən] | v. refer, cite; quote; n. reference, citation, allusion, quotation | v. 말하다, 언급하다; 인용하다; n. 언급, 인용 |
| 0897 | operator [ɑ́pərèitər] | driver, worker, mechanic | n. 조작자, 운전자 |
| 0898 | need [niːd] | v. want, demand, require, call for; n. necessity, requirement, demand; poverty, lack | v. 필요로 하다, 요구하다; n. 필요; 빈곤 |
| 0899 | flow [flou] | v. stream, run; n. stream, current, movement, motion | v. 흐르다, 솟다; n. 흐름, 유동 |
| 0900 | usually [júːʒəli] | generally, ordinarily, commonly, as a rule, normally, mostly, in general | ad. 보통, 대개 |

# Day 2

| No. | Word | Synonyms | Korean |
|---|---|---|---|
| 0901 | **nail** [neil] | n. claw; spike / v. to pin an object | n. 손톱, 발톱; 못 / v. 박다, 못질하다 |
| 0902 | **sign** [sain] | n. mark, token, symbol, trace; indication, hint, symptom / v. subscribe, underwrite, contract, endorse, ratify; signal, gesture | n. 신호, 부호; 징조 / v. 서명하다, 승인하다; 신호하다, 몸짓하다 |
| 0903 | **rub** [rʌb] | scour, polish, scrape | v. 비비다, 문지르다 |
| 0904 | **carry** [kǽri] | convey, transport, deliver, take | v. 나르다, 운반하다 |
| 0905 | **word** [wəːrd] | term, name, expression; promise | n. 낱말, 단어; 약속 |
| 0906 | **blood** [blʌd] | vital fluid | n. 피, 혈기 |
| 0907 | **address** [ədrés] | v. speak to, talk to; orate / n. speech, lecture, discourse; residence, abode | v. (문제·상황) 고심하다, 다루다; 연설하다 / n. 연설; 주소 |
| 0908 | **cause**\*\* [kɔːz] | n. reason, motive, matter / v. trigger, result in, bring about, produce, elicit, spawn | n. 원인, 이유 / v. 야기하다, 초래하다 |
| 0909 | **fountain-pen** [fáuntin pen] | - | n. 만년필 |
| 0910 | **search** [səːrtʃ] | v. scour, seek, inspect / n. probe, investigation, exploration | v. 찾다, 탐색하다 / n. 탐색, 조사 |
| 0911 | **hut** [hʌt] | cabin, cottage, lodge | n. 오두막집, 작은 방 |
| 0912 | **squirrel** [skwə́ːrəl] | - | n. 다람쥐 |
| 0913 | **scene** [siːn] | stage, spectacle, sight, view | n. 장면, 현장 |
| 0914 | **meat** [miːt] | flesh | n. 고기, 살점 |
| 0915 | **rather**\* [rǽðər] | somewhat, fairly, quite, pretty; instead, preferably | ad. 약간, 다소; 오히려, 차라리 |
| 0916 | **shore** [ʃɔːr] | coast, bank, beach, seaside | n. 물가, 바닷가 |
| 0917 | **whisker** [wískər] | beard | n. 구레나룻 |
| 0918 | **bring** [briŋ] | fetch, carry, take, get; cause | v. 가져오다, 데려오다; 야기하다 |
| 0919 | **complete** [kəmplíːt] | a. entire, total, whole, perfect, absolute / v. finish, end, terminate, conclude, accomplish | a. 전체의, 완전한 / v. 완료하다 |
| 0920 | **modern** [mádərn] | current, contemporary, recent, fresh, novel, new | a. 근대의, 현대식의; 최신의 |
| 0921 | **behave** [bihéiv] | conduct, act, do | v. 행동하다 |
| 0922 | **puritan** [pjúərətən] | - | n. 청교도, 엄격한 사람 / a. 딱딱한, 엄격한 |
| 0923 | **social** [sóuʃəl] | public, communal | a. 사회적인, 공동의 |
| 0924 | **sheep** [ʃiːp] | - | n. 양 |
| 0925 | **finally** [fáinəli] | ultimately, at last, eventually, lastly, in the end, last, after all | ad. 최후로, 마침내 |
| 0926 | **bit** [bit] | piece, scrap, slice, part | n. 작은 조각, 조금, 파편 |
| 0927 | **breathe** [briːð] | respire, inhale, blow | v. 숨쉬다, 호흡하다 |
| 0928 | **whole**\* [houl] | entire, total, full, complete, full, all, integral, intact, perfect | a. 전체의, 완전한, 온전한 |
| 0929 | **rear**\* [riər] | v. raise, nurture, nurse / n. backside | v. 기르다, 사육하다 / n. 후방, 뒤쪽 |
| 0930 | **roll** [roul] | wheel, rotate | v. 구르다, 굴리다 |
| 0931 | **cricket** [kríkit] | - | n. 크리켓 경기; 귀뚜라미 |
| 0932 | **together** [təɡéðər] | jointly, collectively | ad. 같이, 함께 |
| 0933 | **enjoy** [endʒɔ́i] | delight, like, appreciate, relish | v. 즐기다 |
| 0934 | **corn** [kɔːrn] | grain, maize | n. 곡물 |
| 0935 | **stage**\* [steidʒ] | n. level, phase, step, platform, scene, theater / v. perform, present | n. 단계, 무대 / v. 상연하다, 연출하다 |
| 0936 | **ditch** [ditʃ] | n. trench, channel, canal, drain, pit / v. to not attend | n. 도랑 / v. 참여하지 않다 |
| 0937 | **board** [bɔːrd] | n. table, plank; committee, association / v. get on, embark | n. 판자; 위원회 / v. 타다 |
| 0938 | **expensive** [ikspénsiv] | costly, exorbitant, extravagant, lavish, high-priced, overpriced, luxurious | a. 값비싼, 사치스러운 |
| 0939 | **frighten** [fráitən] | intimidate, scare, terrify, alarm | v. 두렵게 하다 |
| 0940 | **secretary** [sékrətèri] | minister; clerk, aide | n. 장관; 비서 |
| 0941 | **discuss** [diskʌ́s] | debate, argue, dispute, talk something over | v. 논쟁하다, 토의하다 |
| 0942 | **either** [íːðər] | pn. one of two / ad. also, too, as well / a. each | pn. 둘 중 하나 / ad. ~도 또한 / a. 어느 한쪽의 |
| 0943 | **march** [maːrtʃ] | n. advance, progress / v. advance, pace, parade | n. 행진 / v. 행진하다 |
| 0944 | **direction** [dirékʃən, dai-] | course, way; guidance, instruction, command | n. 방향; 지시, 감독 |
| 0945 | **prize** [praiz] | n. premium, reward, award / v. value, cherish | n. 상, 상품 / v. 소중하게 여기다 |
| 0946 | **different** [dífərənt] | unlike, distinct, disparate, dissimilar | a. 다른 |
| 0947 | **surround** [səráund] | encircle, enclose, encompass, circle, besiege, compass, ring | v. 둘러싸다, 에워싸다 |
| 0948 | **beat** [biːt] | strike, knock, thrash, hit, pound | v. 이기다; 통제하다 / n. 고동, 맥박; (북 등의) 울림 |
| 0949 | **capital** [kǽpitl] | a. principal, main, chief, prime, primary, major, leading / n. money, investment | a. 주요한 / n. 자본; 수도; 대문자 |
| 0950 | **mind** [maind] | n. opinion, sense, notion, spirit, soul, heart / v. heed, attend, look after, watch, care; dislike | n. 마음 / v. 주의하다; 언짢게 여기다 |

# USHER VOCABULARY 어셔 토플 기초영단어 (초·중·고등단어)

| No. | Word | Pronunciation | Synonyms | Korean |
|---|---|---|---|---|
| 0951 | climb | [klaim] | v /n. mount, ascend, scale | v. 오르다, 올라가다; 기어오르다 <br> n. 등반 |
| 0952 | elder | [éldər] | senior, major, older, eldest | a. 손위의, 연상의 |
| 0953 | whistle | [wísl] | - | n. 휘파람 <br> v. 휘파람을 불다 |
| 0954 | pilot | [páilət] | aviator, airman | n. 조종사, 안내인 |
| 0955 | otherwise | [ʌ́ðərwàiz] | differently, alternatively; if not, on the other hand | ad. 다른 방법으로; 그렇지 않으면 |
| 0956 | center | [séntər] | centre, middle, focus, heart, core, focal point | n. 중심, 중심지 <br> v. 집중시키다 (…의) 중심[중앙]에 두다 |
| 0957 | remind | [rimáind] | recall, remember, conjure | v. 생각나게 하다, 상기시키다 |
| 0958 | business | [bíznis] | trade, undertaking, affair, job, work, concern, matter | n. 사업, 일 |
| 0959 | happen | [hǽpən] | occur, come about, come, take place, chance | v. (사건이) 발생하다; 우연히 ~하다 |
| 0960 | bear** | [bɛər] | v. give birth to, breed; sustain, hold, support; yield. <br> n. - | v. 낳다; 견디다; 산출하다; 운반하다 <br> n. 곰 |
| 0961 | ivy | [áivi] | - | n. 담쟁이 덩굴 |
| 0962 | beef | [bi:f] | meat from a cow | n. 쇠고기 |
| 0963 | decide | [disáid] | determine, establish, resolve | v. 결정하다, 결심하다 |
| 0964 | trumpet | [trʌ́mpit] | horn | n. 트럼펫, 나팔 |
| 0965 | amateur | [ǽmətʃùər] | non- specialist | n. 비전문가 |
| 0966 | project** | [prədʒékt] | v. plan, scheme, design; protrude, extend <br> n. goal, intention; assignment, undertaking; plan, scheme, maneuver | v. 계획하다; 돌출하다 투영하다 <br> n. 계획, 일, 작업 |
| 0967 | wrong | [rɔ́:ŋ] | incorrect, erroneous, mistaken, false, improper, bad | a. 틀린, 나쁜 |
| 0968 | pollution | [pəlú:ʃən] | contamination, infection | n. 오염 |
| 0969 | bush | [buʃ] | shrub | n. 관목, 관목 숲 |
| 0970 | restaurant | [réstərənt] | eating house, cafe | n. 식당 |
| 0971 | dive | [daiv] | plunge, dip; immerse, submerge, sink | v. 다이빙하다, 잠수하다 <br> n. 다이빙, (물 속으로) 뛰어들기 |
| 0972 | suppose | [səpóuz] | assume, presume, conjecture, expect, imagine | v. 가정하다 |
| 0973 | Mars | [ma:rz] | - | n. 화성 |
| 0974 | stream | [stri:m] | current, run, flow; river, brook | n. 흐름, 조류; 강 |
| 0975 | obey | [oubéi] | comply, listen, follow, submit | v. 복종하다 |
| 0976 | wolf | [wulf] | - | n. 이리, 늑대 |
| 0977 | cough | [kɔ:f] | n. - <br> v. clear one's throat | n. 기침 <br> v. 기침을 하다 |
| 0978 | lamb | [læm] | - | n. 새끼양 |
| 0979 | shoot | [ʃu:t] | v. fire <br> n. sprout, bud | v. 쏘다, 사격하다 <br> n. 식물의 생장, 새싹 |
| 0980 | clerk | [klə:rk] | secretary, worker | n. 사무원, 점원 |
| 0981 | thirsty | [θə́:rsti] | dry | a. 목마른 |
| 0982 | matter* | [mǽtər] | n. substance, material, stuff; issue, affair, business, event <br> v. be important, count | n. 물질, 물체; 문제, 사건 <br> v. 중요하다 |
| 0983 | while | [wail] | although; whereas; during the time; as long as | conj. 반면에, …하는 동안에 <br> n. 잠깐, 잠시 |
| 0984 | above | [əbʌ́v] | upper, over, beyond | prep. (위치, 지위) ~보다 위에; (수·나이) ~보다 많은, ~을 넘는 <br> ad. (위치가) 위에 |
| 0985 | beg | [beg] | entreat, crave, implore, beseech, petition, request | v. 구걸하다, 부탁하다 |
| 0986 | crowded | [kráudid] | congested, packed | a. 붐비는, 혼잡한 |
| 0987 | treasure** | [tréʒər] | n. cache, deposit, prize <br> v. cherish, value | n. 보물, 보배 <br> v. 귀하게 여기다 |
| 0988 | upset | [ʌpsét] | v. panic, confuse, disturb, distress, perturb <br> n. overthrow, overturn <br> a. unhappy or disappointed | v. 당황하게 하다, 뒤엎다 <br> n. 혼란, 전복 <br> a. 속상한, 화난 |
| 0989 | horn | [hɔ:rn] | bugle, trumpet | n. 뿔, 경적 |
| 0990 | lend | [lend] | loan, give, borrow | v. 빌려주다 |
| 0991 | remain | [riméin] | v. last, endure, persist <br> n. leftover, remnant, residue | v. 남다, 잔존하다 <br> n. (pl)잔존물, 유물 |
| 0992 | paint | [peint] | color, depict, dye, picture, portray | n. 페인트, 그림물감 <br> v. 그리다; 페인트 칠하다 |
| 0993 | noise | [nɔiz] | din, uproar, sound, clamor | n. 소리, 소음 |
| 0994 | cage | [keidʒ] | enclosure, pen | n. 새장, 우리 <br> v. 우리에 가두다 |
| 0995 | glory | [glɔ́:ri] | honor, dignity, praise distinction, | n. 영광, 영화 |
| 0996 | junior | [dʒú:njər] | a. younger, minor, young <br> n. immature, inferior | a. 손 아래의, 연하의 <br> n. 연소자 |
| 0997 | cheek | [tʃi:k] | side of human face | n. 볼 |
| 0998 | beauty | [bjú:ti] | loveliness, prettiness, charm, grace | n. 아름다움 |
| 0999 | hold* | [hould] | grasp, clasp; include, contain, believe in, consider; support | v. 붙잡다; (생각을) 지니다 품다, 믿다; 주장하다 |
| 1000 | rest | [rest] | pause, break, repose; remainder, remnants | n. 휴식; (관사 the와 더불어) 나머지 <br> v. 쉬다, 휴식을 취하다, 자다 |

## 단어시험 보는 방법

1. 화장실을 먼저 다녀옵니다.
2. 핸드폰을 꺼 둡니다.
3. 책상 위에 필기도구를 제외하고 깨끗이 치웁니다.
4. 단어 3회독 MP3파일을 듣고 시작합니다.

## 주의사항

1. 채점속도가 빠르다고 시험 도중 MP3 파일을 끔 추지 마세요
2. 채점시 스펠링 & 품사 & 뜻 중 하나라도 빠트렷을 경우 틀린 답입니다.

| | 틀린개수 | 본인이름 |
|---|---|---|
| | 채점자이름 | |
| 1 | 30 | 59 | 88 | |
| 2 | 31 | 60 | 89 | |
| 3 | 32 | 61 | 90 | |
| 4 | 33 | 62 | 91 | |
| 5 | 34 | 63 | 92 | |
| 6 | 35 | 64 | 93 | |
| 7 | 36 | 65 | 94 | |
| 8 | 37 | 66 | 95 | |
| 9 | 38 | 67 | 96 | |
| 10 | 39 | 68 | 97 | |
| 11 | 40 | 69 | 98 | |
| 12 | 41 | 70 | 99 | |
| 13 | 42 | 71 | 100 | |
| 14 | 43 | 72 | 101 | |
| 15 | 44 | 73 | 102 | |
| 16 | 45 | 74 | 103 | |
| 17 | 46 | 75 | 104 | |
| 18 | 47 | 76 | 105 | |
| 19 | 48 | 77 | 106 | |
| 20 | 49 | 78 | 107 | |
| 21 | 50 | 79 | 108 | |
| 22 | 51 | 80 | 109 | |
| 23 | 52 | 81 | 110 | |
| 24 | 53 | 82 | 111 | |
| 25 | 54 | 83 | 112 | |
| 26 | 55 | 84 | 113 | |
| 27 | 56 | 85 | 114 | |
| 28 | 57 | 86 | 115 | |
| 29 | 58 | 87 | 116 | |

USHER
usherin.usher.co.kr

| 117 | 149 | 181 | 213 |
| --- | --- | --- | --- |
| 118 | 150 | 182 | 214 |
| 119 | 151 | 183 | 215 |
| 120 | 152 | 184 | 216 |
| 121 | 153 | 185 | 217 |
| 122 | 154 | 186 | 218 |
| 123 | 155 | 187 | 219 |
| 124 | 156 | 188 | 220 |
| 125 | 157 | 189 | 221 |
| 126 | 158 | 190 | 222 |
| 127 | 159 | 191 | 223 |
| 128 | 160 | 192 | 224 |
| 129 | 161 | 193 | 225 |
| 130 | 162 | 194 | 226 |
| 131 | 163 | 195 | 227 |
| 132 | 164 | 196 | 228 |
| 133 | 165 | 197 | 229 |
| 134 | 166 | 198 | 230 |
| 135 | 167 | 199 | 231 |
| 136 | 168 | 200 | 232 |
| 137 | 169 | 201 | 233 |
| 138 | 170 | 202 | 234 |
| 139 | 171 | 203 | 235 |
| 140 | 172 | 204 | 236 |
| 141 | 173 | 205 | 237 |
| 142 | 174 | 206 | 238 |
| 143 | 175 | 207 | 239 |
| 144 | 176 | 208 | 240 |
| 145 | 177 | 209 | 241 |
| 146 | 178 | 210 | 242 |
| 147 | 179 | 211 | 243 |
| 148 | 180 | 212 | 244 |

| 245 | 277 |   | 309 |   | 341 |   |
|---|---|---|---|---|---|---|
| 246 | 278 |   | 310 |   | 342 |   |
| 247 | 279 |   | 311 |   | 343 |   |
| 248 | 280 |   | 312 |   | 344 |   |
| 249 | 281 |   | 313 |   | 345 |   |
| 250 | 282 |   | 314 |   | 346 |   |
| 251 | 283 |   | 315 |   | 347 |   |
| 252 | 284 |   | 316 |   | 348 |   |
| 253 | 285 |   | 317 |   | 349 |   |
| 254 | 286 |   | 318 |   | 350 |   |
| 255 | 287 |   | 319 |   | 351 |   |
| 256 | 288 |   | 320 |   | 352 |   |
| 257 | 289 |   | 321 |   | 353 |   |
| 258 | 290 |   | 322 |   | 354 |   |
| 259 | 291 |   | 323 |   | 355 |   |
| 260 | 292 |   | 324 |   | 356 |   |
| 261 | 293 |   | 325 |   | 357 |   |
| 262 | 294 |   | 326 |   | 358 |   |
| 263 | 295 |   | 327 |   | 359 |   |
| 264 | 296 |   | 328 |   | 360 |   |
| 265 | 297 |   | 329 |   | 361 |   |
| 266 | 298 |   | 330 |   | 362 |   |
| 267 | 299 |   | 331 |   | 363 |   |
| 268 | 300 |   | 332 |   | 364 |   |
| 269 | 301 |   | 333 |   | 365 |   |
| 270 | 302 |   | 334 |   | 366 |   |
| 271 | 303 |   | 335 |   | 367 |   |
| 272 | 304 |   | 336 |   | 368 |   |
| 273 | 305 |   | 337 |   | 369 |   |
| 274 | 306 |   | 338 |   | 370 |   |
| 275 | 307 |   | 339 |   | 371 |   |
| 276 | 308 |   | 340 |   | 372 |   |

| 373 | 405 | 437 | 469 |
| --- | --- | --- | --- |
| 374 | 406 | 438 | 470 |
| 375 | 407 | 439 | 471 |
| 376 | 408 | 440 | 472 |
| 377 | 409 | 441 | 473 |
| 378 | 410 | 442 | 474 |
| 379 | 411 | 443 | 475 |
| 380 | 412 | 444 | 476 |
| 381 | 413 | 445 | 477 |
| 382 | 414 | 446 | 478 |
| 383 | 415 | 447 | 479 |
| 384 | 416 | 448 | 480 |
| 385 | 417 | 449 | 481 |
| 386 | 418 | 450 | 482 |
| 387 | 419 | 451 | 483 |
| 388 | 420 | 452 | 484 |
| 389 | 421 | 453 | 485 |
| 390 | 422 | 454 | 486 |
| 391 | 423 | 455 | 487 |
| 392 | 424 | 456 | 488 |
| 393 | 425 | 457 | 489 |
| 394 | 426 | 458 | 490 |
| 395 | 427 | 459 | 491 |
| 396 | 428 | 460 | 492 |
| 397 | 429 | 461 | 493 |
| 398 | 430 | 462 | 494 |
| 399 | 431 | 463 | 495 |
| 400 | 432 | 464 | 496 |
| 401 | 433 | 465 | 497 |
| 402 | 434 | 466 | 498 |
| 403 | 435 | 467 | 499 |
| 404 | 436 | 468 | 500 |

# Day 3

USHER VOCABURARY

## 어셔 토플 **기초영단어** (초·중·고등단어)

USHER 단어암기 프로그램 별도 판매
usherin.usher.co.kr

## 오늘의 단어 체크 순서 및 주의사항   USHER **VOCABULARY** 어서 토플 기초영단어 (초·중·고등단어)

### 1. 아는 것과 모르는 것을 구별하는 기준은 "보는 즉시" 아는 것만이 진짜 아는 것이다.

다음 정도로 아는 것은 아는 것이 아닙니다.
- **알 것 같은데?**
- **예전에 본건 확실한데?**
- **천천히 생각하면 기억날 것 같은데?**

### 2. 500개중 몇 개를 모르는지 확인하는 것을 시작점으로 시간을 계산해 봅니다.

(보통 단어 하나 외우는데 걸리는 시간은 5분 정도로 잡아도 쉬운 일이 아닙니다.)
내가 모르는 단어 80개/500X5분 = 400분 = 거의 9시간 이상 분량
**(50분 암기+ 10분 휴식기준+*시험 시간 500개 시험에 근 2시간)도 시간계산에 넣어야 합니다.**

### 3. 이를 기준으로 객관적인 본인의 하루 목표를 잡아야 합니다.

무조건 500개 목표하는 것 자체가 목표가 되어선 안됩니다.

### 4. 5분 동안 외운다고 목표 잡았을 때 5분 내내 한 단어만 외우는 "어리석은" 짓을 하면 안됩니다.

단어암기는 반복적으로 봐야 합니다. 최소 5번 정도 본다고 생각해야 합니다.
- 처음 외울 때 고민 2~3분 *5번 참조
- 두 번째 볼 때 1~2분 (처음에 안 된 단어를 잘 외워지도록 하는 고민 포함)
- 세 번째-다섯 번째 1~2분 (하루 분량 전체를 눈으로만 빠르게 반복 확인)

### 5. 고민단계를 꼭 확인해야 합니다

모르는 단계는 무조건 외우려 들지 말고 잘라보거나 발음해보는 등의 방법 (7페이지 안내문 참조) 등을 최대한 고민해서 **내가 외우기 쉽게 만들어 줄 힌트들을 단어 옆에 적어 두어야 합니다.**

### 6. 공부 환경 조성

- 핸드폰 꺼두기
- 책상 위 깨끗이 치우기
- 끝내야 할 개수와 끝내기로 한 시간 다시 한번 체크하고 긴장하기

### 7. 단어를 다 외우고 시험을 반드시 봐야 합니다.

시험은 인간의 게으름과 실수를 잡는 인류 최고의 발명품 입니다.

### 8. 시험보고 버리는 게 아니라, 시험보고 틀린 단어 는 다시 한번 점검하고 오늘의 단어에 다시 한번 표시 해 두시기 바랍니다.

오늘은 못 외웠지만, 이렇게 한번 더 봐야 다음에 긴장하고 보고, 가끔씩은 그 사이 외워지기도 합니다. ^.^

---

**오늘의 단어** — 모르는 단어 개수 : _____ 개  /  나의 오늘 목표는 _____ 번부터 _____ 번까지 !!!

1회독 : _____ / 500개    1회독 : _____ / 500개    1회독 : _____ / 500개    1회독 : _____ / 500개

_____ / 500개X5분=_____ 분 (약 _____ 시간 필요) *휴식시간 및 시험시간(500개당 2시간 입니다)을 꼭 넣어야 합니다.

# Day 3

| No. | Word | Synonyms | Meaning |
|---|---|---|---|
| 1001 | quit** [kwit] | give up, stop, cease, leave; resign, retire | v. 그만두다, 떠나다; 사직하다 |
| 1002 | eat [iːt] | consume, devour, ingest, take in | v. 먹다 |
| 1003 | final* [fáinl] | a. terminal, ultimate, conclusive n. - | a. 최후의, 궁극적인 n. 결승전, 기말시험 |
| 1004 | parliament [páːrləmənt] | congress, assembly | n. 의회 |
| 1005 | award [əwɔ́ːrd] | n. gift, prize v. grant, give, bestow, reward | n. 상, 경품 v. (심사하여) 주다, 수여하다 |
| 1006 | forbid* [fərbíd] | inhibit, prohibit, ban, disallow | v. 금하다 불가능하게 하다 |
| 1007 | assume** [əsúːm] | pretend, affect; think, suppose, presume, guess; undertake, take on | v. ~인척하다; 추정하다, 가정하다; 떠맡다 |
| 1008 | curse [kəːrs] | n. imprecate, vilify v. damn | n. 저주 v. 저주하다, 괴롭히다 |
| 1009 | architecture** [áːrkətèktʃər] | structure, framework | n. 건축물 cf.) architect는 사람 |
| 1010 | compare [kəmpéər] | liken, contrast | v. 비교하다, 비유하다 |
| 1011 | acquire* [əkwáiər] | obtain, earn, gain, procure, win, secure | v. 얻다, 획득하다 |
| 1012 | appreciate* [əpríːʃièit] | be grateful for, acknowledge; recognize, value, esteem; realize, understand | v. 감사하다; 평가하다; 이해하다 |
| 1013 | literature [lítərətʃər] | written works, printed works | n. 문학 |
| 1014 | proof* [pruːf] | n. evidence, testimony, grounds a. impervious, strong | n. 증거 a. ~에 견디어 내는 |
| 1015 | adjust* [ədʒʌ́st] | fit, adapt, suit, align | v. 맞추다, 조정하다 |
| 1016 | quality [kwáləti] | properties, nature, character, feature | n. 질, 특질, 성질 |
| 1017 | measure* [méʒər] | v. gauge, calculate, estimate, evaluate n. action, step, procedure, means | v. 측정하다 n. 조치, 척도 |
| 1018 | plea [pliː] | justification, explanation; appeal, request, petition | n. 변명; 탄원 |
| 1019 | choice* [tʃɔis] | option, alternative | n. 선택 |
| 1020 | model** [mádl] | n. specimen, prototype, example, pattern v. shape, fashion, carve, mould, form | n. 견본, 모형; 모범 v. (~을 본떠서) ~을 만들다 |
| 1021 | moral [mɔ́(ː)rəl] | ethical, righteous, virtuous | a. 도덕의, 윤리의 |
| 1022 | paralyze [pǽrəlàiz] | benumb, freeze, disable, stop, cripple | v. 마비시키다, 불능이 되게 하다 |
| 1023 | vertical [vɔ́ːrtikəl] | upright, erect, perpendicular | a. 수직의 n. 수직 |
| 1024 | trifle [tráifəl] | bit, little | n. 사소한 일, 조금 |
| 1025 | inflict [inflíkt] | impose, punish | v. (형벌, 고통, 손해를) 주다 |
| 1026 | shy [ʃai] | timid | a. 소심한, 수줍은 |
| 1027 | sublime [səbláim] | grand, noble | a. 숭고한 |
| 1028 | sting [stiŋ] | n. pain, hurt v. hurt, wound | n. 독침, 찔린상처 v. 쏘다, 찌르다 |
| 1029 | accustom [əkʌ́stəm] | get used to, familiarize, habituate | v. 익히다, 습관을 붙이다 |
| 1030 | prone** [proun] | inclined, apt, inclinable, likely | a. ~하기 쉬운, 경향이있는 |
| 1031 | physical [fízikəl] | material, substantial; bodily | a. 물질의; 육체의 |
| 1032 | bent [bent] | curved, twisted, misshapen | a. 구부러진 |
| 1033 | combine** [kəmbáin] | unite, integrate, incorporate, mix, join, associate | v. 결합시키다 |
| 1034 | admit* [ədmít] | let in, accept, allow, agree, grant, permit, acknowledge | v. 허락하다, 인정하다 |
| 1035 | flatter [flǽtər] | praise, compliment, extol | v. 아첨하다, 추켜세우다 |
| 1036 | precise** [prisáis] | accurate, exact, definite, strict, correct | a. 정확한, 정밀한 |
| 1037 | relate [riléit] | narrate, recount, report, tell; connect, associate | v. 말하다, 관계(관련) 시키다 |
| 1038 | contemplate* [kámtəmplèit] | consider, ponder, reflect, meditate | v. 심사숙고하다, 고려하다 |
| 1039 | generate* [dʒénərèit] | produce, create, spawn, cause, engender, bring about | v. 낳다, 발생시키다, 야기하다 |
| 1040 | trait [treit] | characteristic, feature, quality, property, attribute, nature | n. 특징 |
| 1041 | prophecy [práfəsi] | prediction, forecast, foresight | n. 예언 |
| 1042 | chamber* [tʃéimbər] | compartment, room | n. 방 |
| 1043 | abroad [əbrɔ́ːd] | overseas, out of the country | ad. 외국에, 널리 |
| 1044 | district [dístrikt] | region, area, section, zone, quarter | n. 구역, 지역 |
| 1045 | caricature [kǽrikətʃər] | cartoon | n. (풍자적) 만화 |
| 1046 | proficient** [prəfíʃənt] | expert, skilled, adept, skillful, adroit, fluent | a. 숙달된, 유창한 |
| 1047 | delay [diléi] | n. setback, interruption v. postpone; hinder, impede, obstruct | n. 연기, 지체 v. 연기하다; 지연시키다 |
| 1048 | summon [sʌ́mən] | call, bid, convene, convoke | v. 호출하다, 소환하다 n. (복수로) 소환장, 호출 |
| 1049 | reputation* [repjutéiʃn] | fame, renown, repute, honor, distinction, esteem | n. 평판, 명성 |
| 1050 | dictator [díkteitər] | autocrat, monocrat, despot, tyrant | n. 독재자 |

# USHER VOCABULARY 어셔 토플 기초영단어 (초·중·고등단어)

|  |  |  |  |
|---|---|---|---|
| 1051 | savage [sǽvidʒ] | barbarous, uncivilized, cruel, brutal | a. 야만의, 미개한 n. 미개인;야만인 |
| 1052 | modesty [mάdisti] | humility, moderation, decency | n. 겸손 |
| 1053 | diffuse** [difjúːz] | spread, distribute, scatter, disperse | v. 발산하다, 퍼뜨리다 |
| 1054 | multiply [mʌ́ltəplài] | increase, expand, augment; propagate | v. 증가하다; 증식하다; 곱하다 |
| 1055 | talent [tǽlənt] | aptitude, capacity, capability, gift | n. 재능, 재주 |
| 1056 | fatal* [féitl] | deadly, mortal, lethal | a. 치명적인 |
| 1057 | issue* [íʃuː] | n. impression, printing; argument, point; matter, point, question v. publish; release | n. 발행; 논쟁; 논점 v. 발행하다 |
| 1058 | shelter* [ʃéltər] | n. harbor, refuge, asylum, protection v. protect, shield | n. 피난(처) v. 피난하다 |
| 1059 | school [skuːl] | n. college, institution v. educate instruct | n. 학파, 학교, 수업 |
| 1060 | imitation [ìmitéiʃən] | mimicry, fake, emulation, mock | n. 모방 |
| 1061 | mine [main] | v. dig, excavate | n. 광산 / 나의 것 v. 채굴하다 |
| 1062 | dismiss [dismís] | fire, refuse, reject; discharge; ignore | v. 해고하다, 내쫓다; 떠나게 하다, 해산시키다 무시하다 |
| 1063 | reckon [rékən] | count, compute, calculate | v. 세다, 계산하다 |
| 1064 | throb [θrab] | beat, pound, pulse, vibrate | v. (심장이) 뛰다, 두근거리다, 고동치다 n. 진동, 욱신거림 |
| 1065 | prompt [prampt] | a. instant, immediate, quick, instantaneous v. provoke, instigate, stimulate; urge | a. 신속한 v. 자극하다, (감정) 유발하다; 재촉하다 |
| 1066 | fade** [feid] | wither, decay, wane, vanish, wilt, decline | v. 사라지다, 쇠약해지다 |
| 1067 | omen [óumən] | sign, symptom, presage | n. 전조, 조짐 |
| 1068 | divide [diváid] | separate, part, share, split, distribute, partition | v. 나누다, 분할하다 n. 차이점 |
| 1069 | muse [mjuːz] | meditate, ponder, contemplate, deliberate, brood | v. 명상하다, 숙고하다 |
| 1070 | advance** [ədvǽns] | v. improve, evolve, develop, progress n. improvement, progression, evolvement, development | v. 나아가다, 진보하다 n. 진보 |
| 1071 | supreme [supríːm] | paramount, sovereign, top, highest, topmost, utmost, high, uppermost | a. 최고의 |
| 1072 | swear [swɛər] | avow, vow | v. 맹세하다 |
| 1073 | sum [sʌm] | n. amount, total, core, gist v. add together, aggregate; summarize | n. 합계, 요점 v. 합계하다, 요약하다 |
| 1074 | contact [kάntækt] | n. touch, connection, communication v. get or be in touch with, reach | n. 접촉 v. 접촉하다 |
| 1075 | strenuous [strénjuəs] | vigorous, energetic, active, eager, arduous | a. 격렬한, 열심히 하는 |
| 1076 | everything [évriθiŋ] | all, anything | n. 모든 것 |
| 1077 | aspect [ǽspekt] | feature, side, factor | n. 측면, 부분 |
| 1078 | fluent [flúːənt] | flowing, effortless | a. 유창한 |
| 1079 | loyal [lɔ́iəl] | faithful, devoted, patriotic | a. 충성스러운 |
| 1080 | plague [pleig] | n. epidemic, outbreak v. bother, annoy, tease | n. 전염병 v. 애태우다, 괴롭히다 |
| 1081 | field* [fiːld] | area; grassland, ground | n. 분야; 들판 |
| 1082 | folly [fάli] | foolishness, silliness, stupidity | n. 어리석음, 어리석은 짓 |
| 1083 | precede* [prisíːd] | come before, antecede, forerun, go before, go ahead of | v. 앞서가다, 앞서다, 우선하다 |
| 1084 | proposal [prəpóuzəl] | suggestion, proposition, offer | n. 제의, 신청 |
| 1085 | good [gud] | a. nice, fine, right n. virtue; benefit; product, commodity | a. 상당한, 친절한 n. 선; 이익; 상품 |
| 1086 | moderate* [mάdərət] | a. gentle, temperate, reasonable v. restrain, control, abstain | a. 절제하는 v. 절제하다 |
| 1087 | brave* [breiv] | courageous, gallant, dauntless, bold | a. 용감한 |
| 1088 | take [teik] | get, capture, seize; understand, accept; tolerate; need, demand | v. 잡다; 받아들이다; 용인하다; 필요하다; 걸리다 |
| 1089 | scan* [skæn] | examine, scrutinize, investigate | v. 조사하다, 정밀검사하다 n. 정밀 검사 |
| 1090 | permanent* [pə́ːrmənənt] | lasting, constant, everlasting, perpetual | a. 불멸의, 영구적인 |
| 1091 | cowardice [káuərdis] | fear, timidity | n. 겁, 비겁 |
| 1092 | assist** [əsíst] | aid, help, support, attend, sustain | v. 돕다; 도움이 되다 n. 어시스트, 도움 |
| 1093 | rebel [rébəl] | resist, revolt, disobey, mutiny | n. 반항아;반역자; 반대자 v. 배반하다, 반역하다 |
| 1094 | extinguish [ikstíŋgwiʃ] | put out, quench; abolish, destroy | v. 불을 끄다; 소멸시키다 |
| 1095 | soil [sɔil] | earth, ground, land, dirt | n. 흙, 땅 |
| 1096 | assert** [əsə́ːrt] | claim, declare, maintain, insist | v. 단언하다, 주장하다 |
| 1097 | vogue* [voug] | mode, fashion, style, trend | n. 유행, 성행 |
| 1098 | fable [féibəl] | legend, myth | n. 우화, 신화, 전설 |
| 1099 | pity [píti] | sympathy, compassion | n. 동정, 연민 |
| 1100 | exploit* [éksplɔit, ikslɔ́it] | n. feat, accomplishment v. use, make use of, utilize, harness | n. 위업, 업적 v. 이용하다, 개발하다; 착취하다 |

# Day 3

| No. | Word | Synonyms | Meaning (Korean) |
|---|---|---|---|
| 1101 | well [wel] | ad. very much, considerably / n. hole, pit | ad. 아주, 잘 / n. 우물 |
| 1102 | focus [fóukəs] | concentrate, center | n. 주목, 집중 / v. 집중하다 |
| 1103 | bronze [branz] | brown | n. 청동 |
| 1104 | peril [pérəl] | risk, jeopardy, danger, hazard | n. 위험, 위기 |
| 1105 | key*** [ki:] | n. answer, explanation, solution / a. essential, leading, major | n. 열쇠; 해답 / a. 중요한 |
| 1106 | muscle [mʌ́səl] | tendon; strength, might, power | n. 근육; 힘 |
| 1107 | spoil* [spɔil] | mar, hurt, damage, impair, ruin, harm, corrupt; decay, decompose | v. 망쳐놓다, 손상하다; 상하다 |
| 1108 | say [sei] | tell, speak, utter, state, talk, pronounce | v. 말하다 |
| 1109 | right [rait] | a. correct, proper, appropriate, just, upright / n. claim, privilege | a. 적당한, 옳은 / ad. 정확히, 바로, 꼭 / n. 권리 |
| 1110 | offend [əfénd] | irritate, annoy, vex, provoke, displease | v. 성나게 하다, 괴롭히다 |
| 1111 | profound** [prəfáund] | deep, abysmal, significant | a. 깊은, 극심한, 심오한 |
| 1112 | aviation [èiviéiʃən] | aeronautics, aircraft, flying | n. 비행(술), 항공(술) |
| 1113 | passage [pǽsidʒ] | way, route, path, lane | n. 통로, 통과 |
| 1114 | upright [ʌ́pràit, ʌpráit] | erect, vertical | a. 수직의, 올바른 |
| 1115 | inevitable** [inévitəbəl] | certain, unavoidable, inescapable, fixed | a. 피할 수 없는 |
| 1116 | flexible** [fléksəbəl] | pliable, plastic, able to bend; adjustable, adaptable, changeable | a. 휘어지기 쉬운; 융통성 있는, 적응성 있는 |
| 1117 | implore [implɔ́:r] | supplicate, beseech, entreat, crave, beg, solicit | v. 간청하다, 애원하다 |
| 1118 | invalid [ínvəlid] | void, unfounded, null, unable, deficient; disabled | a. 타당하지 않은; 허약한 |
| 1119 | agony [ǽgəni] | anguish, torment, pain, torture, suffering, distress | n. 고민, 고뇌, 고통 |
| 1120 | encumber [inkʌ́mbər] | burden, oppress; hinder, obstruct, impede, hamper | v. 부담을 주다; 저해하다, 방해하다, 막다 |
| 1121 | spring [spriŋ] | n. bounce; geyser; resilience, elasticity / v. leap, jump, bound, hop | n. (계절) 봄; 샘; 탄력 / v. 튀어오르다 |
| 1122 | expose** [ikspóuz] | v. exhibit, subject, uncover, reveal, display | v. 드러내다, 폭로하다 |
| 1123 | co-operate [kouápərèit] | collaborate, pull together, join | v. 협력하다 |
| 1124 | haunt [hɔ:nt] | plague, torment | v. 괴롭히다, 따라다니다 |
| 1125 | mark** [ma:rk] | v. label, note; notice; leave a trace / n. sign, feature; impression | v. 표시하다; 주목하다; 흔적을 남기다 / n. 표시, 기호; 흔적 |
| 1126 | reverie [révəri] | daydream, dream, fantasy | n. 몽상 |
| 1127 | soft [sɔ:ft] | flexible, pliable, plastic | a. 부드러운, 유연한 |
| 1128 | peculiarity [pikjù:liǽrəti] | feature, characteristic, quality, property; oddity, abnormality | n. 특성; 특이한 점 |
| 1129 | challenge* [tʃǽlindʒ] | n. difficulty, problem / v. defy, dare; dispute, question | n. 문제, 어려움, 도전 / v. 도전하다; 반박하다 |
| 1130 | lot [lat] | a great deal; area | n. 많음, 다수; 지역 |
| 1131 | resistance [rizístəns] | opposition, defiance | n. 저항 |
| 1132 | chivalry [ʃívəlri] | knighthood, gallantry | n. 기사도 |
| 1133 | decent [dí:sənt] | right, proper, nice, pure, modest | a. 적절한, 올바른 |
| 1134 | narrow [nǽrou] | a. thin, slender, slim / v. shorten, shrink, taper | a. 얇은, 가는; 좁은, 한정된 / v. 좁아지다, 한정하다 |
| 1135 | propriety [prəpráiəti] | decency, courtesy; suitability, appropriateness, fitness | n. 예의바름; 적당함 |
| 1136 | posterity [pastérəti] | progeny, offspring, descendant | n. 자손, 후세사람들 |
| 1137 | sheer [ʃiər] | total, complete, absolute; unmixed, pure, steep | a. 절대적인; 순전한 |
| 1138 | economy [ikánəmi] | financial system; thrift | n. 경제, 절약 |
| 1139 | gloomy [glú:mi] | obscure, shadowy, dusky, dismal, depressed | a. 어두운, 우울한 |
| 1140 | unique** [ju:ní:k] | particular, distinct, original, sole, special | a. 특유의, 유일한 |
| 1141 | glacier [gléiʃr] | ice sheet | n. 빙하 |
| 1142 | horror [hɔ́:rər] | terror, fear, panic; hatred, disgust, loathing | n. 공포, 전율; 증오감, 혐오감 |
| 1143 | adapt [ədǽpt] | adjust, fit, suit, familiarize, accommodate | v. 적응시키다, 적응하다 |
| 1144 | guarantee [gæ̀rəntí:] | n. insurance, warrant, assurance, certainty, pledge, promise / v. ensure, secure | n. 보증, 담보; 약속 / v. 보증하다 |
| 1145 | technology [teknálədʒi] | engineering, technique | n. 과학기술 |
| 1146 | religion [rilídʒən] | belief, faith, theology | n. 종교 |
| 1147 | want [wɔ(:)nt] | v. wish, desire, need, demand / n. need; lack, shortage, deficiency, scarcity | v. 원하다 / n. 부족; 필요, 결핍 |
| 1148 | fate [feit] | destiny, chance, fortune | n. 운명, 죽음 |
| 1149 | fortune [fɔ́:rtʃən] | luck, fate, destiny, chance; wealth, property | n. 우연, 운; 부, 재산 |
| 1150 | transparent* [trænspéərənt] | clear, obvious, lucid | a. 투명한, 비쳐 보이는 |

# USHER VOCABULARY 어셔 토플 기초영단어 (초·중·고등단어)

| # | word | synonyms | Korean |
|---|---|---|---|
| 1151 | jump [dʒʌmp] | v / n. spring, bound, hop, leap | v. 뛰다, 뛰어오르다 n. 도약, 뜀 |
| 1152 | recover** [rikʌ́vər] | retrieve, bring back, regain, reclaim, restore | v. 되찾다, 회복하다 |
| 1153 | flesh [fleʃ] | meat | n. 살, 육체 |
| 1154 | tolerate** [tɑ́lərèit] | endure, stand, bear, persist | v. 견디다, 참다 |
| 1155 | infinite [ínfənit] | unlimited, limitless, immeasurable, boundless, uncountable | a. 무한한, 끝없는, 무수한 |
| 1156 | primitive* [prímətiv] | early, primeval, uncivilized, primal, savage, uncultured | a. 원시의, 원시적인 |
| 1157 | ascertain [æ̀sərtéin] | determine, find, verify, assure | v. ~을 확인하다 |
| 1158 | phenomenon* [finámənàn] | occurrence, appearance, event, incident | n. 현상, 사건 |
| 1159 | selfish [sélfiʃ] | egoistic, self-seeking, self-centered | a. 이기적인 |
| 1160 | proposition* [pràpəzíʃən] | proposal, suggestion | n. 제안, 제의 |
| 1161 | reject* [ridʒékt] | renounce, refuse, decline, turn down, deny | v. 거절하다 |
| 1162 | refer [rifə́:r] | mention, cite | v. 언급하다 |
| 1163 | fiction [fík:ən] | fantasy, story, tale | n. 소설, 꾸며낸 이야기 |
| 1164 | resolute [rézəlù:t] | resolved, steadfast, determined, decided | v. 굳게 결심한, 단호한 |
| 1165 | day [dei] | date; daytime | n. 날짜; 낮 |
| 1166 | concede [kənsí:d] | admit, yield, accept | v. 양보(인정) 하다 |
| 1167 | indebted [indétid] | grateful; owed | a. 감사하는; 부채가 있는 |
| 1168 | controversy*** [kántrəvə̀:rsi] | dispute, debate, disagreement, argument | n. 논쟁, 논의 |
| 1169 | capable [kéipəbl] | competent, proficient, gifted | a. ~할 수 있는; 유능한 |
| 1170 | scorn [skɔ:rn] | v. disdain, scoff, sneer n. contempt, contempt, mockery | v. 경멸하다, 모욕하다 n. 경멸 |
| 1171 | disaster [dizǽstər] | calamity, mishap, catastrophe, adversity, misfortune, tragedy, trouble | n. 재난, 재해 |
| 1172 | succession [səkséʃən] | inheritance; series, sequence, order, continuance | n. 승계; 연속 |
| 1173 | adolescence [æ̀dəlésns] | youth, puberty | n. 청년기 |
| 1174 | mingle* [míŋgəl] | unite, mix, blend; associate, socialize | v. 섞다, 혼합하다; 사교하다 |
| 1175 | bid [bid] | n / v. command, order | n. (경매 따위에서) 입찰 v. 명령하다; 말하다 |
| 1176 | native* [néitiv] | indigenous; innate, inborn, inherent, congenital, aboriginal | a. 출생지의, 타고난 |
| 1177 | world [wə:rld] | earth, globe | n. 세계, 세상 |
| 1178 | standard** [stǽndərd] | n. criterion, gauge a. accepted, approved, authoritative, official | n. 표준 a. 표준의, 보통의 |
| 1179 | process [práses] | method, procedure, system | n. 과정, 방법 v. 가공하다; 처리하다 |
| 1180 | fall [fɔ:l] | n. autumn; sink, demise, corruption, descent; waterfall v. fall down, drop, decrease | n. 가을; 멸망; 폭포 v. 떨어지다, 감소하다 |
| 1181 | stoop [stu:p] | bend, lean, bow, crouch | v. 구부리다, 굽히다 |
| 1182 | congratulate [kəngrǽtʃəlèit] | celebrate | v. 축하하다 |
| 1183 | dialect [dáiəlèkt] | a form of a language that is spoken in a particular area | n. 방언, 사투리 |
| 1184 | account [əkáunt] | n. explanation, exposition; description, narrative, report v. describe, represent, explain | n. 평가, 서술; 이야기 v. 생각하다; 설명하다 |
| 1185 | comprehend [kàmprihénd] | grasp, perceive, apprehend, understand, discern, recognize | v. 이해하다, 깨닫다 |
| 1186 | shrewd [ʃru:d] | astute, sharp, cunning, keen | a. 빈틈없는, 약삭빠른 |
| 1187 | only [óunli] | a. sole, single, unique ad. just, merely | a. 유일한, 단 하나의 ad. 오직, 겨우, 단지 |
| 1188 | ravage [rǽvidʒ] | n. desolation, destruction v. destroy, devastate, ruin, waste, havoc | n. 파괴; 약탈 v. 황폐하게 하다 |
| 1189 | expression [ikspréʃən] | display, showing, indication | n. 표현, 표정 |
| 1190 | indifferent [indífərənt] | unconcerned, nonchalant, apathetic | a. 무관심한 |
| 1191 | last [læst, la:st] | a. final, ultimate, conclusive, terminal; recent v. continue, persist ad. Lastly, finally | a. 마지막의; 최근의 v. 지속하다 ad. 최후로 |
| 1192 | theme [θi:m] | topic, subject, text, motif | n. 주제, 테마 |
| 1193 | mix [miks] | n. blend, commixture v. mingle, stir, compound, jumble, combine | n. 혼합물 v. 섞다, 혼합하다 |
| 1194 | erroneous* [iróuniəs] | incorrect, mistaken, false, wrong | a. 잘못된, 틀린 |
| 1195 | hunt* [hʌnt] | v. seek, scour, chase, pursue v. chase, search | v. 사냥하다, 추적하다 n. 사냥 |
| 1196 | output* [áutpùt] | production, yield, turnout | n. 결과물 |
| 1197 | marvel* [má:rvəl] | wonder | n. 경이로움 |
| 1198 | realize* [ríəlàiz] | be aware of, understand, grasp, comprehend; fulfill, achieve, accomplish | v. 깨닫다, 이해하다 실현하다 |
| 1199 | execute* [éksikjù:t] | perform, achieve; kill, guillotine | v. 실행하다; 사형을 집행하다 |
| 1200 | transform* [trænsfɔ́:rm] | convert, change, alter, metamorphose | v. 변형시키다 |

# Day 3

| No. | Word | Synonyms | Meaning |
|---|---|---|---|
| 1201 | export [ikspɔ́:rt] | v. sell abroad | v. 수출하다 n. 수출(품) |
| 1202 | insight* [ínsàit] | understanding, perception, intuition, awareness, comprehension | n. 직관, 통찰력, 이해 |
| 1203 | launch* [lɔ:ntʃ, la:ntʃ] | start, initiate, commence, begin; discharge, shoot, set off | v. 시작하다, 착수하다; 발사하다 |
| 1204 | emerge** [imɔ́:rdʒ] | appear, loom, spring up, come out, come up, arise | v. 나타나다, ~로부터 나오다 |
| 1205 | party [pá:rti] | group, squad, team; faction, side; gathering | n. 일행; 당파; 모임 |
| 1206 | monster [mánstər / mɔ́n-] | demon, devil | n. 괴물, 도깨비 |
| 1207 | specimen [spésəmən] | sample, model, example, prototype | n. 견본 |
| 1208 | embody* [imbádi] | contain, unify, include, involve; exemplify, represent, formulate | v. 통합하다, 포함하다; 상징하다, 구현하다 |
| 1209 | diplomacy [diplóuməsi] | tact | n. 외교(술) |
| 1210 | genuine [dʒénjuin] | actual, authentic, legitimate, veritable; candid | a. 진짜의; 진실의 |
| 1211 | better [bétər] | a. preferable, superior ad. more, greater v. improve, refine, intensify, ameliorate, amend, reform, upgrade | a. 더 좋은 ad. 보다 잘, 더 v. 개선하다 |
| 1212 | notice [noutís] | n. notification, warning; attention v. perceive, acknowledge, recognize | n. 통지, 통보; 주의, 주목 v. 알아채다 |
| 1213 | inborn* [ínbɔ́:rn] | innate, native, natural, congenital | a. 타고난, 선천적인 |
| 1214 | participate** [pa:rtísəpèit] | share, partake in, take part in, join | v. 함께 하다 |
| 1215 | ugly [ʌ́gli] | unlovely, unsightly, unattractive | a. 추한, 못생긴 |
| 1216 | strife [straif] | conflict, struggle, fight, battle, quarrel, clash | n. 투쟁, 싸움 |
| 1217 | income [ínkʌm] | revenue, gain, earnings | n. 수입, 소득 |
| 1218 | meet [mi:t] | encounter, confront, face; satisfy, please; cope with a difficulty | v. 만나다, 마주치다; 충족시키다; (곤란에) 직면하다 |
| 1219 | offspring [ɔ́(:)fsprìŋ] | newborn, young, descendant, successor | n. 자손, 새끼 |
| 1220 | ridicule [rídikjù:l] | v. sneer, mock, jeer n. mockery, sneer, mock, jeer | v. 비웃다, 조롱하다 n. 비웃음 |
| 1221 | earnest [ɔ́:rnist] | sincere, ardent, eager, zealous | a. 성실한, 열심인 |
| 1222 | vex [veks] | annoy, irritate, bother, tease, provoke | v. 성가시게 하다, 괴롭히다 |
| 1223 | grudge [grʌdʒ] | n. malice, spite, dislike malevolence v. resent, mind | n. 원한, 악의 v. 아까워하다, 주기 싫어하다, 시기하다 |
| 1224 | prudent [prú:dənt] | cautious, discreet, careful, wary; sensible, discerning | a. 신중한, 분별있는 |
| 1225 | splendid [spléndid] | luminant, gorgeous, magnificent, sumptuous, dazzling | a. 빛나는, 화려한, 멋진 |
| 1226 | bloom [blu:m] | n / v. blossom, flower | n. 꽃 v. 꽃피다 |
| 1227 | intelligence [intélədʒəns] | understanding, intellect, wit, cleverness | n. 지능, 지성 |
| 1228 | interrupt** [ìntərʌ́pt] | v. hinder, stunt, punctuate, obstruct, suspend, stop | v. 가로막다, 저지하다 n. 일시정지, 중단 |
| 1229 | bribe [braib] | n. bribery v. buy off, corrupt | n. 뇌물 v. 뇌물을 주다 |
| 1230 | furnish* [fɔ́:rniʃ] | provide, supply, replenish | v. 공급하다, 마련해주다, (가구 등을) 비치하다 |
| 1231 | piety [páiəti] | devoutness, godliness, religiousness, devotion | n. 경건, 신앙심 |
| 1232 | consult [kənsʌ́lt] | discuss, ask, counsel | v. 상담하다, 의논하다 |
| 1233 | pomp [pamp] | splendor, luxury | n. 화려함 |
| 1234 | share* [ʃɛər] | n. portion, part, allotment, quota, dividend, stock v. divide, assign, allot, distribute | n. 할당, 몫 v. 분배하다 |
| 1235 | console [kənsóul] | comfort, solace, soothe | v. 위로하다, 위문하다 |
| 1236 | intellect [íntəlèkt] | brain power, intelligence, mentality | n. 지성 |
| 1237 | trap* [træp] | n. pitfall, snare, lure, bait v. ensnare | n. 덫, 올가미 v. 덫을 놓다 |
| 1238 | stumble [stʌ́mbl] | v. stagger, wobble, trip, slip | n. 비틀거리기 v. 비틀거리다, 발을 헛디디다 |
| 1239 | kill [kil] | slaughter, slay, assassinate, massacre, murder | v. 죽이다 |
| 1240 | haven [héivən] | harbor, port, shelter, refuge, asylum | n. 항구, 피난처 |
| 1241 | confine** [kənfáin] | limit, restrict; enclose, imprison | v. 한정하다; 가두다, 감금하다 |
| 1242 | haughty [hɔ́:ti] | proud, arrogant, egoistic | a. 오만한, 거만한 |
| 1243 | definition [dèfəníʃən] | explanation, interpretation, description | n. 정의 |
| 1244 | ignore [ignɔ́:r] | overlook, disregard, neglect, defy | v. 무시하다 |
| 1245 | hell [hel] | abyss | n. 지옥 |
| 1246 | sob [sa(ɔ)b] | weep, cry | v. 흐느껴 울다 |
| 1247 | provoke* [prəvóuk] | irritate, vex, madden, anger, annoy; induce, rouse | v. 화나게 하다; 야기시키다 |
| 1248 | fulfill** [fulfíl] | accomplish, achieve; satisfy, meet, please; perform, execute, carry out | v. 성취하다; 만족시키다; 수행하다 |
| 1249 | suspend** [səspénd] | hang, dangle; defer, postpone, delay, put off; interrupt, cease, halt | v. 매달다; 미루다, 연기하다; 중단하다, 정지시키다 |
| 1250 | campaign [kæmpéin] | drive, movement | n. (선거)운동, 전쟁 v. 캠페인을 벌이다; 군사 작전 하다 |

# USHER VOCABULARY 어셔 토플 기초영단어 (초·중·고등단어)

| # | word | synonyms | meaning |
|---|---|---|---|
| 1251 | skin [skin] | leather, hide | n. 피부, (동물의) 가죽 |
| 1252 | mold [mould] | n / v. mould, shape, form, pattern | n. 틀, 성질; 곰팡이 / v. 틀에 넣어 만들다 |
| 1253 | exaggerate [igzǽdʒərèit] | enlarge, overstate, amplify, overemphasize; worsen, aggravate | v. 과장하다; 악화시키다 |
| 1254 | evolution [èvəlúːʃən] | development, growth, progress | n. 진화, 발전 |
| 1255 | mean [miːn] | v. signify, imply, express; a. stingy; n. average | v. 의미하다, 의도하다 / a. 인색한 / n. 평균, 중간 |
| 1256 | faith [feiθ] | confidence, trust, credit | n. 신앙, 믿음; 약속, 서약 |
| 1257 | absolute** [ǽbsəlùːt] | complete, utter, perfect | a. 완전한, 완벽한; 절대적인 / n. 절대적인 것 |
| 1258 | shrink [ʃriŋk] | shrivel, decrease, diminish, contract, dwindle, become smaller | v. 움츠리다; 줄다, 줄어들다 |
| 1259 | contemporary*** [kəntémpərèri] | a. coexisting, simultaneous, synchronous; current, modern | a. 동시대의; 현대의 / n. 동년배 |
| 1260 | cherish [tʃériʃ] | value, prize, treasure, esteem | v. 소중히 하다, 품다 |
| 1261 | recall* [rikɔ́ːl] | remember, recollect | v. 상기하다, 기억해내다; 생각나게 하다 / n. 기억 |
| 1262 | maxim* [mǽksim] | saying, proverb, principle, adage | n. 격언, 금언 |
| 1263 | novel** [nάvəl] | a. new, innovative, fresh; n. fiction, story | a. 새로운, 신기한 / n. 소설 |
| 1264 | fine** [fain] | a. elegant; nice; slight, subtle, thin, delicate | a. 세련된; 훌륭한; 가느다란, 정교한 / n. 벌금 |
| 1265 | accordance [əkɔ́ːrdəns] | agreement, concord, conformity | n. 일치, 조화 |
| 1266 | compensate** [kάmpənsèit] | recompense; offset, counterbalance | v. 보상하다, 갚다; 상쇄하다 |
| 1267 | gratitude [grǽtətjùːd] | gratefulness, thankfulness, appreciation | n. 감사 |
| 1268 | eliminate** [ilímənèit] | remove, get rid of, discard, eradicate, root up, annihilate | v. 제거하다, 없애다 |
| 1269 | commonplace [kάmənplèis] | common, prevalent, widespread, banal | a. 도처에 널려있는, 흔한 / n. 흔히 있는 일, 다반사 |
| 1270 | submit [səbmít] | yield, surrender, obey; give something in, hand in | v. 복종하다, 굴복하다; 제출하다 |
| 1271 | barren** [bǽrən] | sterile, lifeless; infertile, unproductive | a. 불모의; 새끼를 낳지 못하는 |
| 1272 | revolt [rivóult] | v / n. rebel, mutiny | v. 반란을 일으키다, 반항하다 / n. 반란 |
| 1273 | deficient [difíʃənt] | defective, insufficient, imperfect, short, scanty | a. 부족한 |
| 1274 | dispute** [dispjúːt] | v. argue, debate; oppose, challenge; n. argument, disagreement, debate, controversy | v. 논쟁하다, 토의하다; 반박하다 / n. 논쟁 |
| 1275 | avenge [əvéndʒ] | revenge, retaliate | v. 복수하다, 원수갚다 |
| 1276 | wretched [rétʃid] | miserable, pitiable, pitiful | a. 비참한, 불쌍한 |
| 1277 | study [stʌ́di] | n. research, learning, investigation; v. learn, examine | n. 공부 / v. 연구하다, 공부하다 |
| 1278 | honesty [άnisti] | uprightness, justice, integrity | n. 정직, 솔직함 |
| 1279 | speed* [spiːd] | v. go rapidly, hasten, race, increase rate of; n. velocity, rate | v. 서두르게 하다, 빠르게 하다 / n. 빠르기, 속력 |
| 1280 | forsake [fərséik] | abandon, leave, desert, quit, relinquish, drop, give up | v. 버리다 |
| 1281 | light [lait] | n. illumination, radiance; a. bright, shining, luminous; v. ignite, inflame | n. 빛, 불꽃 / a. 밝은; 가벼운 / v. 불을 켜다 |
| 1282 | contend [kənténd] | struggle, strive, fight, battle, combat, compete; argue | v. 다투다; 주장하다 |
| 1283 | extent** [ikstént] | space, scope, range, stretch | n. 범위, 넓이, 크기 |
| 1284 | degrade [digréid] | abase | v. 타락하다 |
| 1285 | wage [weidʒ] | pay, salary, earnings | n. 임금, 품삯 |
| 1286 | ignoble [ignóubəl] | mean, base; unworthy | a. 비열한; 천한 |
| 1287 | anniversary [ænəvə́ːrsəri] | celebration, ceremony | n. 기념일 |
| 1288 | claim* [kleim] | v. call for, declare, demand, request; assert, maintain; n. requirement, affirmation, assertion | v. 요구하다, 청구하다; 주장하다 / n. 요구, 청구 |
| 1289 | attain** [ətéin] | reach, achieve, accomplish; obtain | v. 이르다, 도달하다, 달성하다; 얻다 |
| 1290 | consent [kənsént] | v. agree to, assent to, allow; n. agreement, concurrence | v. 동의하다, 찬성하다 / n. 동의, 일치 |
| 1291 | indispensable* [ìndispénsəbəl] | essential, necessary, requisite, vital, critical | a. 불가결의, 절대필요한 |
| 1292 | diminish* [dəmíniʃ] | lessen, decrease, reduce, abate, shrink | v. (수량, 크기) 감소시키다, 줄이다; (명예)떨어뜨리다 |
| 1293 | policy [pάləsi] | political measures | n. 정책, 방침 |
| 1294 | essential** [isénʃəl] | vital, fundamental; indispensable, prerequisite | a. 근본적인, 본질적인; 필수의 |
| 1295 | devoid** [divɔ́id] | free from, empty, lacking, void | a. 결여된, ~이 없는 |
| 1296 | eternal [itə́ːrnəl] | endless, everlasting, infinite, perpetual | a. 영원한, 불멸의 |
| 1297 | pierce** [piərs] | penetrate, puncture, perforate | v. 관통하다, 구멍을 뚫다 |
| 1298 | range* [reindʒ] | n. spectrum, extent, scope; v. vary, run, stretch, extend | n. 범위, 한도; 산맥 / v. 분포하다 |
| 1299 | inform [infɔ́ːrm] | notify, instruct | v. 알리다, 알려주다 |
| 1300 | union [júːnjən] | association, alliance, league, combination | n. 결합, 일치 |

# Day 3

| No. | Word | Synonyms | Meaning |
|---|---|---|---|
| 1301 | subjective* [səbdʒéktiv, sʌb-] | personal, individual | a. 주관적인, 개인적인 |
| 1302 | vanish** [væniʃ] | disappear, fade | v. 사라지다, 없어지다 |
| 1303 | average** [ǽvəridʒ] | mean | a. 평균의, 보통의 n. 평균, 표준, 보통 |
| 1304 | impression** [impréʃən] | image, idea, feeling | n. 인상, 느낌 |
| 1305 | domestic*** [dəméstik] | home, household; tame, mild; native | a. 가정의; 길든, 길들여진; 국내의 |
| 1306 | colloquial [kəlóukwiəl] | conversational, spoken | a. 구어(체)의 |
| 1307 | impose* [impóuz] | force, pressure, enforce, compel | v. 부과하다; 위압(강요)하다 |
| 1308 | assimilate [əsíməlèit] | incorporate, digest, absorb, imbibe | v. 동화하다, 소화하다 |
| 1309 | large [lardʒ] | huge, enormous, immense, gigantic, colossal | a. 큰, 거대한, 풍부한 |
| 1310 | flourish** [flə́:riʃ, flʌ́riʃ] | thrive, prosper, blossom, succeed | v. 번영하다 |
| 1311 | contradict [kàntrədíkt / kòn-] | deny, refute, conflict with, disagree with | v. 부정하다, 반박하다; ~와 모순되다 |
| 1312 | rapid [rǽpid] | speedy, fast, swift, fleet | a. 신속한, 재빠른 |
| 1313 | despise [dispáiz] | scorn, disdain, detest | v. 경멸하다 |
| 1314 | dread [dred] | v. fear, awe n. fright, horror | v. 무서워하다 n. 공포 |
| 1315 | notorious [noutɔ́:riəs] | infamous, well-known, noted, infamous | a. 소문난, 악명높은 |
| 1316 | deceive [disí:v] | delude, cheat | v. 속이다, 기만하다 |
| 1317 | disorder** [disɔ́:rdər] | chaos, disorganization, mess, confusion | n. 무질서, 혼란, 난잡 |
| 1318 | trend** [trend] | n. tendency, direction, inclination, movement; fashion; mode | n. 방향, 성향, 동향 v. 기울다, 향하다 |
| 1319 | familiar [fəmíliər] | intimate, close, friendly, amicable | a. 친한, 익숙한 |
| 1320 | expansion [ikspǽnʃən] | extension, spread, enlargement, growth, expanse | n. 확장 |
| 1321 | commit [kəmít] | do, perform; perpetrate, consign, entrust | v. 범하다, 약속하다 |
| 1322 | pant* [pænt] | v. gasp n. trouser | v. 숨차다, 헐떡거리다 n. 바지 |
| 1323 | robust** [roubʌ́st, róubʌst] | strong, vigorous, stalwart, sturdy | a. 건장한, 튼튼한 |
| 1324 | punish [pʌ́niʃ] | penalize, discipline | v. 처벌하다 |
| 1325 | start [sta:rt] | v. begin, commence, initiate n. beginning, onset | v. 출발하다 n. 시작, 출발 |
| 1326 | polite [pəláit] | courteous, civil, gentle | a. 예의 바른, 공손한 |
| 1327 | manuscript [mǽnjuskrìpt] | copy, handwriting | n. 원고 |
| 1328 | periodical [pìəriádikəl] | a. recurrent, recurring n. magazine, journal, review | a. 정기(간행)의 n. 정기간행물 |
| 1329 | potent [póutənt] | powerful, mighty, influential | a. 강력한 |
| 1330 | discipline [dísəplin] | training, drill, exercise, practice | n. 훈련, 규율, 학과목 |
| 1331 | alien [éiliən] | a. strange, foreign n. - | a. 외국의, 이질의; 우주의 n. 외국인, 우주인 |
| 1332 | vary* [véəri] | change, alter, transform, transmute, differ, be unlike, diversify | v. 바꾸다; 다양하다, 다르다 |
| 1333 | obstacle [ábstəkəl / ɔ́b-] | obstruction, hindrance, impediment, interference, block | n. 장애물, 방해물 |
| 1334 | adoration [ædəréiʃən] | worship, veneration | n. 숭배, 동경 |
| 1335 | hint* [hint] | v. indicate, imply n. indication, implication, suggestion, allusion | v. 암시하다 n. 힌트, 암시 |
| 1336 | manufacture* [mænjəfǽktʃər] | v. make, build, construct n. product, goods | v. 제조하다, 만들다 n. 제조, 제품 |
| 1337 | convey [kənvéi] | carry, transport, transmit, communicate | v. ~을 전달하다, 알리다 |
| 1338 | rebuke [ribjú:k] | reprove, reprimand, reproach, scold | v. 비난하다, 꾸짖다 |
| 1339 | narrate* [nǽreit] | recount, describe, relate, tell | v. 이야기하다, 서술하다 |
| 1340 | conscious [kánʃəs / kɔ́n-] | aware, alert, alive, awake, deliberate | a. 의식하고 있는, 의도적인 |
| 1341 | heritage* [héritidʒ] | tradition, inheritance, legacy | n. 유산 |
| 1342 | thrift [θrift] | frugality | n. 절약, 검약 |
| 1343 | scanty [skǽnti] | short, scarce, sparse, meager, insufficient, inadequate, deficient, rare, minimal | a. 부족한, 불충분한; 최소의, 드문 |
| 1344 | hindrance* [híndrəns] | deterrent, obstacle, barrier | n. 방해, 장애 |
| 1345 | reward [riwɔ́rd] | n. prize, compensation v. repay, compensate | n. 보수, 보상 v. 보답하다, 보상하다 |
| 1346 | possibly [pásəbli / pɔ́s-] | perhaps, maybe, probably | ad. 아마, 어쩌면 |
| 1347 | inspiration [ìnspəréiʃən] | motivation, spur | n. 영감, 고취, 자극, 유도 |
| 1348 | glance [glæns] | n. glimpse, a brief look, a cursory look v. glimpse | n. 일견, 눈짓 v. 흘긋보다, 번득이다 |
| 1349 | creed [kri:d] | belief, faith | n. 신조, 주의 |
| 1350 | summary [sʌ́məri] | digest, extract, abstract | n. 요약, 개요 |

# USHER VOCABULARY 어셔 토플 기초영단어 (초·중·고등단어)

|  |  |  |  |
|---|---|---|---|
| 1351 | near [niər] | prep/ ad. close to, close by, not far from a. adjacent | prep.ad. ~의 가까이에 a. 가까운 |
| 1352 | excel* [iksél] | be superior to, surpass, outdo, exceed | v. 능가하다, 뛰어나다 |
| 1353 | minute* a. [mai\|njuːt] n. [mínit] | a. tiny, diminutive, very small; detailed, precise | a. 미세한; 상세한 n. (시간) 분 |
| 1354 | complicate*** [kámpləkèit / kóm-] | entangle, involve, make more difficult, complex | v. 복잡하게 하다 |
| 1355 | usage [júːsidʒ] | use, custom, utilization | n. 용법, 어법, 습관 |
| 1356 | release** [rilíːs] | v. free, liberate, loose, loosen, untie, unfasten; publish n. liberation | v. 풀어주다; 방출하다; 발표하다 n. 해방 |
| 1357 | epidemic [èpədémik] | plague, pandemic | n. 유행병, 전염병 |
| 1358 | perfume [pə́ːrfjuːm] | scent, fragrance, odor, flavor, smell | n. 향수, 향기 |
| 1359 | display** [displéi] | v. show, exhibit n. exhibition | v. 전시하다, 드러내다 n. (감정의) 표시; 진열, 전시 |
| 1360 | pessimist [pésəmist] | someone who thinks that bad things are going to happen | n. 비관론자 |
| 1361 | discriminate* [diskrímənèit] | distinguish, discern | v. 구별하다, 차별하다 |
| 1362 | abrupt** [əbrʌ́pt] | sharp, sudden, hasty, precipitous, rushing | a. 뜻밖의 갑작스런 |
| 1363 | hatred [héitrid] | aversion, hate, detestation | n. 증오, 미움 |
| 1364 | finance* [fáinæns, fáinæns] | v. fund, support, pay for n. resources, money, funds | v. 자금을 공급하다 n. 재정, 재무 |
| 1365 | lung [lʌŋ] | two organs inside one's chest which fill with air when one breathe in | n. 폐, 허파 |
| 1366 | pursue [pərsúː] | follow, chase, maintain | v. 추구하다, 종사하다 |
| 1367 | rational [rǽʃənl] | reasonable, sensible | a. 이성적인, 사리에 맞는 |
| 1368 | generosity [dʒènərásəti] | charity, bountifulness | n. 관대, 관용 |
| 1369 | cast* [kæst] | project, throw, hurl, pitch | v. 던지다; 투표하다; 주조하다 |
| 1370 | destiny [déstəni] | fate | n. 운명, 숙명 |
| 1371 | deplore [diplɔ́ːr] | grieve, regret, lament | v. 비탄하다, (잘못을) 뉘우치다 |
| 1372 | suggest** [səgdʒést] | pose, propound, propose, offer, proffer, recommend; imply | v. 제안하다, 암시하다 |
| 1373 | give [giv] | deliver, bestow, impart, furnish, provide, supply | v. 주다, (증거를) 보이다 |
| 1374 | philosophy [filásəfi] | thought, thinking, reasoning | n. 철학 |
| 1375 | defiance [difáiəns] | challenge, dare, provocation; rebellion | n. 도전, 무시; 저항 |
| 1376 | severe** [sivíər] | harsh, extreme, rigorous, strict; difficult, effortful, tough, serious | a. 엄한, 모진; 어려운 |
| 1377 | estate [istéit] | one's possessions, property | n. 토지, 재산 |
| 1378 | risk [risk] | n. hazard, danger, venture, peril, jeopardy v. endanger, imperil, venture, dare | n. 위험, 모험 v. 위험을 무릅쓰고 ~하다 |
| 1379 | rigid** [rídʒid] | stiff, hard, inflexible, firm, fixed; strict, severe, rigorous | a. 단단한, 딱딱한; 완고한, 엄격한 |
| 1380 | standpoint* [stǽndpɔ̀int] | perspective, point of view | n. 관점 |
| 1381 | channel [tʃǽnl] | v. direct, guide, convey n. route, course, canal | v. 수로로 나르다 n. 해협, 수로, 경로 |
| 1382 | complacent [kəmpléisənt] | satisfied, contented, pleased, serene | a. 만족한, 안심한 |
| 1383 | compel** [kəmpél] | oblige, force, coerce | v. 강요하다, 억지로 ~시키다 |
| 1384 | legitimate [idʒítəmət] | lawful, legal, licit, authentic, authorized | a. 합법적인, 정당한 |
| 1385 | sport [spɔːrt] | game, play | n. 농담, 스포츠, 운동경기 |
| 1386 | feminine [fémənin] | female | a. 여성의 |
| 1387 | old [ould] | aged, elderly, ancient, antiquated, antique, obsolete, dated | a. 나이 먹은, 오래 된 |
| 1388 | stick** [stik] | n. branch, twig v. pierce, puncture; cling, adhere | n. 막대 v. 찌르다, 꿰뚫다; 들러붙다 |
| 1389 | craft [kræft] | n. skill, ingenuity; airplane, ship v. produce, fabricate, make | n. 기능, 솜씨; 선박, 항공기 v. 만들다 |
| 1390 | dissolute [dísəlùːt] | immoral | a. 방탕한, 타락한 |
| 1391 | fast [fæst] | a. quick, swift, rapid, fleet ad. quickly, swiftly, rapidly | a. 빠른, 신속한 ad. 빨리 |
| 1392 | caution [kɔ́ːʃən] | wariness, warning | n. 조심, 경고 |
| 1393 | extreme* [ikstríːm] | a. intense, excessive, radical, utmost, supreme n. ultimate, peak, excess | a. 극도의, 지나친; n. 극도, 과도 |
| 1394 | emphasis [émfəsis] | stress, accent | n. 강조 |
| 1395 | benefit [bénəfit] | n. advantage, profit v. help, aid, assist | n. 이익; 원도, 도움 v. ~의 이익이 되다. |
| 1396 | poverty [pávərti] | destitution, poorness | n. 빈곤 |
| 1397 | deprive [dipráiv] | rob, strip | v. 빼앗다 |
| 1398 | withstand** [wiðstǽnd] | resist, endure | v. 저항하다, 견디다 |
| 1399 | fit [fit] | adjust, customize, modify, shape | v. 적응시키다, 맞추다 a. 건강한; 적합한 |
| 1400 | convince* [kənvíns] | persuade, assure, induce | v. 설득하다, ~에게 납득시키다 |

# Day 3

| No. | Word | Synonyms | Korean |
|---|---|---|---|
| 1401 | corrupt [kərʌ́pt] | a. rotten, spoiled; v. bribe, deprave | a. 타락한, 부정한; v. 매수하다, 타락시키다 |
| 1402 | esteem* [istíːm] | v. respect, prize, value, admire; n. deference, appreciation, worship | v. 존경하다; n. 존중 |
| 1403 | purchase** [pə́ːrtʃəs] | v. buy, procure; n. acquisition, bargain | v. 사다, 구입하다; n. 구입 |
| 1404 | scent** [sent] | n. fragrance, perfume, odor; v. smell, sniff | n. 냄새, 향기; v. 냄새맡다 |
| 1405 | nationality [næ̀ʃənǽləti] | citizenship | n. 국적, 국민성 |
| 1406 | wit [wit] | humor | n. 재치, 위트 |
| 1407 | brilliant [bríljənt] | bright, shiny; clever, intelligent | a. 반짝거리는, 빛을 발하는; 똑똑한, 신동의 |
| 1408 | undertake** [ʌ̀ndərtéik] | assume, attempt, engage in | v. 맡다, 떠맡다 |
| 1409 | garbage [gáːrbidʒ] | rubbish, trash, refuse, litter, waste, junk | n. 쓰레기, 찌꺼기 |
| 1410 | global* [glóubəl] | worldwide | a. 세계적인, 포괄적인 |
| 1411 | prospect* [práspekt] | n. possibility, chance, outlook, anticipation, expectation; v. explore | n. 전망, 예상; v. 답사하다 |
| 1412 | drink [driŋk] | n. beverage; v. swallow | n. 음료; v. 마시다 |
| 1413 | retain* [ritéin] | keep, maintain, preserve, reserve | v. 보유하다, 유지하다 |
| 1414 | move** [muːv] | v. touch, affect; pass, transfer, shift, relocate, remove; n. action, step | v. 감동시키다; 이동하다; n. 동작, 운동 |
| 1415 | visible [vízəbəl] | apparent, manifest, obvious, evident | a. 눈에 보이는, 명백한 |
| 1416 | structure** [strʌ́ktʃər] | n. system, frame, organization; building; v. arrange, organize, build up | n. 구조, 구성; 구조물; v. 조직화하다 |
| 1417 | fright [frait] | dismay, terror, panic | n. 심한 공포, 경악 |
| 1418 | long [lɔːŋ/lɔŋ] | a. extended, elongated, extensive; prolonged; v. desire, crave, yearn | a. 긴; 장기적인; v. 동경하다; ad. 오랫동안 |
| 1419 | ready [rédi] | organized, prepared, arranged, set, receptive, available | a. 준비가 된 |
| 1420 | venture* [véntʃər] | n. dare, hazard, danger, jeopardy, peril; v. dare | n. 모험, 위험; v. 과감히 ~하다 |
| 1421 | meditate** [médətèit] | think deeply, ponder, contemplate, reflect | v. 명상하다, 숙고하다 |
| 1422 | venerable [vénərəbəl] | respectable | a. 존경할만한 |
| 1423 | confront* [kənfrʌ́nt] | face, affront, encounter, meet, challenge | v. 직면하다 |
| 1424 | sage [seidʒ] | n. wise man, master; a. wise, sagacious, prudent | n. 현인, 성인; a. 현명한 |
| 1425 | clumsy [klʌ́mzi] | awkward, unskillful, maladroit | a. 서투른, 어색한 |
| 1426 | textile** [tékstail] | cloth, fabric, fiber | n. 직물, 옷감 |
| 1427 | dense [dens] | thick, heavy, concentrated | a. 농후한, 짙은, 밀집한, 조밀한 |
| 1428 | annual [ǽnjuəl] | yearly | a. 1년의, 연간의 |
| 1429 | expert [ékspərt] | n. specialist, authority, master; a. adept, skillful | n. 전문가, 숙련가; a. 숙련된 |
| 1430 | engaging [ingéidʒiŋ] | attractive, charming | a. 매력있는, 애교있는 |
| 1431 | quantity [kwántəti] | amount | n. 양 |
| 1432 | slim [slim] | slender, thin | a. 호리호리한, 가냘픈; 빈약한 |
| 1433 | cottage [kátidʒ] | hut, cabin | n. 오두막집, 시골집 |
| 1434 | thick [θik] | dense, compact, intense | a. 빽빽한, 두꺼운, 짙은 |
| 1435 | victim [víktim] | sacrifice, casualty | n. 희생(자) |
| 1436 | friction [fríkʃən] | abrasion, grinding; conflict, disagreement | n. 마찰; 갈등, 불화 |
| 1437 | throng [θrɔ(ː)ŋ] | n. crowd, multitude, mob, swarm, mass; v. flock, pack | n. 군중; v. 떼지어 모이다 |
| 1438 | scheme [skiːm] | n. strategy, project; plot, intrigue; v. plot, plan | n. 계획; 음모; v. 계획하다 |
| 1439 | distinguish** [distíŋgwiʃ] | differentiate, discriminate, discern | v. 구별하다, 식별하다 |
| 1440 | reliance** [riláiəns] | dependence | n. 의존 |
| 1441 | speculate [spékjulèit] | conjecture, surmise, wonder | v. 추측하다 |
| 1442 | greed [griːd] | avidity, avarice, covetousness | n. 탐욕, 큰 욕심 |
| 1443 | consider** [kənsídər] | think, believe; contemplate, meditate, reflect, ponder, brood | v. ~라 생각하다; 숙고하다, 고려하다 |
| 1444 | bestow [bistóu] | give, grant, confer, award, endow | v. 주다, 수여하다 |
| 1445 | digestion [daidʒéstʃən] | assimilation, ingestion, absorption | n. 소화 |
| 1446 | circulate [sə́ːrkjulèit] | rotate, cycle; distribute | v. 돌다; 퍼지다 |
| 1447 | candidate [kǽndədèit] | applicant, nominee | n. 지원자, 후보자 |
| 1448 | medieval [mèdíːvəl] | Relating or belonging to the Middle Ages. | a. 중세의 |
| 1449 | substance [sʌ́bstəns] | matter, material, stuff | n. 물질, 물체; 실질, 내용; 요지 |
| 1450 | quaint** [kweint] | bizarre, odd, weird, strange, unusual, extraordinary, uncommon | a. 진기한, 기묘한 |

# USHER VOCABULARY 어셔 토플 기초영단어 (초·중·고등단어)

| # | Word | Synonyms | Meaning |
|---|---|---|---|
| 1451 | **raw*** [rɔː] | unprocessed, crude, rude; inexperienced | a. 날것의, 가공하지 않은; 경험이 없는, 미숙한 |
| 1452 | **revise** [riváiz] | modify, correct, alter, edit, change, amend | v. 교정하다, 수정하다 |
| 1453 | **layer** [léiər] | level, stratum | n. 층, 구조 |
| 1454 | **identity*** [aidéntəti] | identification; character, similitude, uniformity | n. 신분; 개성 |
| 1455 | **leave** [liːv] | depart, escape, flee; give over to | v. 떠나다; (뒤에)남기다 n. 휴가 |
| 1456 | **prosperity** [praspérəti] | accomplishment, success, affluence, riches, wealth | n. 번영 |
| 1457 | **sort*** [sɔːrt] | v. classify, class, assort n. type, kind | v. 분류하다 n. 종류; 성질 |
| 1458 | **depress** [diprés] | discourage; degrade | v. 낙담시키다; 가치를 떨어뜨리다 |
| 1459 | **quote** [kwout] | mention, refer to, relate | v. 인용하다 |
| 1460 | **concise** [kənsáis] | brief, succinct | a. 간결한 |
| 1461 | **taint** [teint] | n. stain, blemish, blot, spot v. spoil, ruin, contaminate, stain | n. 오염 v. 더럽히다 |
| 1462 | **frame** [freim] | n. structure, skeleton | n. 뼈대, 구조, 틀 v. 뼈대를 만들다, 짜맞추다 |
| 1463 | **juvenile*** [dʒúːvənl] | a. young, youthful, immature n. child, youth, adolescent | a. 어린 n. 청소년 |
| 1464 | **strain*** [strein] | v. stretch, tighten n. tension; breed | v. 잡아당기다, 긴장시키다 n. 긴장; 혈통 |
| 1465 | **pattern*** [pǽtərn] | design, figure | n. 도안, 무늬; 패턴 |
| 1466 | **trial** [tráiəl] | affliction, suffering, distress, trouble; attempt, effort; test | n. 시련, 고난; 시도; 시험 |
| 1467 | **gravitation** [grævətéiʃən] | gravity, attraction | n. 중력, 인력 |
| 1468 | **trim** [trim] | cut, shave | v. 다듬다, 손질하다 n. 다듬기 |
| 1469 | **refrain*** [rifréin] | pause, stop, avoid, cease | v. (하고 싶은 것을) 삼가다 |
| 1470 | **typical*** [típikəl] | representative, symbolic, model, exemplary, common, ordinary, usual, normal | a. 대표적인, 전형적인 |
| 1471 | **manner** [mǽnər] | mode, fashion; demeanor, air | n. 방식, 방법; 태도 |
| 1472 | **descend** [disénd] | sink, decline | v. 내려가다, 하강하다 |
| 1473 | **conflict** [kənflíkt] | v. collide, clash, contend, fight, combat n. battle, collision, dispute | v. 다투다, 투쟁하다 n. 충돌, 다툼 |
| 1474 | **adversity** [ædvə́ːrsəti] | catastrophe, disaster, misfortune, affliction | n. 불행, 역경, 재난 |
| 1475 | **career** [kərír] | profession, occupation | n. 경력 |
| 1476 | **serene*** [siríːn] | calm, peaceful, tranquil, undisturbed, placid | a. 조용한, 고요한, 평온한 |
| 1477 | **efficiency** [ifíʃənsi] | efficacy, effectiveness | n. 능률, 효력 |
| 1478 | **detect*** [ditékt] | find, discover, recognize, sense, discern | v. (나쁜 짓을) 발견하다, 간파하다 |
| 1479 | **naughty** [nɔ́ːti] | wicked, bad | a. 버릇없는, 말 안 듣는 |
| 1480 | **entitle** [intáitl] | name, label; empower, qualify | v. ~에 제목을 붙이다; 자격을 주다 |
| 1481 | **gradual** [grǽdʒuəl] | steady, slow, progressive | a. 점진적인 |
| 1482 | **expense** [ikspéns] | cost, charge, payment, expenditure | n. 지출, 소비 |
| 1483 | **shortcoming*** [ʃɔ́ːrtkʌ̀miŋ] | disadvantage, defect, failing | n. 결점 |
| 1484 | **liable** [láiəbl] | responsible, accountable; likely, inclined | a. 책임이 있는; ~하기 쉬운 |
| 1485 | **constant** [kánstənt] | a. stable, invariable, uniform, unchanging | a. 불변의, 끊임없는, 불변하는 n. 불변의 것, 상수 |
| 1486 | **mental** [méntl] | intellectual, spiritual | a. 정신의 |
| 1487 | **picture*** [píktʃər] | represent, portray, depict | v. 묘사하다 |
| 1488 | **vessel** [vésəl] | container, receptacle, holder; boat, ship, yacht | n. 용기, 그릇; 배 |
| 1489 | **after** [ǽftər] | prep. behind ad. next, then, later | ad / prep / con. ~뒤에 |
| 1490 | **luxury** [lʌ́kʃəri] | n. extravagance, opulence, wealth a. sumptuousness, lavish | n. 사치, 낭비 a. 사치의 |
| 1491 | **provide*** [prəváid] | supply, afford, furnish | v. 주다, 공급하다; 규정하다 |
| 1492 | **delicate** [délikət] | dainty, exquisite, fine; subtle; fragile, breakable | a. 섬세한; 미묘한; 깨지기 쉬운 |
| 1493 | **credit** [krédit] | belief, trust, confidence, faith, reliance | n. 신용 |
| 1494 | **tight** [tait] | close, narrow, tense | a. 단단한, 팽팽한 |
| 1495 | **charity** [tʃǽrəti] | mercy, beneficence, benevolence, philanthropy | n. 자비, 자선 |
| 1496 | **demand** [dimǽnd] | n. request, claim, requirement, requisition v. ask, inquire | n. 요구, 수요 v. 요구하다 |
| 1497 | **rude** [ruːd] | impolite, uncivil; coarse | a. 버릇없는; 거친 |
| 1498 | **passion** [pǽʃən] | zeal, ardor, fervor | n. 열정, 격노 |
| 1499 | **monotony** [mənátəni] | sameness, monotone, uniformity | n. 단조로움 |
| 1500 | **resume** v. [rizúːm] n. [rézumei] | v. continue, retrieve, renew n. summarize | v. 다시 시작하다 n. 요약; 이력서 |

## 단어시험 보는 방법

1. 화장실을 먼저 다녀옵니다.
2. 핸드폰을 꺼둡니다.
3. 책상 위에 필기도구를 제외하고 깨끗이 치웁니다.
4. 단어 3회독 MP3파일을 듣고 시작합니다.

## 주의사항

1. 채점속도가 빠르다고 시험 도중 MP3 파일을 끔 추지 마세요
2. 채점시 스펠링 & 품사 & 뜻 중 하나라도 빼트릿 을 경우 틀린 답입니다.

| 틀린개수 | | 본인이름 |
|---|---|---|
| 채점자이름 | | |

| | | | |
|---|---|---|---|
| 1 | 30 | 59 | 88 |
| 2 | 31 | 60 | 89 |
| 3 | 32 | 61 | 90 |
| 4 | 33 | 62 | 91 |
| 5 | 34 | 63 | 92 |
| 6 | 35 | 64 | 93 |
| 7 | 36 | 65 | 94 |
| 8 | 37 | 66 | 95 |
| 9 | 38 | 67 | 96 |
| 10 | 39 | 68 | 97 |
| 11 | 40 | 69 | 98 |
| 12 | 41 | 70 | 99 |
| 13 | 42 | 71 | 100 |
| 14 | 43 | 72 | 101 |
| 15 | 44 | 73 | 102 |
| 16 | 45 | 74 | 103 |
| 17 | 46 | 75 | 104 |
| 18 | 47 | 76 | 105 |
| 19 | 48 | 77 | 106 |
| 20 | 49 | 78 | 107 |
| 21 | 50 | 79 | 108 |
| 22 | 51 | 80 | 109 |
| 23 | 52 | 81 | 110 |
| 24 | 53 | 82 | 111 |
| 25 | 54 | 83 | 112 |
| 26 | 55 | 84 | 113 |
| 27 | 56 | 85 | 114 |
| 28 | 57 | 86 | 115 |
| 29 | 58 | 87 | 116 |

**USHER**
usherin.usher.co.kr

| 117 | 118 | 119 | 120 | 121 | 122 | 123 | 124 | 125 | 126 | 127 | 128 | 129 | 130 | 131 | 132 | 133 | 134 | 135 | 136 | 137 | 138 | 139 | 140 | 141 | 142 | 143 | 144 | 145 | 146 | 147 | 148 |
|---|---|---|---|---|---|---|---|---|---|---|---|---|---|---|---|---|---|---|---|---|---|---|---|---|---|---|---|---|---|---|---|

| 149 | 150 | 151 | 152 | 153 | 154 | 155 | 156 | 157 | 158 | 159 | 160 | 161 | 162 | 163 | 164 | 165 | 166 | 167 | 168 | 169 | 170 | 171 | 172 | 173 | 174 | 175 | 176 | 177 | 178 | 179 | 180 |
|---|---|---|---|---|---|---|---|---|---|---|---|---|---|---|---|---|---|---|---|---|---|---|---|---|---|---|---|---|---|---|---|

| 181 | 182 | 183 | 184 | 185 | 186 | 187 | 188 | 189 | 190 | 191 | 192 | 193 | 194 | 195 | 196 | 197 | 198 | 199 | 200 | 201 | 202 | 203 | 204 | 205 | 206 | 207 | 208 | 209 | 210 | 211 | 212 |
|---|---|---|---|---|---|---|---|---|---|---|---|---|---|---|---|---|---|---|---|---|---|---|---|---|---|---|---|---|---|---|---|

| 213 | 214 | 215 | 216 | 217 | 218 | 219 | 220 | 221 | 222 | 223 | 224 | 225 | 226 | 227 | 228 | 229 | 230 | 231 | 232 | 233 | 234 | 235 | 236 | 237 | 238 | 239 | 240 | 241 | 242 | 243 | 244 |
|---|---|---|---|---|---|---|---|---|---|---|---|---|---|---|---|---|---|---|---|---|---|---|---|---|---|---|---|---|---|---|---|

| 245 | 277 | 309 | 341 |
| --- | --- | --- | --- |
| 246 | 278 | 310 | 342 |
| 247 | 279 | 311 | 343 |
| 248 | 280 | 312 | 344 |
| 249 | 281 | 313 | 345 |
| 250 | 282 | 314 | 346 |
| 251 | 283 | 315 | 347 |
| 252 | 284 | 316 | 348 |
| 253 | 285 | 317 | 349 |
| 254 | 286 | 318 | 350 |
| 255 | 287 | 319 | 351 |
| 256 | 288 | 320 | 352 |
| 257 | 289 | 321 | 353 |
| 258 | 290 | 322 | 354 |
| 259 | 291 | 323 | 355 |
| 260 | 292 | 324 | 356 |
| 261 | 293 | 325 | 357 |
| 262 | 294 | 326 | 358 |
| 263 | 295 | 327 | 359 |
| 264 | 296 | 328 | 360 |
| 265 | 297 | 329 | 361 |
| 266 | 298 | 330 | 362 |
| 267 | 299 | 331 | 363 |
| 268 | 300 | 332 | 364 |
| 269 | 301 | 333 | 365 |
| 270 | 302 | 334 | 366 |
| 271 | 303 | 335 | 367 |
| 272 | 304 | 336 | 368 |
| 273 | 305 | 337 | 369 |
| 274 | 306 | 338 | 370 |
| 275 | 307 | 339 | 371 |
| 276 | 308 | 340 | 372 |

| 373 | 405 | 437 | 469 |
| --- | --- | --- | --- |
| 374 | 406 | 438 | 470 |
| 375 | 407 | 439 | 471 |
| 376 | 408 | 440 | 472 |
| 377 | 409 | 441 | 473 |
| 378 | 410 | 442 | 474 |
| 379 | 411 | 443 | 475 |
| 380 | 412 | 444 | 476 |
| 381 | 413 | 445 | 477 |
| 382 | 414 | 446 | 478 |
| 383 | 415 | 447 | 479 |
| 384 | 416 | 448 | 480 |
| 385 | 417 | 449 | 481 |
| 386 | 418 | 450 | 482 |
| 387 | 419 | 451 | 483 |
| 388 | 420 | 452 | 484 |
| 389 | 421 | 453 | 485 |
| 390 | 422 | 454 | 486 |
| 391 | 423 | 455 | 487 |
| 392 | 424 | 456 | 488 |
| 393 | 425 | 457 | 489 |
| 394 | 426 | 458 | 490 |
| 395 | 427 | 459 | 491 |
| 396 | 428 | 460 | 492 |
| 397 | 429 | 461 | 493 |
| 398 | 430 | 462 | 494 |
| 399 | 431 | 463 | 495 |
| 400 | 432 | 464 | 496 |
| 401 | 433 | 465 | 497 |
| 402 | 434 | 466 | 498 |
| 403 | 435 | 467 | 499 |
| 404 | 436 | 468 | 500 |

# Day 4

USHER VOCABURARY

## 어셔 토플 기초영단어 (초·중·고등단어)

USHER 단어암기 프로그램 별도 판매
usherin.usher.co.kr

## 오늘의 단어 체크 순서 및 주의사항

**USHER VOCABULARY** 어셔 토플 기초영단어 (초·중·고등단어)

### 1. 아는 것과 모르는 것을 구별하는 기준은 "보는 즉시" 아는 것만이 진짜 아는 것이다.

다음 정도로 아는 것은 아는 것이 아닙니다.
- 알 것 같은데?
- 예전에 본건 확실한데?
- 천천히 생각하면 기억날 것 같은데?

### 2. 500개중 몇 개를 모르는지 확인하는 것을 시작점으로 시간을 계산해 봅니다.

(보통 단어 하나 외우는데 걸리는 시간은 5분 정도로 잡아도 쉬운 일이 아닙니다.)
내가 모르는 단어 80개/500X5분 = 400분 = 거의 9시간 이상 분량
**(50분 암기+ 10분 휴식기준+\*시험 시간 500개 시험에 근 2시간)도 시간계산에 넣어야 합니다.**

### 3. 이를 기준으로 객관적인 본인의 하루 목표를 잡아야 합니다.

무조건 500개 목표하는 것 자체가 목표가 되어선 안됩니다.

### 4. 5분 동안 외운다고 목표 잡았을 때 5분 내내 한 단어만 외우는 "어리석은" 짓을 하면 안됩니다.

단어암기는 반복적으로 봐야 합니다. 최소 5번 정도 본다고 생각해야 합니다.
- 처음 외울 때 고민 2~3분 *5번 참조
- 두 번째 볼 때 1~2분 (처음에 안 된 단어를 잘 외워지도록 하는 고민 포함)
- 세 번째-다섯 번째 1~2분 (하루 분량 전체를 눈으로만 빠르게 반복 확인)

### 5. 고민단계를 꼭 확인해야 합니다

모르는 단계는 무조건 외우려 들지 말고 잘라보거나 발음해보는 등의 방법 (7페이지 안내문 참조) 등을 최대한 고민해서 **내가 외우기 쉽게 만들어 줄 힌트들을 단어 옆에 적어 두어야 합니다.**

### 6. 공부 환경 조성

- 핸드폰 꺼두기
- 책상 위 깨끗이 치우기
- 끝내야 할 개수와 끝내기로 한 시간 다시 한번 체크하고 긴장하기

### 7. 단어를 다 외우고 시험을 반드시 봐야 합니다.

시험은 인간의 게으름과 실수를 잡는 인류 최고의 발명품 입니다.

### 8. 시험보고 버리는 게 아니라, 시험보고 틀린 단어 는 다시 한번 점검하고 오늘의 단어에 다시 한번 표시 해 두시기 바랍니다.

오늘은 못 외웠지만, 이렇게 한번 더 봐야 다음에 긴장하고 보고, 가끔씩은 그 사이 외워지기도 합니다. ^.^

---

**오늘의 단어** ── 모르는 단어 개수 : _____ 개 / 나의 오늘 목표는 _____ 번부터 _____ 번까지 !!!

1회독 : _____ / 500개    1회독 : _____ / 500개    1회독 : _____ / 500개    1회독 : _____ / 500개

_____ / 500개X5분=_____분 (약 _____ 시간 필요) *휴식시간 및 시험시간(500개당 2시간 입니다)을 꼭 넣어야 합니다.

# Day 4

|  |  |  |  |
|---|---|---|---|
| 1501 | require* [rikwáiər] | demand, call for | v. 요구하다 |
| 1502 | navigation [nǽvəgéiʃən] | aviation, sailing, shipping | n. 항해(술), 항공(술) |
| 1503 | doom [du:m] | fate; destruction, ruin, catastrophe | n. 운명; 파멸 |
| 1504 | applause [əplɔ́:z] | acclamation, acclaim | n. 박수갈채, 칭찬 |
| 1505 | audience [ɔ́:diəns] | crowd, spectator | n. 청중 |
| 1506 | face [feis] | n. countenance, front v. confront, meet, encounter | n. 얼굴, 외관 v. 직면하다, 향하다 |
| 1507 | relief [rilí:f] | alleviation, ease, comfort, solace; aid, support | n. 경감, 안심; 구제 원조 |
| 1508 | benefactor [bénəfæktər] | patron, donor | n. 은인, 후원자 |
| 1509 | pain [pein] | suffering, distress, torture, torment, ache | n. 고통, 아픔 |
| 1510 | perform** [pərfɔ́:rm] | carry out, execute, accomplish, fulfill, achieve; play | v. 수행하다, 실행하다; 공연하다 |
| 1511 | dwell [dwell] | abide, reside, live, inhabit | v. 살다, 거주하다 |
| 1512 | access [ǽkses] | n. approach, admission, passage v. approach | n. 접근, 통로 v. 다가가다 |
| 1513 | promote** [prəmóut] | advance, further, encourage, provoke, motivate, stimulate | v. 장려하다, 촉진하다; 진급시키다 |
| 1514 | vice* [vais] | wickedness, evil, corruption; proxy | n. 악, 악덕행위; 대리 |
| 1515 | trace** [treis] | n. vestige, mark, track, footprint, trail v. follow, search for | n. 자취, 발자국, 흔적 v. 추적하다, 찾다 |
| 1516 | restrain [ri:stréin] | repress, curb, suppress, restrict | v. 억제하다, 제지하다 |
| 1517 | greet [gri:t] | welcome | v. 인사하다, 환영하다 |
| 1518 | air [ɛər] | atmosphere; feeling; manner | n. 공기; 분위기; 태도 |
| 1519 | mature [mətjúər] | ripe, grown, fully-grown | a. 성숙한, 익은 |
| 1520 | innocent [ínəsənt] | sinless, blameless, guiltless, pure | a. 결백한, 순진한 |
| 1521 | concerning [kənsə́:rniŋ] | about, regarding | prep. ~에 관하여 |
| 1522 | hardy [há:rdi] | vigorous, sturdy, robust, stout | a. 단련된, 튼튼한 |
| 1523 | constructive [kənstrʌ́ktiv] | - | a. 건설적인 |
| 1524 | compose [kəmpóuz] | make up, comprise, constitute; create, write | v. 구성하다; 작문(작곡) 하다 |
| 1525 | negotiate [nigóuʃièit] | treat, bargain | v. 협상하다 |
| 1526 | persuade [pərswéid] | induce, entice, convince | v. 설득하다 |
| 1527 | pace* [peis] | speed, bat, velocity, rate | n. 속도 |
| 1528 | proceed [prousí:d] | advance, progress, continue | v. 나아가다, 진행하다 |
| 1529 | slight* [slait] | small, minor, trivial, insignificant; slim | a. 하찮은, 사소한; 빈약한 |
| 1530 | liberal [líbərəl] | loose, progressive, free | a. 자유로운, 진보적인 |
| 1531 | individual [ìndəvídʒuəl] | n. being a. personal, particular, distinctive | n. 개인 a. 개인의 |
| 1532 | implement* [ímpləmənt] | n. tool, appliance, device, instrument v. carry out, perform, practice | n. 도구, 용구, 기구 v. 이행하다 |
| 1533 | conceal** [kənsí:l] | hide, cover, obscure | v. 숨기다 |
| 1534 | die [dai] | decease, perish, pass away, vanish | v. 죽다, 없어지다 |
| 1535 | repent [ripént] | regret, be sorry | v. 후회하다, 뉘우치다 |
| 1536 | even** [í:vən] | a. flat, level, horizontal, plane; unchanging, constant ad. still, yet, despite | a. 평평한, 같은 높이의; 한결 같은 ad. ~조차, ~라도 |
| 1537 | enforce [enfɔ́:rs] | compel | v. 실시하다, 강제하다 |
| 1538 | fluid [flú:id] | n. liquid a. flowing, molten, runny | n. 액체 a. 유동성의 |
| 1539 | yield** [ji:ld] | v. produce, generate, cause; cede, surrender, submit n. production | v. 산출하다, 낳다; 양보하다, 굴복하다 n. 산출(량), 수확 |
| 1540 | legal [lí:gəl] | lawful, legitimate, juridical, rightful | a. 법률(상)의, 합법적인 |
| 1541 | curiosity [kjùəriásəti] | inquisitiveness, interest | n. 호기심 |
| 1542 | organization [ɔ́:rgənəzéiʃən] | group, association; structure, arrangement | n. 조직, 단체; 구조 |
| 1543 | menace [ménəs] | n. danger, hazard v. threaten, intimidate | n. 협박, 위협 v. 위협하다 |
| 1544 | reluctant** [rilʌ́ktənt] | unwilling, disinclined, loath, hesitant | a. 마음이 내키지 않는, 꺼리는 |
| 1545 | fame* [feim] | renown, reputation, eminence, celebrity | n. 명성, 명예 |
| 1546 | punctual [pʌ́ŋktʃuəl] | precise, exact, accurate | a. 시간을 지키는 |
| 1547 | athletic [æθlétik] | fit, strong, powerful | a. 운동경기의; 튼튼한 |
| 1548 | utmost [ʌ́tmòust] | a. greatest, furthest, extreme n. maximum, extreme | a. 최대(최고)의 n. 최대한도 |
| 1549 | diameter [daiǽmətər] | breadth | n. 직경, 지름 |
| 1550 | classify** [klǽsəfai] | categorize, arrange, assort | v. 분류하다 |

# USHER VOCABULARY 어셔 토플 기초영단어 (초·중·고등단어)

|  |  |  |  |
|---|---|---|---|
| 1551 | endure* [indjúər] | suffer, tolerate, sustain, bear, stand, withstand | v. 견디다, 참다 |
| 1552 | official [əfíʃl] | n. officer, functionary, clerk, servant; a. formal, authorized | n. 공무원; a. 공식의, 공무상의 |
| 1553 | random*** [rǽndəm] | without planning, unpredictable, by chance, accidental, casual | a. 임의의, 무작위의, 되는대로, 우연히 |
| 1554 | ball [bɔːl] | globe, sphere | n. 공 |
| 1555 | satisfaction [sæ̀tɪsfǽkʃn] | gratification, contentment, content, pleasure | n. 만족 |
| 1556 | civil [sívl] | polite, courteous, civilized | a. 일반 시민의; 예의바른 |
| 1557 | intricate** [íntrɪkət] | complex, complicated, elaborate | a. 얽힌, 복잡한 |
| 1558 | accumulate** [əkjúːmjəlèɪt] | collect, compile, build up, pile up | v. 모으다, 쌓다, 축적하다 |
| 1559 | well-being [wél bíːɪŋ] | welfare | n. 복지, 행복 |
| 1560 | barely* [bérli] | scarcely, hardly | ad. 거의 ~않다; 간신히 |
| 1561 | outcome [áʊtkʌm] | result, consequence, end, conclusion | n. 결과, 성과 |
| 1562 | fatigue [fətíːg] | weariness, tiredness, exhaustion | n. 피로 |
| 1563 | radical** [rǽdɪkl] | extreme, drastic, revolutionary; fundamental, basic | a. 급진적인, 과격한(*빠르다 아님); 근본적인, 기본적인 |
| 1564 | strike** [straɪk] | v. hit, bombard, assault, beat; collide with; n. walkout, picket | v. 치다; 부딪히다; 파업하다; n. 파업; 타격 |
| 1565 | stop [stɑːp] | interrupt, arrest, halt, cease | v. 가로막다, 중단하다; n. 멈춤, 중단 |
| 1566 | harm [hɑːrm] | n. damage, detriment, hurt, injury; v. hurt, injure, impair | n. 손해, 해; v. 해를 끼치다 |
| 1567 | establish** [ɪstǽblɪʃ] | organize, constitute, set up, found | v. 설립하다, 확립하다 |
| 1568 | decade [dɪkéɪd] | a period of ten years | n. 10년 |
| 1569 | genius [dʒíːniəs] | prodigy, gifted child | n. 천재 |
| 1570 | extract** [ékstrækt] | v. derive, draw, remove; n. essence, concentrate | v. 뽑다, 빼내다, 추출하다; n. 추출물 |
| 1571 | routine* [ruːtíːn] | n. pattern, order; a. ordinary, normal, habitual, regular | n. 일상적인 일; a. 일상의, 판에 박힌 |
| 1572 | presently* [prézntli] | immediately, directly, soon, shortly; currently, now | ad. 곧, 이윽고; 현재, 최근 |
| 1573 | reinforce [rìːɪnfɔ́ːrs] | strengthen, fortify, intensify, support, supplement | v. 강화하다, 보강하다 |
| 1574 | pastime** [pǽstaɪm] | hobby, entertainment, diversion, recreation | n. 취미, 기분전환 |
| 1575 | separate [séprət] | v. divide, sever, segregate, split; a. detached, apart | v. 나누다, 구별하다; a. 갈라진 |
| 1576 | propaganda [prɑ̀ːpəgǽndə] | publicity | n. 선전 |
| 1577 | abandon* [əbǽndən] | give up, desert, relinquish, forsake, quit, drop | v. 버리다 |
| 1578 | engagement [ɪngéɪdʒmənt] | appointment, arrangement; battle, fight | n. 약속, 약혼; 교전 |
| 1579 | over [óʊvər] | prep / ad. above | prep. ~이상, 위에; ad. ~쪽에, ~위를 덮어 |
| 1580 | property** [prɑ́ːpərti] | character, characteristic, attribute, trait, nature; estate, possession | n. 특징, 특성; 재산, 자산 |
| 1581 | imprison [ɪmprízən] | jail, incarcerate | a. 교도소에 넣다, 투옥하다 |
| 1582 | drastic* [drǽstɪk] | extreme, radical, rash | a. 과감한, 극단적인; 급격한 |
| 1583 | communicate [kəmjúːməkèɪt] | transmit, convey; speak, contact | v. 전달하다; 의사소통하다 |
| 1584 | timely [táɪmli] | right, properly, seasonably | a. 때 맞춘, 적시의 |
| 1585 | vow* [vaʊ] | n/ v. pledge, promise | n/v. 맹세, 서약; 맹세하다 |
| 1586 | rapture [rǽptʃər] | joy, delight | n. 황홀, 환희 |
| 1587 | heathen [híːðən] | pagan, gentile | n. 이방인, 이교도 |
| 1588 | explanation [èksplənéɪʃən] | elucidation, explication, description | n. 설명 |
| 1589 | informal [ɪnfɔ́ːrməl] | unofficial, casual | a. 비공식의 |
| 1590 | cancel [kǽnsəl] | annul, revoke, call off, abolish; eliminate, erase, obliterate, delete | v. 취소하다, 중지하다; 지우다 |
| 1591 | globe [gloʊb] | earth | n. 지구 |
| 1592 | allot [əlɑ́t, əlɔ́t] | divide, distribute, assign, allocate | v. 할당하다, 분배하다 |
| 1593 | food [fuːd] | provisions, nourishment | n. 식량, 양식 |
| 1594 | wicked [wíkɪd] | evil, immoral, corrupt, vicious | a. 사악한, 나쁜, 흑심한 |
| 1595 | justify* [dʒʌ́stəfàɪ] | confirm, verify, testify, warrant, attest | v. 정당화하다, 정당함을 증명하다 |
| 1596 | obvious** [ɑ́biəs] | apparent, clear, plain, manifest, evident, distinct | a. 명백한, 분명한 |
| 1597 | basic* [béɪsɪk] | a. essential, fundamental, primitive; n. basis | a. 기본의, 기초의; (화학) 염기성의; n. 기초, 기본, 원리 |
| 1598 | institution [ìnstətjúːʃən] | establishment, institute, foundation | n. 제도, 협회 |
| 1599 | exceed** [ɪksíːd] | go beyond, surpass, have a greater number than, excel, outstrip, transcend | v. 넘다, 초과하다 |
| 1600 | accomplish** [əkɑ́mplɪʃ] | achieve, work out, execute, fulfill, complete | v. 이루다, 완성하다 |

# Day 4

|  |  |  |  |
|---|---|---|---|
| 1601 | predecessor [prédisèsər] | precursor, ancestor, forerunner | n. 전임자, 선배, 선조 |
| 1602 | remedy** [rémədi] | n. cure, treatment; v. alleviate, mitigate, amend | n. 치료, 요법; v. 고치다, 치료하다 |
| 1603 | protest [prətést] | v. demonstrate, complain, object, assert, insist, maintain; n. demonstration | v. 항의하다; 단언하다, 주장하다; n. 항의, 시위 |
| 1604 | temporary* [témpərèri] | for a limited time, transient, fleeting, ephemeral | a. 일시적인, 임시의 |
| 1605 | sensitive* [sénstiv] | susceptible, sensible | a. 민감한 |
| 1606 | aggressive* [əgrésiv] | forceful, offensive, hostile; vigorous, bold | a. 공격적인; 적극적인 |
| 1607 | convention [kənvénʃən] | conference, assembly, meeting | n. 회의, 인습 |
| 1608 | amaze [əméiz] | astound, surprise, astonish | v. 몹시 놀라게 하다 |
| 1609 | earn [ə:rn] | acquire, attain, win, gain, obtain, procure | v. 벌다, 획득하다, 얻다 |
| 1610 | copy [kápi] | n. duplicate, replica; v. duplicate, imitate | n. 복사, 복제; v. 복사하다 |
| 1611 | wholesome [hóulsəm] | healthful, healthy | a. 건강에 좋은 |
| 1612 | relish [réliʃ] | n. enjoyment, liking; gusto, taste, flavor; v. enjoy, like | n. (큰) 즐거움 기쁨; 소스, 조미료, 양념; v. (어떤 것을 대단히) 좋아하다, 즐기다 |
| 1613 | military [mílitəri] | a. martial; n. army, troops | a. 군대의, 육군의; n. 군대 |
| 1614 | seclude [siklú:d] | stay away from, isolate, separate | v. 분리하다, 격리하다 |
| 1615 | forbear [fɔːrbéər] | refrain, abstain | v. 참고 견디다, 삼가다 |
| 1616 | immense* [iméns] | enormous, huge, vast, gigantic, large, great | a. 거대한, 매우 큰 |
| 1617 | reconcile [rékənsàil] | conciliate, settle, resolve, appease | v. 화해시키다 |
| 1618 | advantage* [ədvǽntidʒ] | benefit, profit, gain | n. 장점, 이점; 유리, 이익 |
| 1619 | extravagant [ikstrǽvəgənt] | wasteful; excessive | a. 낭비벽이 있는; 터무니 없는, 지나친 |
| 1620 | crude* [kru:d] | rough, raw, unrefined, tough | a. 가공하지 않은, 투박한 |
| 1621 | logic [ládʒik] | reason | n. 논리 |
| 1622 | vile** [vail] | wicked, evil | a. 사악한 |
| 1623 | soul [soul] | spirit | n. 영혼, 사람 |
| 1624 | partial** [páːrʃəl] | incomplete, fractional, part; biased, prejudiced, unfair | a. 일부분의, 부분적인; 불공평한 |
| 1625 | pride [praid] | conceit, self-esteem, vanity, arrogance | n. 자랑, 자만심 |
| 1626 | skeptical [sképtikəl] | doubtful, dubious, unsure, distrustful, suspicious, uncertain | a. 의심 많은, 회의적인 |
| 1627 | guilty [gílti] | a. criminal, culpable, blameworthy | a. 죄를 범한, 유죄의; n. 죄책감, 죄악감 |
| 1628 | incessant* [insésənt] | constant, continuous, unceasing, ceaseless, endless | a. 끊임없는, 쉴새 없는 |
| 1629 | indicate* [índikèit] | suggest, imply, signal, express | v. 보여주다, 나타내다 |
| 1630 | ingenious* [indʒíːniəs] | inventive, creative, original, innovative; clever | a. 영리한, 독창적인 |
| 1631 | full* [ful] | complete, whole, perfect; filled | a. 완전한; 가득 찬 |
| 1632 | biography [baiá:grəfi] | one's life story | n. 전기, 일대기 |
| 1633 | complex* [káːmpleks] | elaborate, complicated | a. 정교한, 복잡한, 어려운; n. 복합건물 |
| 1634 | ample* [ǽmpl] | plentiful, abundant, sufficient; sizable, large, spacious, vast | a. 충분한; 넓은 |
| 1635 | unprecedented [ʌnprésidəntid] | unparalleled, unrivaled | a. 선례가 없는 |
| 1636 | commodity** [kəmáːdəti] | goods, product, merchandise, ware | n. 상품, 산물 |
| 1637 | salute [səlú:t] | n. greeting, salutation; v. greet, welcome | n. 인사, 경례; v. 인사하다, 경례하다 |
| 1638 | positive* [páːzətiv] | certain, sure, affirmative | a. 긍정적인; 확고한, 명백한 |
| 1639 | status** [stéitəs] | standing, position, rank, prestige; condition | n. 지위, 신분; 현재 상황 |
| 1640 | merit* [mérit] | n. value, worth, advantage, excellence; v. deserve, be entitled | n. 장점, 우수함; v. ~할 만하다 |
| 1641 | accommodate** [əkáːmədeit] | lodge, make room for; adjust to, adapt, suit, fit, conform to | v. 공급하다; 수용하다; 적응시키다, 조절하다 |
| 1642 | domain** [douméin] | region, area, territory, field, sphere, realm | n. 영토, 분야 |
| 1643 | postpone [pouspóun] | defer, delay, adjourn | v. 연기하다, 미루다 |
| 1644 | victory [víktəri] | triumph, conquest | n. 승리 |
| 1645 | scatter** [skǽtər] | disperse, widely spread, dissipate, sprinkle, diffuse | v. 흩뿌리다 |
| 1646 | warfare [wɔ́ːrfer] | battle, fight, combat | n. 전쟁 |
| 1647 | found* [faund] | create, set up, establish | v. 창설하다, 설립하다 |
| 1648 | despair [dispɛ́ər] | n. discouragement, depression; v. lose hope, give up | n. 절망, 자포자기; v. 절망하다, 체념하다 |
| 1649 | exhibit** [igzíbit] | display, set forth, show, present, demonstrate | v. 진열하다, 내보이다 |
| 1650 | haste [heist] | hurry, rush, hastiness, precipitation | n. 서두름 |

# USHER VOCABULARY 어셔 토플 기초영단어 (초·중·고등단어)

|  |  |  |  |
|---|---|---|---|
| 1651 | enthusiasm* [inθú:ziæzm] | eagerness, zeal, passion | n. 의욕, 열의, 열광, 열심 |
| 1652 | persist** [pərsíst] | continue, endure, last | v. 지속하다; 고집하다, 주장하다 |
| 1653 | stately [stéitli] | imposing, grand, majestic, magnificent | a. 당당한, 품위있는 |
| 1654 | atmosphere* [ǽtməsfìər] | air, ambiance | n. 공기, 분위기 |
| 1655 | afford* [əfɔ́:rd] | provide, give, grant, render; be able to | v. 주다; 여유가 되다 |
| 1656 | uphold [ʌphóuld] | support | v. 지지하다, 떠받다 |
| 1657 | allude [əlú:d] | imply | v. 언급하다, 암시하다, 비추다 |
| 1658 | plain* [plein] | clear, distinct, obvious, unambiguous; unadorned, simple | a. 솔직한, 분명한; 꾸밈없는, 간소한 n. 평원, 평지 |
| 1659 | sermon [sɔ́:rmən] | lecture, preaching, preachment | n. 설교 |
| 1660 | article** [á:rtikl] | item, object, thing; review, commentary; stipulation | n. (개개의) 물품; 기사, 논설; 조항(법) |
| 1661 | diverse* [daivə́:rs] | varied, various, manifold, different | a. 다양한 |
| 1662 | run [rʌn] | v. escape, go; operate; flow | v. 달리다; 경영하다; (물) 흐르다 |
| 1663 | capacity [kəpǽsəti] | volume, dimensions, magnitude; ability | n. 용적, 수용력; 능력, 재능 |
| 1664 | actual [ǽktʃuəl] | tangible, genuine, real | a. 현실의, 실재의 |
| 1665 | conform [kənfɔ́:rm] | comply, follow, agree, assent | v. 순응하다, 따르다 |
| 1666 | stiff [stif] | rigid, solid | a. 굳은, 뻣뻣한; 어려운 |
| 1667 | astronomy [əstránəmi] | study of the stars, planets and other natural objects in space | n. 천문학 |
| 1668 | decorate [dékərèit] | adorn, ornament, embellish, garnish | v. 장식하다 |
| 1669 | renounce [rináuns] | relinquish, repudiate, disclaim, waive, abdicate | v. 버리다, 부인하다 |
| 1670 | tall [tɔ:l] | high, elevated, towering, lofty | a. 키가 큰, 높이가 ~인 |
| 1671 | symptom [símptəm] | signal, sign, indication, evidence | n. 징조, 징후 |
| 1672 | exertion [igzɔ́:rʃən] | effort, endeavor | n. 노력 |
| 1673 | subside [səbsáid] | abate, die down | v. 진정되다 |
| 1674 | ruthless [rú:θlis] | pitiless, cruel, harsh, severe, unrelenting | a. 무자비한, 무정한 |
| 1675 | reduce** [ridjú:s] | diminish, decrease, curtail, abate | v. 줄이다, 감소시키다 |
| 1676 | detail [dí:teil] | fine point | n. 상세 |
| 1677 | bait [beit] | n / v. lure, decoy | n. 미끼, 유혹 v. 미끼로 꾀다 |
| 1678 | steep [sti:p] | abrupt, sudden, sharp | a. 가파른 n. 절벽 |
| 1679 | prime [praim] | n. top, peak a. principal, primary | n. 전성(기); 소수(수학) a. 주요한 |
| 1680 | ignorance [ígnərəns] | stupidity, foolishness | n. 무지 |
| 1681 | intrude [intrú:d] | trespass, encroach, violate, invade; interrupt | v. 침입하다, 방해하다 |
| 1682 | aristocracy [æ̀rəstákrəsi] | nobility | n. 귀족 |
| 1683 | steer [stiər] | drive, control, maneuver; direct, guide, navigate | v. 조종하다; 나아가다 |
| 1684 | vision [víʒən] | sight, perception; foresight | n. 시력, 선견지명 |
| 1685 | abstract* [ǽbstrækt] | a. abstruse n. theoretical, notional v. extract, draw | a. 추상적인, 난해한 n. 개요 v. 발췌하다; 요약하다 |
| 1686 | motive [móutiv] | motivation, inducement, incentive, stimulus | n. 동기, 목적 |
| 1687 | preserve** [prizə́:rv] | protect, save; maintain, conserve, keep | v. 보존하다, 보호하다; 지속하다, 유지하다 n. 금렵지, 보호지 |
| 1688 | induce* [indjú:s] | cause, instigate; persuade, instigate, urge, coax | v. 야기하다, 유발하다; 꼬시다, 설득하다 |
| 1689 | commerce [kámə:rs] | trade, business | n. 교역, 상업 |
| 1690 | oracle [ɔ́:rəkl] | prophecy | n. 신탁(神託), 신의 응답 |
| 1691 | seek [si:k] | look for, search for, pursue; try out, strive, attempt | v. 찾다, 추구하다; 노력하다 |
| 1692 | spare* [spɛər] | a. additional, extra, surplus v. save, economize | a. 부가적인, 추가의 v. (시간, 돈)등을 내주다; 절약하다 |
| 1693 | ordinary** [ɔ́:rdənèri] | mundane, routine, common, usual, normal, standard, typical | a. 보통의, 일상적인 |
| 1694 | mortal [mɔ́:rtl] | fatal, lethal, deadly | a. 죽을 수 밖에 없는 운명의; 치명적인 |
| 1695 | outlook [áutluk] | view, prospect, vista; perspective, sight | n. 전망, 견해 |
| 1696 | demonstrate [démənstrèit] | display, show; describe, illustrate, explain | v. 증명하다, (모형으로) 설명하다 |
| 1697 | destitute [déstətjùt] | poor, devoid of, depleted | a. 빈곤한 |
| 1698 | spectacle [spektəkl] | impressive scene | n. (인상적인) 광경 |
| 1699 | endow [indáu] | confer, bestow, give; donate | v. ~에게 주다; 기부하다 |
| 1700 | antipathy [æntípəθi] | dislike, disgust, hatred, aversion | n. 반감, 혐오 |

| No. | Word | Synonyms | Korean |
|---|---|---|---|
| 1701 | behalf [bihǽf] | interest, sake | n. 위험, 이익 |
| 1702 | multitude [mʌ́ltitjùːd] | crowd, throng, mass, swarm | n. 다수, 군중 |
| 1703 | approach** [əpróutʃ] | n. method, way<br>v. move toward, reach | n. 접근, 해결 방법<br>v. 접근하다 |
| 1704 | apply [əplái] | use, employ, utilize, practice | v. 적용하다, 쓰다 |
| 1705 | tidy [táidi] | neat, clean, orderly, trim | a. 단정한 |
| 1706 | scrutiny* [skrúːtəni] | examination, investigation, inspection, dissection | n. 정밀조사 |
| 1707 | providence [prάvədəns] | fate | n. 섭리, 신의 뜻, 신 |
| 1708 | cease* [siːs] | stop, halt, terminate | v. 멈추다, 그만두다 |
| 1709 | restrict** [ristríkt] | limit, confine, restrain, curb | v. 제한하다, 한정하다 |
| 1710 | will [wil] | n. want, wish, desire<br>v. shall, would | n. 의지, 유언장<br>auxil. v. ~할 것이다 |
| 1711 | attempt** [ətémpt] | v. try, seek<br>n. trial, effort | v. 시도하다<br>n. 시도 |
| 1712 | administer** [ədmínistər] | manage, supervise; conduct, execute | v. 관리하다; 실시하다 |
| 1713 | predict [pridíkt] | foretell, prophesy, foresee, forecast | v. 예견하다 |
| 1714 | shabby [ʃǽbi] | ragged, poor, worn | a. 허름한, 초라한 |
| 1715 | surpass** [sərpǽs] | exceed, outrun, excel, go beyond | v. 능가하다, ~보다 낫다 |
| 1716 | infect [infékt] | contaminate, pollute | v. 전염시키다 |
| 1717 | poison [pɔ́izən] | n. venom, toxin<br>v. kill with poison | n. 독<br>v. 독살하다 |
| 1718 | disguise* [disgáiz] | v. conceal, hide, camouflage<br>n. deception, dissimulation, pretence | v. 변장하다<br>n. 변장, 가장 |
| 1719 | laboratory [lǽbərətɔ̀ːri] | room or building equipped for scientific experimentation or research. | n. 실험실, 연구소 |
| 1720 | fortitude [fɔ́ːrtətjùːd] | patience, perseverance, endurance; courage | n. 인내; 용기 |
| 1721 | great** [greit] | magnificent, outstanding, immense, enormous, huge | a. 큰, 중대한, 위대한 |
| 1722 | publish* [pʌ́bliʃ] | declare, announce, proclaim; issue | v. 발표하다; 출판하다 |
| 1723 | crime [kraim] | offense, sin, felony | n. 죄, 범죄 |
| 1724 | nightmare [náitmɛ̀ər] | bad dream | n. 악몽 |
| 1725 | deliver [dilívər] | bring, carry, transport | v. 배달하다; ~을 말하다, 전달하다 |
| 1726 | faint** [feint] | a. indistinct, dim, blurry; feeble<br>v. pass out | a. 희미한; 나약한<br>v. 기절하다 |
| 1727 | suppress [səprés] | repress, restrain, subdue | v. 억압하다 |
| 1728 | material* [mətíəriəl] | a. physical, bodily, tangible<br>n. matter, ingredient, component; data | a. 물질의, 구체적인;<br>n. 재료, 요소; 자료 |
| 1729 | invert [invə́ːrt] | reverse, overturn, turn, upset | v. ~을 거꾸로 하다, 뒤집다 |
| 1730 | command [kəmǽnd] | order, bid, instruct, direct | n. 명령<br>v. 명령하다, 지시하다 |
| 1731 | boss [bɔ(ː)s] | chief, master, head, manager | n. 우두머리, 사장 |
| 1732 | broke [brouk] | penniless, moneyless, bankrupt, poor | a. 한푼 없는, 빈털터리의, 파산한 |
| 1733 | majesty [mǽdʒisti] | grandeur, splendor, greatness, mightiness | n. 존엄, 폐하 |
| 1734 | tedious* [tíːdiəs] | tiresome, irksome, wearisome, monotonous | a. 지루한, 싫증나는 |
| 1735 | testimony [téstimouni] | evidence, attestation, witness, proof | n. 증거, 증명 |
| 1736 | resort [rizɔ́ːrt] | n. retreat<br>v. rely | n. 휴양지; 수단<br>v. 의지, 의존하다<br>(대안이 없어서 하는) |
| 1737 | rumor [rúːmər] | gossip, hearsay, talk, whisper | n. 소문 |
| 1738 | occasion [əkéiʒən] | time, case; event, affair | n. 경우; 사건, 특별한 일 |
| 1739 | contribute [kəntríbjuːt] | donate, provide | v. 공헌하다 |
| 1740 | conservative [kənsə́ːrvətiv] | conventional, traditional | a. 보수적인 |
| 1741 | mechanism** [mékənìzəm] | device, instrument, tool; system, structure | n. 도구; 구조 |
| 1742 | progress** [prάgres] | n. advance, advancement, progression<br>v. improve, develop | n. 전진, 진보<br>v. 전진하다, 진보하다 |
| 1743 | approve [əprúːv] | accept, endorse, permit | v. 찬성하다, 승인하다 |
| 1744 | scale** [skeil] | v. climb, mount, ascend<br>n. extent, degree; flake | v. 오르다; 저울에 달다<br>n. 규모; 비늘 |
| 1745 | resemble* [rizémbəl] | be similar to, be like, take after | v. 닮다 |
| 1746 | enterprise* [éntərpràiz] | undertaking, business | n. (모험적인) 사업 |
| 1747 | elegance [éligəns] | grace, daintiness, refinement | n. 우아함 |
| 1748 | refresh [rifréʃ] | enliven, renew | v. 상쾌하게 하다, 새롭게 하다 |
| 1749 | profit [prάfit] | n. gain, advantage, interest, earnings<br>v. benefit | n. 이익<br>v. 이익을 보다 |
| 1750 | fertile* [fɔ́ːrtl] | bountiful, productive, fecund, prolific, rich | a. 비옥한, 풍부한 |

# USHER VOCABULARY 어셔 토플 기초영단어 (초·중·고등단어)

| No. | Word | Synonyms | Meaning |
|---|---|---|---|
| 1751 | pasture [pǽstʃər] | grassland, meadow | n. 목장, 목초지 |
| 1752 | naked [néikid] | nude, bare, stripped | a. 벌거숭이의, 나체의 |
| 1753 | entrust [intrʌ́st] | assign, commit | v. 위임하다 |
| 1754 | support* [səpɔ́ːrt] | assist, back, advocate; maintain, sustain, provide for, take care of, foster | v. 유지하다, 지지하다; 부양하다 n. 지원, 지지; 생계 |
| 1755 | gravity [grǽvəti] | weight, gravitation | n. 중력, 인력 |
| 1756 | sustain** [səstéin] | support, bear, uphold, carry; maintain, continue | v. 지탱하다; 유지하다 |
| 1757 | reproach [ripróutʃ] | v/n. condemn, scold, blame | v. 비난하다, 꾸짖다 n. 비난, 잔소리 |
| 1758 | reap** [riːp] | harvest, gather, obtain, gain | v. 얻다, 거두다 |
| 1759 | summit** [sʌ́mit] | peak, acme, zenith, top, pinnacle | n. 정상, 꼭대기 |
| 1760 | tip [tip] | point, end, head; hint | n. 끝, 첨단; 힌트 |
| 1761 | ray [rei] | beam, gleam, shaft | n. 광선 |
| 1762 | animate [ǽnəmèit] | enliven, vivify, vitalize, encourage | v. 활기를 주다 |
| 1763 | praise* [preiz] | n. acclaim, hail, laud, exalt v. acclaim, admire | n. 칭찬, 숭배 v. 칭찬하다 |
| 1764 | consume* [kənsúːm] | expend, use up, exhaust, spend | v. 다 써버리다, 소모하다 |
| 1765 | potential** [pouténʃəl] | a. possible, feasible n. possibility, capability | a. 잠재적인, 가능한 n. 잠재력 |
| 1766 | incident [ínsədənt] | event, occurrence, case, happening | n. 사건 |
| 1767 | miser [máizər] | scrooge | n. 구두쇠, 수전노 |
| 1768 | look* [luk] | gaze, glance, watch, view; attend, take care | v. 보다, 주목하다; 살피다 n. 보기 |
| 1769 | stimulus* [stímjələs] | motivation, incentive, incitement, provocation | n. 자극, 격려 |
| 1770 | magic [mǽdʒik] | witchcraft, spell, illusion | n. 마술, 마력 |
| 1771 | cradle [kréidl] | crib; the birth place | n. 요람; 발상지 |
| 1772 | merchandise [mə́ːrʃəndàiz] | goods, ware, commodity | n. 상품 |
| 1773 | sacrifice [sǽkrəfàis] | n. offering v. victimize | n. 희생 v. 희생하다 |
| 1774 | confer [kənfə́ːr] | give, bestow, grant; discuss, consult | v. 수여하다, 주다; 의논하다 |
| 1775 | discourse [dískɔːrs] | talk, speech, conversation, oration | n. 이야기, 담화 |
| 1776 | coat [kout] | v. cover, apply, smear, spread n. layer, covering | v. 표면을 덮다 n. 외투(코트) |
| 1777 | imagination [imædʒənéiʃən] | fancy, fantasy, idea, vision | n. 상상(력) |
| 1778 | alter** [ɔ́ːltər] | modify, change, metamorphose, transform | v. 바꾸다, 변경하다 |
| 1779 | popularity [pàpjulǽrəti] | vogue, fame | n. 인기, 유행 |
| 1780 | eminent [émənənt] | distinguished, prominent, renowned, exceptional | a. 저명한, 탁월한 |
| 1781 | assent [əsént] | accede, consent, agree | v. 동의하다, 찬성하다 |
| 1782 | riot [ráiət] | uproar, disturbance | n. 폭동, 소동 |
| 1783 | withhold [wiðhóuld] | reserve, retain; hold back, restrain | v. 보류하다; 억제하다, 억누르다 |
| 1784 | expedition [èkspədíʃən] | dispatch, exploration | n. 탐험(대) |
| 1785 | mock* [mak] | ridicule, make fun of, deride, sneer | v. 조롱하다 |
| 1786 | territory [térətɔ̀ːri] | land, region, area, terrain | n. 영토 |
| 1787 | device [diváis] | mechanism, apparatus | n. 장치 |
| 1788 | banish** [bǽniʃ] | expel, exile, deport, eject | v. (국외로) 추방하다, ~를 몰아내다 |
| 1789 | blame* [bleim] | reproach, censure, condemn, rebuke | v. 나무라다, 비난하다 |
| 1790 | rejoice [ridʒɔ́is] | delight, be happy | v. 기뻐하다; 기쁘게하다 |
| 1791 | involve* [inválv] | include, entail; draw in, relate | v. 포함하다, 수반하다; 연루되다 |
| 1792 | determine* [ditə́ːrmin] | decide, resolve, settle | v. 결심(결정) 하다 |
| 1793 | tell [tel] | say, narrate, relate, speak | v. 말하다 |
| 1794 | rare** [rɛər] | scarce, unusual, infrequent | a. 드문, 진기한 |
| 1795 | acute* [əkjúːt] | keen, sharp; severe | a. 날카로운, 예리한; 극심한 |
| 1796 | surplus* [sə́ːrplʌs] | extra, redundance, excess, excessive quantity | n. 나머지, 잔여 |
| 1797 | homage [hámidʒ] | respect, devotion, honor, loyalty | n. 경의 |
| 1798 | convenience [kənvíːnjəns] | comfort, ease | n. 편리 |
| 1799 | singular [síŋgjulər] | individual, single | a. 단수의, 개인의 |
| 1800 | alert** [ələ́ːrt] | a. attentive, vigilant, wary; wakeful v. warn, alarm, forewarn | a. 경계하는; 깨어있는 v. 경고하다 |

# Day 4

| No. | Word | Synonyms | Meaning |
|---|---|---|---|
| 1801 | resign [rizáin] | relinquish, abandon, forsake, quit | v. 사임(사직)하다; (권리) 포기하다 |
| 1802 | origin** [ɔ́:rədʒin] | beginning, source | n. 기원, 원천 |
| 1803 | yearn [jəːrn] | crave, desire, want, long for | v. 열망하다, 갈망하다 |
| 1804 | supplement** [sʌ́pləmənt] | n. extension, extra, addition v. add to, complement | n. 추가, 보충 v. 보충하다 |
| 1805 | ornament* [ɔ́:rnəmənt] | v. decorate, adorn, embellish n. decoration | v. 장식하다 n. 꾸밈, 장식 |
| 1806 | credulous [krédʒələs] | gullible, naive | a. 경솔한, 쉽게 믿는 |
| 1807 | mechanical [məkǽnikəl] | automatic, mechanized | a. 기계의 |
| 1808 | observe* [əbsə́:rv] | watch, notice; conform, follow, comply | v. 관찰하다; 지키다, 준수하다 |
| 1809 | alternative*** [ɔːltə́ːnətiv] | a. substitute, another n. choice, option | a. 대용이 되는; 양자택일의 n. 대안, 선택여지 |
| 1810 | recreation [rèkriéiʃən] | amusement, pastime, relaxation, refreshment | n. 기분전환, 오락 |
| 1811 | dispense [dispéns] | give out, distribute, allocate | v. 분배하다 |
| 1812 | communism [kámjənìzəm] | socialism, marxism | n. 공산주의 |
| 1813 | leisure [líːʒər] | spare time, free time | n. 틈, 여가 |
| 1814 | reckless* [réklis] | careless, rash, heedless, inadvertent | a. 무모한, 분별없는 |
| 1815 | recollect [rèkəlékt] | remember, recall | v. 회상하다, 생각해내다 |
| 1816 | vast** [væst] | immense, huge, enormous, extensive | a. 넓은, 광활한, 거대한 |
| 1817 | distribute* [distríbjuːt] | parcel out, allot, apportion, assign | v. 분배하다, 분류하다 |
| 1818 | stifle [stáifl] | suppress, repress; choke, smother, suffocate, strangle | v. 억누르다; 숨막히게 하다 |
| 1819 | trivial** [tríviəl] | unimportant, insignificant, trifling | a. 사소한, 시시한 |
| 1820 | pathetic [pəθétik, -ikəl] | miserable; pitiable, touching, moving | a. 한심한; 감성적인, 애처로운 |
| 1821 | revenue [révənjùː] | income, gain, profit, proceeds | n. 수입 |
| 1822 | embarrass [imbǽrəs] | abash, shame, humiliate, confuse, perplex | v. 당황하게 하다 |
| 1823 | frivolous [frívələs] | trivial, trifling, petty, unimportant | a. 사소한, 경솔한 |
| 1824 | annoy [ənɔ́i] | harass, agitate, bother | v. 화나게 하다, 성가시게 하다 |
| 1825 | absorb** [əbsɔ́:rb] | take in, imbibe, soak; captivate | v. 흡수하다; 열중하게 하다 |
| 1826 | particular** [pərtíkjulər] | specific; specialized, special | a. 특정한; 특별한 n. 자세한 사실, 사항 |
| 1827 | traitor [tréitər] | betrayer | n. 반역자, 매국노 |
| 1828 | invest [invést] | spend, expend | v. 투자하다, 부여하다 |
| 1829 | nutrition [njuːtríʃən] | nourishment | n. 영양물, 영양 |
| 1830 | fascinate [fǽsənèit] | charm, enchant, captivate, allure | v. 황홀하게 하다, 매혹시키다 |
| 1831 | keen [kiːn] | sharp, incisive; fervent, zealous | a. 날카로운, 예리한; 열정적인 |
| 1832 | imprudent [imprúːdənt] | incautious, rash, unwary, indiscreet | a. 경솔한, 현명하지 못한 |
| 1833 | resent [rizént] | be offended by, take offense, | v. 분개하다 |
| 1834 | concrete [kánkriːt] | specific, definite | a. 구체적인; 콘크리트로 된 n. 콘크리트 |
| 1835 | vigor [vígər] | power, force, energy, strength | n. 활력, 원기 |
| 1836 | avoid** [əvɔ́id] | shun, prevent, evade | v. 피하다, 회피하다 |
| 1837 | mourn [mɔːrn] | grieve, lament, deplore | v. 슬퍼하다, 한탄하다 |
| 1838 | defy [difái] | challenge, dare | v. 권위에 도전하다 |
| 1839 | famine [fǽmin] | starvation, hunger, lack of food | n. 기근 |
| 1840 | injure [índʒər] | cripple, ruin, impair, deform | v. 손상시키다, 상처를 입히다 |
| 1841 | metropolis [mitrápəlis] | capital city | n. 주요도시, 중심지 |
| 1842 | distress [distrés] | n. pain, agony, anguish v. upset, disturb, harass | n. 고민, 곤란 v. 괴롭히다 |
| 1843 | prevail** [privéil] | triumph, dominate; be common | v. 우세하다, 이기다; 유행하다, 만연하다 |
| 1844 | till [til] | until | prep. con. ~까지 |
| 1845 | barbarian [ba:rbéəriən] | savage | n. 야만인, 미개인 |
| 1846 | heal [hiːl] | cure, remedy, mend | v. 고치다, 낫게 하다 |
| 1847 | physics [fíziks] | - | n. 물리학 |
| 1848 | discern [disə́ːrn] | perceive, notice; discriminate, distinguish | v. 식별하다; 구별하다 |
| 1849 | top [tap] | n. acme, apex v. cover | n. 꼭대기, 정점 a. 꼭대기의, 최고의 v. 꼭대기를 덮다 |
| 1850 | respond [rispánd] | react, answer, reply | v. 반응하다, 응답하다 |

# USHER VOCABULARY 어셔 토플 기초영단어 (초·중·고등단어)

|  |  |  |  |
|---|---|---|---|
| 1851 | possess [pəzés] | own, have, hold | v. 소유하다 |
| 1852 | apparatus [æpəréitəs] | device, equipment, tool, implement | n. 장치, 기구 |
| 1853 | contain** [kəntéin] | involve, comprise, hold, include | v. 포함하다, 내포하다 |
| 1854 | society [səsáiəti] | association, company, community, organization, group | n. 회(會), 단체, 사회 |
| 1855 | reserve [rizə́:rv] | v. save, retain, keep; book n. store, saving | v. 남겨두다; 예약하다 n. 비축물 |
| 1856 | catastrophe [kətǽstrəfi] | disaster, mishap, calamity, misfortune | n. 큰 재해 |
| 1857 | ardent** [á:rdənt] | enthusiastic, passionate, fervent, intense | a. 불타는, 열정적인 |
| 1858 | verify [vérəfài] | authenticate, confirm, corroborate, support | v. 확인하다, 검증하다 |
| 1859 | barrier** [bǽriər] | bar, obstacle, obstruction, barricade | n. 울타리, 장벽, 장애물 |
| 1860 | repel** [ripél] | drive away, repulse | v. 쫓아버리다, 물리치다 |
| 1861 | transact [trænsǽkt] | perform; manage, conduct | v. 집행하다, 처리하다; 거래하다 |
| 1862 | extend** [iksténd] | expand, enlarge, increase; prolong, lengthen | v. 늘리다, 확대하다; 계속되다 |
| 1863 | imply [implái] | mean, hint, signify | v. 의미하다, 암시하다 |
| 1864 | consequence* [kánsikwèns] | ramification, result, effect, aftermath; importance | n. 결과; 중요성 |
| 1865 | grief [gri:f] | sorrow, woe, sadness | n. 큰 슬픔, 비탄 |
| 1866 | unanimous [ju:nǽnəməs] | agreed, concerted, harmonious, in agreement | a. 만장일치의 |
| 1867 | agriculture* [ǽgrikʌ̀ltʃər] | farming | n. 농업 |
| 1868 | invade [invéid] | attack, overrun, raid, intrude | v. 침입하다 |
| 1869 | disclose* [disklóuz] | reveal, divulge, unveil | v. 폭로하다, 드러내다 |
| 1870 | occupy* [ákjəpài] | capture, seize, take up; engross, engage | v. 차지하다, 점령하다; (마음을) 끌다 |
| 1871 | ethics [éθiks] | morality, morals | n. 윤리학 |
| 1872 | nourish* [nə́:riʃ] | feed, nurture, breed, nurse | v. 기르다, 영양분을 주다 |
| 1873 | mischief [místʃif] | harm, injury, damage, hurt | n. 해악, 해 |
| 1874 | civilization [sìvilizéiʃən] | culture; society, community | n. 문명; 사회 |
| 1875 | token [tóukən] | symbol, mark, sign | n. 상징, 표시 |
| 1876 | remote* [rimóut] | secluded, distant | a. 먼, 멀리 떨어진 |
| 1877 | moisture [mɔ́istʃər] | humidity, dampness | n. 습기 |
| 1878 | capture** [kǽptʃər] | seize, catch, snare, arrest | v. 포획하다, 붙잡다 n. 생포, 포획 |
| 1879 | adorn** [ədɔ́:rn] | decorate, beautify, ornament | v. 꾸미다 |
| 1880 | improve** [imprú:v] | enhance, refine, enrich, ameliorate | v. 개선하다, 진보하다 |
| 1881 | apparent** [əpǽrənt] | clear, obvious, evident; seeming, likely, probable | a. 명백한, 분명한; ~인 것처럼 보이는, 여겨지는 |
| 1882 | deliberate** a. [dilíbərit] v. [dilíbərèit] | careful, thoughtful, cautious; intentional, designed, planned | a. 신중한; 고의적인, 계획적인 v. 숙고하다, 신중히 생각하다 |
| 1883 | assign [əsáin] | distribute, allot, allocate, appoint | v. 할당하다, 배정하다 |
| 1884 | disturb [distə́:rb] | trouble, bother, upset | v. 방해하다 |
| 1885 | prey* [prei] | n. victim, game v. catch and eat | n. 희생자, 사냥감 v. 잡아먹다 |
| 1886 | cut** [kʌt] | v. sever, chop, divide n. wound | v. 자르다, 절단하다 n. 상처 |
| 1887 | stretch* [stretʃ] | v. lengthen, expand, extend n. area, reach, expanse, extent | v. 늘리다, 뻗치다 n. 범위 |
| 1888 | prose [prouz] | composition | n. 산문 |
| 1889 | encounter [enkáuntər] | meet, face, confront | v. 만나다, 마주치다 n. 만남; 시합 |
| 1890 | incline [inkláin] | n. slope v. tilt, slant; predispose | n. 경사, 비탈 v. 기울이다; ~하는 경향이 있다 |
| 1891 | vehicle [ví:ikl, ví:hikl] | method, means; transportation, conveyance | n. 방법, 수단; 탈 것, 수송수단 |
| 1892 | doctrine** [dáktrin] | principle, tenet, dogma, theory | n. 교의, 신조, 주의 |
| 1893 | intoxicate [intáksikèit] | make drunk; poison | v. 취하게 하다; 중독시키다 |
| 1894 | apology [əpálədʒi] | excuse, confession | n. 사과 |
| 1895 | entreat [intrí:t] | appeal, beseech, petition, ask, implore, beg | v. 간청하다, 원하다 |
| 1896 | decree [dikrí:] | n. ordinance, ruling, act, order v. command | n. 법령, 명령, 포고 v. 명령하다, 포고하다 |
| 1897 | bravery [bréivəri] | courage, gallantry, daring, boldness | n. 용기 |
| 1898 | orientation [ɔ̀:rientéiʃən] | direction, bearing; adjustment | n. 방향결정, 경향; 안내 |
| 1899 | sneer [sniər] | n. scorn, jeer v. mock, scorn, ridicule | n. 냉소, 조소 v. 비웃다, 냉소하다 |
| 1900 | chaos [kéias] | confusion, disorder, mess | n. 혼돈, 무질서 |

# Day 4

|  |  |  |  |
|---|---|---|---|
| 1901 | majority [mədʒɔ́(:)rəti] | mass, bulk, most | n. 대다수 |
| 1902 | stout [staut] | strong, robust, sturdy, vigorous | a. 튼튼한, 용감한 |
| 1903 | daring* [déəriŋ] | a. bold, courageous, brave n. bravery | a. 대담한, 용감한 n. 대담무쌍 |
| 1904 | defeat [difít] | v. conquer, overwhelm, subdue n. beating, fall | v. 쳐부수다 n. 패배 |
| 1905 | confidence [kánfidəns] | trust, belief, faith, reliance; assurance | n. 신임, 신용; 자신, 확신 |
| 1906 | isolate* [áisəlèit] | separate, segregate | v. 격리시키다 |
| 1907 | mar** [ma:r] | spoil, mangle, ruin, blemish | v. 손상시키다 |
| 1908 | insult [ínsʌlt] | v. scorn, slander, offend n. affront, abuse | v. 모욕하다, 욕보이다 n. 모욕 |
| 1909 | specialize [spéʃəlàiz] | professionalize, major in | v. 전공하다, 전문화하다 |
| 1910 | tremendous** [triméndəs] | huge, great, gigantic, colossal | a. 무서운, 거대한, 대단한 |
| 1911 | flaw** [flɔ:] | defect, blemish, fault, mistake | n. 흠, 결점 |
| 1912 | detach** [ditǽtʃ] | separate, disconnect, disengage; dispatch | v. 분리시키다, 떼어내다; 파견하다 |
| 1913 | dead [ded] | deceased, extinct, inanimate | a. 죽은; 더 이상 믿어지지 않는 n. 죽은 사람들 |
| 1914 | countenance [káuntənəns] | n. face, look, appearance, expression v. support, approve | n. 표정, 안색 v. 지지하다, 동의하다 |
| 1915 | justice [dʒʌ́stis] | fairness, right, righteousness | n. 정의, 공정 |
| 1916 | predominant [pridámənənt] | prevailing, prevalent, dominant | a. 우세한, 지배적인, 널리 퍼진 |
| 1917 | comment [káment] | n. remark, opinion, view, footnote v. remark, say, mention | n. 주석, 논평 v. 논평하다, 견해를 밝히다 |
| 1918 | kindle** [kíndl] | ignite, fire, inflame | v. 불을 붙이다 |
| 1919 | thrive** [θraiv] | prosper, flourish | v. 번창하다, 잘 자라다 |
| 1920 | coincide** [kòuinsáid] | exist at the same time, occur at the same time; agree, concur | v. 동시에 일어나다; 의견이 일치하다 |
| 1921 | misery [mízəri] | despair, unhappiness, depression, suffering | n. 고통, 비참 |
| 1922 | spur** [spə:r] | n. stimulus, incitement; incentive v. stimulate | n. 동기, 원동력 v. ~에 박차를 가하다 |
| 1923 | voluntary [váləntèri] | spontaneous, unforced, intentional | a. 자발적인, 임의의 |
| 1924 | foster [fɔ́(:)stər] | rear, breed, nourish, raise; develop | v. 기르다, 양육하다; 발전시키다 |
| 1925 | reveal** [riví:l] | show, unveil, uncover, expose | v. 드러내다; (누설)폭로하다 |
| 1926 | treaty [trí:ti] | agreement, pact, contract | n. 조약 |
| 1927 | symmetry [símətri] | balance, proportion | n. 균형, 조화; 대칭 |
| 1928 | heretic [hérətik] | misbeliever | n. 이단자, 이교도 |
| 1929 | prolong* [prəlɔ́:ŋ, prəláŋ] | extend, lengthen, protract, continue | v. 늘리다, 연장하다 |
| 1930 | lean [li:n] | v. incline, rest a. scanty, thin | v. 기대다, 의지하다 a. 야윈 |
| 1931 | royal [rɔ́iəl] | regal, kingly, majestic, imperial, princely | a. 왕의, 왕위의; 위엄있는, 웅장한 |
| 1932 | timber [tímbər] | wood, lumber, beam, log | n. 재목 |
| 1933 | conference [kánfərəns] | meeting, convention | n. 협의, 회의 |
| 1934 | scope** [skoup] | extent, range; space, area | n. 범위, 영역 |
| 1935 | rescue [réskju:] | save, release, salvage | v. 구출하다, 구조하다 n. 구출, 구조, 구제 |
| 1936 | transition* [trænzíʃən] | change, alteration, shift | n. 변화 |
| 1937 | conception [kənsépʃən] | concept, idea, notion | n. 개념 |
| 1938 | hazard* [hǽzərd] | danger, peril, jeopardy | n. 위험, 위기 |
| 1939 | equip* [ikwíp] | furnish, provide, get ready | v. (설비 등을) 갖추다, 장비하다 |
| 1940 | admiration [ædməréiʃən] | wonder, adoration, regard | n. 감탄, 존경 |
| 1941 | transport [trænspɔ́:rt] | v. carry, convey, transfer, bear n. shipment, delivery | v. 수송하다, 운송하다 n. 수송, 운송 |
| 1942 | melancholy [mélənkàli] | a. depressed, gloomy n. depression, despair | a. 우울한, 침울한 n. 우울 |
| 1943 | cordial [kɔ́:rdʒəl] | hearty, friendly, earnest, sincere | a. 따뜻한, 진심에서 우러나오는 |
| 1944 | tragedy [trǽdʒədi] | a tragic drama, disaster, adversity | n. 비극 |
| 1945 | way [wei] | method, means | n. 방법, 길; 방식, 태도 ad. 아주 멀리; 큰 차이로, 훨씬 |
| 1946 | mob [mab] | crowd, throng, multitude, herd | n. 군중, 폭도 |
| 1947 | disillusion [dìsilú:ʒən] | n. disappointment, disenchantment, frustration, letdown v. disappoint, disenchant | n. 환멸 v. 환멸을 느끼게 하다 |
| 1948 | investigate [invéstəgèit] | examine, explore, inquire, search | v. 조사하다, 연구하다 |
| 1949 | path [pæθ] | trail, track, way, route | n. 통로, 길 |
| 1950 | analogy [ənǽlədʒi] | similarity; resemblance | n. 유사, 유추 |

# USHER VOCABULARY 어셔 토플 기초영단어 (초·중·고등단어)

|  |  |  |  |
|---|---|---|---|
| 1951 | inferior [infíəriər] | lower, subordinate, low | a. ~보다 열등한 |
| 1952 | vein* [vein] | blood vessel | n. 정맥; (식물의) 잎맥; 나뭇결 |
| 1953 | aspire [əspáiər] | desire, long, yearn | v. 열망하다 |
| 1954 | insist [insíst] | persist, urge, assert | v. 주장하다, 고집하다 |
| 1955 | disperse* [dispə́:rs] | spread out, scatter, disseminate, dissipate | v. 흩어지게 하다, 퍼뜨리다 |
| 1956 | head [hed] | n. chief, top, leader a. main, chief v. lead, precede, guide | n. 머리, 고개 v. (특정 방향으로) 가다 [향하다] |
| 1957 | compassion [kəmpǽʃən] | pity, sympathy, mercy | n. 동정 |
| 1958 | behavior** [bihéivjər] | conduct, manner, act, action | n. 행동, 태도, 습성 |
| 1959 | parallel* [pǽrəlel] | a. equivalent; corresponding, analogous v. compare, equate, equal | a. 평행한; 유사한 v. ~에 평행하다 |
| 1960 | region** [rí:dʒən] | area, tract, expanse; domain, field | n. 지방, 지역; 영역, 분야 |
| 1961 | appropriate a. [əpróupriət] v. [əpróuprièit] | suitable, proper, applicable | a. 적합한 v. (무단) 도용하다, 전용하다 |
| 1962 | oblivion [əblíviən] | obscurity | n. 망각 |
| 1963 | opponent [əpóunənt] | adversary, antagonist, enemy | n. 상대, 반대자 |
| 1964 | debate** [dibéit] | n. discussion, argument, controversy, dispute v. discuss, talk about, argue about | n. 논쟁, 토론 v. 논쟁하다, 토론하다 |
| 1965 | temperament* [témpərəmənt] | disposition, temper, nature | n. 기질, 성미 |
| 1966 | devote** [divóut] | dedicate, commit | v. 바치다, 전념하다 |
| 1967 | role [roul] | function, duty, capacity; character | n. 역할, 기능; 배역 |
| 1968 | subscribe [səbskráib] | agree, assent, consent, enroll | v. 승낙하다, 동의하다; (잡지를) 구독하다, 가입하다 |
| 1969 | perseverance [pə̀:rsivíərəns] | patience, endurance | n. 인내 |
| 1970 | utility [ju:tíləti] | convenience; practicality, usefulness | n. 유용, 유익 |
| 1971 | somebody [sʌ́mbàdi] | - | pron. 누군가 |
| 1972 | tide [taid] | current, drift, flow | n. 조수, 조류 |
| 1973 | slavery [sléivəri] | bondage, enslavement | n. 노예상태, 노예의 신분 |
| 1974 | trying [tráiiŋ] | difficult, hard, tiresome, heavy | a. 괴로운; 힘든 |
| 1975 | remarkable** [rimá:rkəbəl] | notable, conspicuous, unusual | a. 주목할 만한, 현저한, 눈에 띄는 |
| 1976 | patience [péiʃəns] | endurance, fortitude, perseverance, tolerance | n. 인내 |
| 1977 | dispose* [dispóuz] | array, arrange, order; incline | v. 배치하다; ~하는 경향을 갖게 하다 |
| 1978 | hardship [há:rdʃìp] | trial, oppression, suffering, adversity | n. 고난, 곤경 |
| 1979 | flavor [fléivər] | savor, taste, relish | n. 맛, 풍미 |
| 1980 | growth [grouθ] | development, increase, accretion | n. 성장, 발전 |
| 1981 | confuse* [kənfjú:z] | disturb, disconcert, confound, perplex | v. 혼동하다, 어리둥절하게 하다 |
| 1982 | conquest [kánkwest] | victory, capture, subjugation | n. 정복 |
| 1983 | ordain [ɔ:rdéin] | order, command; destine | v. 운명지우다, 명하다 |
| 1984 | operate* [ápərèit] | run, function, work, manage; drive | v. 움직이다, 작동하다; 운전하다, 수술하다 |
| 1985 | donation* [dounéiʃən] | contribution, gift, offering | n. 기부, 기증, 증여 |
| 1986 | beguile [bigáil] | deceive, cheat, delude, trick; mislead | v. 속이다; (잘못된 길로) 인도하다 |
| 1987 | throne [θroun] | - | n. 왕위, 왕좌 |
| 1988 | inherent* [inhíərənt] | innate, built-in, congenital, hereditary | a. 타고난, 고유의 |
| 1989 | pressure [préʃər] | stress, squeeze, strain, push | n. 압력, 압박 |
| 1990 | preoccupy [pri:ákjupài] | engross, immerse | v. 마음을 빼앗다, 먼저 차지하다, (생각, 걱정이) 뇌리에 박히다 |
| 1991 | retort [ritó:rt] | v./n. reply angrily, return, answer | v. 쏘아붙이다, 응수(대꾸)하다 n. 응수, 대꾸 |
| 1992 | confirm [kənfə́:rm] | assure, validate, establish | v. 확실하게 하다, 확인하다 |
| 1993 | literate [lítərit] | educated, learned | a. 글을 읽고 쓸 줄 아는 |
| 1994 | external [ikstə́:rnəl] | outer, outward, exterior, outside | a. 외부의 |
| 1995 | associate [əsóuʃièit] | v. join, affiliate, unite, combine n. co-worker, colleague, peer | v. 연합하다, 참가시키다 n. 동료, 친구 |
| 1996 | conduct** [kándʌkt] | n. behavior v. behave; guide; transmit, carry | n. 행동 v. 행동하다; 지도하다; (빛, 열을) 전도하다 |
| 1997 | plot [plat] | n. conspiracy; story; area v. scheme, plan | n. 음모; 줄거리; 작은 구역 v. 도모하다, 꾀하다 |
| 1998 | vague** [veig] | uncertain, imprecise, obscure, indefinite, ambiguous | a. 막연한, 모호한 |
| 1999 | satire* [sǽtaiər] | irony, sarcasm | n. 풍자, 비꼼 |
| 2000 | cancer [kǽnsər] | tumor | n. 암 |

## 단어시험 보는 방법

1. 화장실을 먼저 다녀옵니다.
2. 핸드폰을 꺼 둡니다.
3. 책상 위에 필기도구를 제외하고 깨끗이 치웁니다.
4. 단어 3회독 MP3파일을 틀고 시작합니다.

## 주의사항

1. 채점속도가 빠르다고 시험 도중 MP3 파일을 멈추지 마세요
2. 채점시 스펠링 & 품사 & 뜻 중 하나라도 빼트릴을 경우 틀린 답입니다.

| | 틀린개수 | 본인이름 |
|---|---|---|
| | 채점자이름 | |

| | | |
|---|---|---|
| 1 | 30 | 59 | 88 |
| 2 | 31 | 60 | 89 |
| 3 | 32 | 61 | 90 |
| 4 | 33 | 62 | 91 |
| 5 | 34 | 63 | 92 |
| 6 | 35 | 64 | 93 |
| 7 | 36 | 65 | 94 |
| 8 | 37 | 66 | 95 |
| 9 | 38 | 67 | 96 |
| 10 | 39 | 68 | 97 |
| 11 | 40 | 69 | 98 |
| 12 | 41 | 70 | 99 |
| 13 | 42 | 71 | 100 |
| 14 | 43 | 72 | 101 |
| 15 | 44 | 73 | 102 |
| 16 | 45 | 74 | 103 |
| 17 | 46 | 75 | 104 |
| 18 | 47 | 76 | 105 |
| 19 | 48 | 77 | 106 |
| 20 | 49 | 78 | 107 |
| 21 | 50 | 79 | 108 |
| 22 | 51 | 80 | 109 |
| 23 | 52 | 81 | 110 |
| 24 | 53 | 82 | 111 |
| 25 | 54 | 83 | 112 |
| 26 | 55 | 84 | 113 |
| 27 | 56 | 85 | 114 |
| 28 | 57 | 86 | 115 |
| 29 | 58 | 87 | 116 |

USHER
usherin.usher.co.kr

| 117 | 149 | 181 | 213 |
|---|---|---|---|
| 118 | 150 | 182 | 214 |
| 119 | 151 | 183 | 215 |
| 120 | 152 | 184 | 216 |
| 121 | 153 | 185 | 217 |
| 122 | 154 | 186 | 218 |
| 123 | 155 | 187 | 219 |
| 124 | 156 | 188 | 220 |
| 125 | 157 | 189 | 221 |
| 126 | 158 | 190 | 222 |
| 127 | 159 | 191 | 223 |
| 128 | 160 | 192 | 224 |
| 129 | 161 | 193 | 225 |
| 130 | 162 | 194 | 226 |
| 131 | 163 | 195 | 227 |
| 132 | 164 | 196 | 228 |
| 133 | 165 | 197 | 229 |
| 134 | 166 | 198 | 230 |
| 135 | 167 | 199 | 231 |
| 136 | 168 | 200 | 232 |
| 137 | 169 | 201 | 233 |
| 138 | 170 | 202 | 234 |
| 139 | 171 | 203 | 235 |
| 140 | 172 | 204 | 236 |
| 141 | 173 | 205 | 237 |
| 142 | 174 | 206 | 238 |
| 143 | 175 | 207 | 239 |
| 144 | 176 | 208 | 240 |
| 145 | 177 | 209 | 241 |
| 146 | 178 | 210 | 242 |
| 147 | 179 | 211 | 243 |
| 148 | 180 | 212 | 244 |

| 245 | 246 | 247 | 248 | 249 | 250 | 251 | 252 | 253 | 254 | 255 | 256 | 257 | 258 | 259 | 260 | 261 | 262 | 263 | 264 | 265 | 266 | 267 | 268 | 269 | 270 | 271 | 272 | 273 | 274 | 275 | 276 |
|---|---|---|---|---|---|---|---|---|---|---|---|---|---|---|---|---|---|---|---|---|---|---|---|---|---|---|---|---|---|---|---|
| 277 | 278 | 279 | 280 | 281 | 282 | 283 | 284 | 285 | 286 | 287 | 288 | 289 | 290 | 291 | 292 | 293 | 294 | 295 | 296 | 297 | 298 | 299 | 300 | 301 | 302 | 303 | 304 | 305 | 306 | 307 | 308 |
| 309 | 310 | 311 | 312 | 313 | 314 | 315 | 316 | 317 | 318 | 319 | 320 | 321 | 322 | 323 | 324 | 325 | 326 | 327 | 328 | 329 | 330 | 331 | 332 | 333 | 334 | 335 | 336 | 337 | 338 | 339 | 340 |
| 341 | 342 | 343 | 344 | 345 | 346 | 347 | 348 | 349 | 350 | 351 | 352 | 353 | 354 | 355 | 356 | 357 | 358 | 359 | 360 | 361 | 362 | 363 | 364 | 365 | 366 | 367 | 368 | 369 | 370 | 371 | 372 |

| 373 | 405 | 437 | 469 |
| --- | --- | --- | --- |
| 374 | 406 | 438 | 470 |
| 375 | 407 | 439 | 471 |
| 376 | 408 | 440 | 472 |
| 377 | 409 | 441 | 473 |
| 378 | 410 | 442 | 474 |
| 379 | 411 | 443 | 475 |
| 380 | 412 | 444 | 476 |
| 381 | 413 | 445 | 477 |
| 382 | 414 | 446 | 478 |
| 383 | 415 | 447 | 479 |
| 384 | 416 | 448 | 480 |
| 385 | 417 | 449 | 481 |
| 386 | 418 | 450 | 482 |
| 387 | 419 | 451 | 483 |
| 388 | 420 | 452 | 484 |
| 389 | 421 | 453 | 485 |
| 390 | 422 | 454 | 486 |
| 391 | 423 | 455 | 487 |
| 392 | 424 | 456 | 488 |
| 393 | 425 | 457 | 489 |
| 394 | 426 | 458 | 490 |
| 395 | 427 | 459 | 491 |
| 396 | 428 | 460 | 492 |
| 397 | 429 | 461 | 493 |
| 398 | 430 | 462 | 494 |
| 399 | 431 | 463 | 495 |
| 400 | 432 | 464 | 496 |
| 401 | 433 | 465 | 497 |
| 402 | 434 | 466 | 498 |
| 403 | 435 | 467 | 499 |
| 404 | 436 | 468 | 500 |

# Day 5

USHER **VOCABURARY**

# 어셔 토플 **기초영단어** (초·중·고등단어)

**USHER 단어암기 프로그램 별도 판매**
usherin.usher.co.kr

## 오늘의 단어 체크 순서 및 주의사항     USHER VOCABULARY 어셔 토플 기초영단어 (초·중·고등단어)

### 1. 아는 것과 모르는 것을 구별하는 기준은 "보는 즉시" 아는 것만이 진짜 아는 것이다.
다음 정도로 아는 것은 아는 것이 아닙니다.
- 알 것 같은데?
- 예전에 본건 확실한데 ?
- 천천히 생각하면 기억날 것 같은데?

### 2. 500개중 몇 개를 모르는지 확인하는 것을 시작점으로 시간을 계산해 봅니다.
(보통 단어 하나 외우는데 걸리는 시간은 5분 정도로 잡아도 쉬운 일이 아닙니다.)
내가 모르는 단어  80개/500X5분 = 400분 = 거의 9시간 이상 분량
**(50분 암기+ 10분 휴식기준+*시험 시간 500개 시험에 근 2시간)도 시간계산에 넣어야 합니다.**

### 3. 이를 기준으로 객관적인 본인의 하루 목표를 잡아야 합니다.
무조건 500개 목표하는 것 자체가 목표가 되어선 안됩니다.

### 4. 5분 동안 외운다고 목표 잡았을 때 5분 내내 한 단어만 외우는 "어리석은" 짓을 하면 안됩니다.
단어암기는 반복적으로 봐야 합니다. 최소 5번 정도 본다고 생각해야 합니다.
 ·처음 외울 때 고민 2~3분 *5번 참조
 ·두 번째 볼 때 1~2분 (처음에 안 된 단어를 잘 외워지도록 하는 고민 포함)
 ·세 번째-다섯 번째 1~2분 (하루 분량 전체를 눈으로만 빠르게 반복 확인)

### 5. 고민단계를 꼭 확인해야 합니다
모르는 단계는 무조건 외우려 들지 말고 잘라보거나 발음해보는 등의 방법 (7페이지 안내문 참조) 등을 최대한 고민해서
**내가 외우기 쉽게 만들어 줄 힌트들을 단어 옆에 적어 두어야 합니다.**

### 6. 공부 환경 조성
 ·핸드폰 꺼두기
 ·책상 위 깨끗이 치우기
 ·끝내야 할 개수와 끝내기로 한 시간 다시 한번 체크하고 긴장하기

### 7. 단어를 다 외우고 `시험을 반드시`  봐야 합니다.
시험은 인간의 게으름과 실수를 잡는 인류 최고의 발명품 입니다.

### 8. 시험보고 버리는 게 아니라, 시험보고 `틀린 단어` 는 다시 한번 점검하고 오늘의 단어에 다시 한번 `표시해` 두시기 바랍니다.
오늘은 못 외웠지만, 이렇게 한번 더 봐야 다음에 긴장하고 보고, 가끔씩은 그 사이 외워지기도 합니다. ^.^

---

**오늘의 단어** ── 모르는 단어 개수 : _____ 개  /  나의 오늘 목표는 _____ 번부터 _____ 번까지 !!!

1회독 : _____ / 500개     1회독 : _____ / 500개     1회독 : _____ / 500개     1회독 : _____ / 500개

_____ / 500개X5분=_____분 (약 _____ 시간 필요) *휴식시간 및 시험시간(500개당 2시간 입니다)을 꼭 넣어야 합니다.

# Day 5

|  |  |  |  |
|---|---|---|---|
| 2001 | note* [nout] | v. observe; n. comment | v. 주목하다; n. 메모 |
| 2002 | remark [rimá:rk] | v. declare; notice; n. comment | v. 의견을 말하다; 주목하다; n. 소견 |
| 2003 | heir [εər] | inheritor, successor | n. 상속인, 후계자 |
| 2004 | behold [bihóuld] | see, view, look, sight | v. 보다 |
| 2005 | maximum [mǽksəməm] | n. large quantity, greatest size; a. the largest, the greatest | n. 최대, 최대량; a. 최대의 |
| 2006 | violate [váiəlèit] | infringe, ravish, break, disobey | v. 위반하다 |
| 2007 | industry [índəstri] | diligence, assiduity; business | n. 근면; 산업 |
| 2008 | argue** [á:rgju:] | dispute, debate, discuss; claim | v. 다투다, 논쟁하다; 주장하다 |
| 2009 | contrast [kəntrǽst \| trá:st] | compare, oppose | n. 차이; 대조, 대비; v. 대조하다, 대조를 이루다 |
| 2010 | evidence* [évidəns] | proof, sign, demonstration, confirmation | n. 증거, 증명; v. 증언하다, 증거가 되다 |
| 2011 | stride* [straid] | progress, step | n. 걸음, 일보, 한 단계; v. 성큼성큼 걷다 |
| 2012 | interfere** [ìntərfíər] | disrupt, intervene, intrude, meddle | v. 방해하다, 훼방하다 |
| 2013 | vital** [váitl] | essential, important; living, lively | a. 중요한, 필수적인; 생명의, 생기 있는 |
| 2014 | compromise [kámprəmàiz] | n. agreement; v. agree; put in jeopardy | n. 타협; v. 타협하다; 위태롭게 하다 |
| 2015 | lofty [lɔ́:fti/lɑ́fti] | high, elevated, tall | a. 높은, 치솟은; 고상한, 고결한 |
| 2016 | seize** [si:z] | grip, take, clasp, grasp, grab | v. 붙들다 |
| 2017 | exact [igzǽkt] | precise, accurate, correct, strict | a. 정확한 |
| 2018 | abnormal [æbnɔ́:rməl] | unusual, anomalous, unnatural, irregular | a. 비정상적인 |
| 2019 | ally* [əlái, ǽlai] | v. confederate, affiliate, conjoin, align; n. confederation, alliance | v. 동맹하다, 결연하다; n. 동맹 |
| 2020 | profess [prəfés] | declare, claim | v. 공언하다, ~라고 지칭하다 |
| 2021 | irresistible* [ìrizístəbl] | attractive, fascinating; overwhelming | a. 매혹적인; 저항할 수 없는 |
| 2022 | case [keis] | fact; occasion; box; example | n. 실정, 사실; 경우; 상자; 예 |
| 2023 | casual [kǽʒuəl] | careless; unexpected; informal | a. 우연한; 편안한; 무심한 |
| 2024 | astray [əstréi] | lost | a. 길을 잃어, 길을 잘못 들어 |
| 2025 | departure [dipá:rtʃər] | going, start | n. 출발 |
| 2026 | antiquity* [ætíkwəti] | ancient times | n. 고대, 낡음 |
| 2027 | awkward [ɔ́:kwərd] | clumsy, unskillful, inept; embarrassing | a. 서투른, 어색한; 당혹스러운, 난처한 |
| 2028 | phase* [feiz] | period, stage, step | n. 시기, 단계 |
| 2029 | astound [əstáund] | astonish, amaze, surprise | v. 깜짝 놀라게 하다 |
| 2030 | perpetual*** [pərpétʃuəl] | constant, ceaseless, enduring, everlasting | a. 끊임없는, 영구의 |
| 2031 | human [hjú:mən] | n. person, individual; a. humane, altruistic | n. 사람, 인간; a. 인간의, 인간다운 |
| 2032 | aim** [eim] | v. attempt, aspire; n. goal, objective, target | v. 목표하다; 겨누다; n. 목적 |
| 2033 | factor [fǽktər] | element, constituent | n. 요인, 요소 |
| 2034 | discreet [diskrí:t] | judicious, prudent, careful, heedful | a. 신중한, 주의력 있는 |
| 2035 | chair [tʃεər] | couch | n. 의자, 소파 |
| 2036 | satellite [sǽtəlàit] | n. moon; a. ancillary | n. 위성 |
| 2037 | superfluous [supə́:rfluəs] | surplus, spare, excessive | a. 필요치 않은, 불필요한 |
| 2038 | withdraw [wiðdrɔ́:, wiθ-] | retire, retreat, remove, draw back | v. 물러나다, 철회하다 |
| 2039 | discharge [distʃá:rdʒ] | release, set free, liberate; emit, give off | v. 해방시키다; 방출하다; n. 방출, 배출 |
| 2040 | circumstance** [sə̀rkəmstǽns] | condition, situation, factor | n. 상황, 환경; 부대상황 |
| 2041 | twilight [twáilàit] | dusk | n. 황혼, 희미한 빛 |
| 2042 | snare [snεər] | trap, lure, bait | n. 함정, 덫; v. 덫으로 잡다 |
| 2043 | penetrate* [pénətrèit] | go through, pierce, enter, permeate, perforate | v. 꿰뚫다, 감동시키다, 들어가다, 침투하다 |
| 2044 | crust* [krʌst] | exterior, surface, outer layer, covering | n. 껍질, 외피, (지질) 지각 |
| 2045 | thorough [θə́:rou, θʌ́r-] | complete, absolute, profound; careful | a. 철저한; 조심하는 |
| 2046 | shortage [ʃɔ́:rtidʒ] | deficiency, lack, scarcity | n. 부족 |
| 2047 | image [ímidʒ] | picture, figure, representation, reflection | n. 상(像), 꼭 닮은 사람(물건) |
| 2048 | innumerable* [injú:mərəbəl] | countless, numberless, numerous | a. 셀 수 없는, 무수한 |
| 2049 | brisk [brisk] | active, vigorous, energetic, lively | a. 활기있는, 활발한 |
| 2050 | urban [ə́:rbən] | civic, municipal | a. 도시의 |

# USHER VOCABULARY 어셔 토플 기초영단어 (초·중·고등단어)

|  |  |  |  |
|---|---|---|---|
| 2051 | bond* [band/bɔnd] | tie, connection, link, relation, attachment, affinity, affiliation | n. 연맹, 묶긴 것 v. 접착시키다, 접착되다 |
| 2052 | suspect [səspékt] | v. suppose, guess, surmise; doubt n. a person under suspicion | v. 추측하다; 의심하다 n. 용의자 |
| 2053 | atomic [ətɔ́mik] | nuclear | a. 원자(력)의 |
| 2054 | chemistry [kémistri] | - | n. 화학 |
| 2055 | historian [histɔ́:riən] | annalist | n. 역사가 |
| 2056 | legislation [lèdʒisléiʃən] | action of making laws | n. 제정, 법령, 입법 |
| 2057 | slumber [slʌ́mbər] | v. doze, sleep n. sleep, drowse, nap | v. 꾸벅꾸벅 졸다 n. 잠, 선잠 |
| 2058 | temperance [témpərəns] | moderation, continence, self-discipline | n. 자제, 절제 |
| 2059 | enormous** [inɔ́:rməs] | immense, vast, huge, tremendous | a. 거대한, 막대한, 대단한 |
| 2060 | substitute** [sʌ́bstitjù:t] | n. alternative, replacement v. exchange, replace, take over | n. 대리인, 대용품 v. 대체하다; 대리하다, 대신하다 |
| 2061 | facility [fəsíləti] | installation; aptitude, skill, ability | n. 시설; 재능, 소질 |
| 2062 | accurate** [ǽkjurət] | precise, true, exact, correct | a. 정확한 |
| 2063 | soar* [sɔːr] | v. rise, ascend, increase dramatically, shoot up, tower n. flying | v. 솟아오르다, 높이 솟다 |
| 2064 | regard* [rigáːrd] | v. consider; respect n. attention, notice, respect | v. 간주하다; 존중하다 n. 관심, 호감, 존경 |
| 2065 | experiment [ikspérəmənt] | test, trial | n. 실험, 시도 v. 실험을 하다 |
| 2066 | retreat [ri:tríːt] | v. recede n. withdrawal, retirement, backdown | v. 물러가다 n. 퇴각, 은퇴 |
| 2067 | destructive [distrʌ́ktiv] | ruinous, devastating, disruptive | a. 파괴적인 |
| 2068 | cope [koup] | manage, deal | v. 맞서다, 대처하다 |
| 2069 | sanitary [sǽnətèri] | a. healthful, healthy, hygienic n. a public comfort station | a. 위생의, 깨끗한 |
| 2070 | embrace [embréis] | hug; include; accept | v. 껴안다; 포함하다; (신청을) 받아들이다 |
| 2071 | inability [ìnəbíləti] | incapability, incapacity, disability, incompetence | n. 무능, 무능력 |
| 2072 | irritate [írətèit] | annoy, bother, disturb, vex | v. 짜증나게 하다, 화나게 하다 |
| 2073 | partake [paːrtéik] | participate; share | v. 참가하다; (식사를) 같이 하다 |
| 2074 | worship* [wɔ́ːrʃip] | n. adoration, admiration v. venerate, revere, respect | n. 예배, 숭배 v. 숭배하다 |
| 2075 | adopt* [ədápt, ədɔ́pt] | take up, choose, follow, take on; foster | v. 채택하다; 양자로 삼다 |
| 2076 | urge [əːrdʒ] | v. press, force; encourage / n. drive, compulsion | v. 재촉하다 n. 충동 |
| 2077 | barometer [bərámətər] | weatherglass, index, indication | n. 기압계, 지표 |
| 2078 | immemorial [ìməmɔ́:riəl] | ancient | a. 태고의 |
| 2079 | practically [prǽktikəli] | virtually, almost, actually, nearly, essentially | ad. 거의 (=almost) |
| 2080 | armament [áːrməmənt] | arming, arms, weaponry | n. 군비 |
| 2081 | essay [ései] | composition, paper, article | n. 수필 |
| 2082 | playwright [pléiràit] | dramatist, dramaturge | n. 극작가 |
| 2083 | set* [set] | v. situate, place, put, lay, locate n. assortment a. firmed, fixed | v. 두다; 배치하다 n. 한 벌 a. 고정된 |
| 2084 | impoverish [impávəriʃ] | beggar; diminish | v. 가난하게 하다; (질을) 저하시키다 |
| 2085 | tender* [téndər] | a. soft, delicate, mild n. payment | a. 부드러운, 연한 |
| 2086 | restore [ristɔ́:r] | renew, renovate, recover, revive | v. 되찾다, 복원하다, 되돌리다 |
| 2087 | rural* [rúrəl] | a. country, rustic, pastoral n. country people | a. 시골의, 지방의 |
| 2088 | oblige [əbláidʒ] | require, compel, force, coerce; render service | v. 강요하다, 의무를 지우다; 은혜를 베풀다 |
| 2089 | burst [bəːrst] | v. explode, blow up n. rupture, explosion | v. 폭발하다, 터지다 n. 파열, 폭발 |
| 2090 | sell [sel] | vend, market | v. 팔다, 팔리다 |
| 2091 | hypothesis [haipáθəsis] | supposition, assumption, conjecture, presumption | n. 가설 |
| 2092 | conceit [kənsíːt] | vanity, complacency | n. 자만, 자부심 |
| 2093 | solid [sálid/sɔ́l-] | substantial, strong, sound | a. 단단한, 견고한 n. 고체, 고형물 |
| 2094 | utilize* [júːtəlàiz] | employ, make use of, exploit | v. 이용하다 |
| 2095 | surrender [səréndər] | v. submit, yield n. submission, yielding | v. 항복하다; 넘겨주다, 양도하다 n. 항복, 굴복 |
| 2096 | make** [meik] | create, constitute, form, generate; drive, encourage | v. 만들다, 구성하다; ~하게 하다 |
| 2097 | arrogant [ǽrəgənt] | haughty, boastful | a. 거만한, 오만한 |
| 2098 | artificial** [àːrtəfíʃəl] | synthetic, man-made, not natural | a. 인공의, 부자연한 |
| 2099 | trustworthy [trʌ́stwəːrði] | reliable, dependable, credible, reliable | a. 신뢰할 수 있는, 믿을 수 있는 |
| 2100 | duty [djúːti] | obligation, liability, responsibility | n. 의무, 임무 |

# Day 5

| No. | Word | Synonyms | Korean |
|---|---|---|---|
| 2101 | emigrant [émigrənt] | n. expatriate a. moving | n. (다른 나라로 가는) 이민자 |
| 2102 | overlook [òuvərlúk] | disregard, neglect; oversee; control, supervise | v. 간과하다, 멀리 바라보다; 감독하다 |
| 2103 | truce [tru:s] | armistice, cease-fire, respite | n. 휴전 |
| 2104 | deposit** [dipázit] | v. save, store n. sediment | v. 맡기다, 예금하다 n. 퇴적물; 예금, 보증금 |
| 2105 | stroll [stroul] | n. walk v. wander, roam, rove | n. 산책 v. 산책하다 |
| 2106 | wisdom [wízdəm] | sagacity, intelligence, learning, knowledge | n. 지혜 |
| 2107 | usher [ʌ́ʃər] | v/n. escort, guide | v. 안내하다 n. 안내원 |
| 2108 | pertinent* [pə́:rtənənt] | relevant, germane, applicable, appropriate | a. 적합한, 적절한 |
| 2109 | disregard [dìsrigá:rd] | v. ignore, overlook, neglect n. ignoring; negligence | v. 무시하다 n. 무시; 무관심, 부주의 |
| 2110 | intense [inténs] | strong, powerful, concentrated, high | a. 강렬한, 강한, 격렬한 |
| 2111 | lack [læk] | n. deficiency, scarcity v. require | n. 부족, 결핍 v. 결핍되다, 부족하다 |
| 2112 | retire [ritáiər] | withdraw, retreat, recede | v. 물러가다, 퇴직하다 |
| 2113 | harsh** [ha:rʃ] | severe, rigorous, inclement, rough | a. 거친, 가혹한, 엄한, 심한 |
| 2114 | ripe* [raip] | mature, mellow, developed | a. 익은, 성숙한 |
| 2115 | research* [risə́:rtʃ] | n. investigation, examination v. investigate, study, examine, scrutinize | n. 연구, 조사 v. 연구하다 |
| 2116 | transmit [trænsmít] | send, convey; communicate, introduce | v. 보내다; (지식, 보도를) 전하다 |
| 2117 | anguish [ǽŋgwiʃ] | pain, pang, suffering, agony | n. 고통, 고뇌 |
| 2118 | opportunity [àpərtjú:nəti] | chance, occasion, moment | n. 기회, 호기 |
| 2119 | avail* [əvéil] | be of use, serve | v. 도움이 되다 |
| 2120 | frank [fræŋk] | candid, outspoken | a. 솔직한, 정직한 |
| 2121 | function [fʌ́ŋkʃən] | n. purpose, role v. act, work, operate | n. 기능, 역할 v. 작용하다, 작동하다 |
| 2122 | cure [kjuər] | n. remedy v. heal | n. 치료, 치료법, 치료제 v. 치료하다 |
| 2123 | counsel [káunsəl] | v. advise, recommend n. advice, guidance | v. 조언하다, 충고하다 n. 조언, 권고 |
| 2124 | perpendicular [pə̀:rpəndíkjulər] | vertical | a. 직각의, 수직적인 n. 수직 |
| 2125 | spin [spin] | turn, rotate | v. 회전시키다 n. 회전 |
| 2126 | plow [plau] | n. tool for turning over soil v. cultivate, harrow | n. 쟁기 v. 갈다 |
| 2127 | magnificent* [mægnífəsənt] | majestic, gorgeous, beautiful, splendid | a. 장엄한, 웅장한 |
| 2128 | patriotism [péitriətìzm] | - | n. 애국심 |
| 2129 | manage* [mǽnidʒ] | control, conduct, direct, administer | v. 간신히 해내다; 살아나가다, 관리하다, 운영하다, 처리하다 |
| 2130 | stuff [stʌf] | n. material, substance, objects v. cram | n. 물건, 일 v. 밀어 넣다 |
| 2131 | game* [geim] | wild animals (hunted for food or sport); match | n. 사냥감 |
| 2132 | discard* [diská:rd] | throw away, abandon, dispose of, cast aside, give up | v. 버리다, 포기하다 |
| 2133 | presume [prizú:m] | assume, suppose, conjecture, postulate | v. 추정하다, 가정하다 |
| 2134 | fancy [fǽnsi] | n. imagination, fantasy a. decorative v. imagine | n. 공상, 상상 a. 화려한, 장식이 많은 |
| 2135 | contrive** [kəntráiv] | invent, concoct, improvise, devise | v. 고안하다, 연구하다 |
| 2136 | elegy [élədʒi] | a sad song | n. 애가, 비가 |
| 2137 | overcome [òuvərkʌ́m] | defeat, conquer, subdue, surmount | v. 이기다, 극복하다 |
| 2138 | drive** [draiv] | v. propel, force, impel, compel n. campaign, push, action, motivation | v. 운전하다; 태워다 주다; (어떤 방향으로) 몰다 n. 드라이브; 욕구, 충동 |
| 2139 | prohibit* [prouhíbit] | forbid, proscribe, inhibit; prevent | v. 금지하다; 방해하다, 제지하다 |
| 2140 | panic [pǽnik] | terror, fright, fear | n. 공포, 당황 |
| 2141 | perish [périʃ] | decay, wither, vanish, collapse | v. 멸망하다, 소멸하다 |
| 2142 | technical [téknikəl] | technological | a. 기술적인, 전문의 |
| 2143 | principle* [prínsəpl] | precept, rule, law, creed | n. 원리, 원칙, 법칙 |
| 2144 | mercy [mə́:rsi] | compassion, benevolence | n. 자비; 감형 |
| 2145 | tribe [traib] | bloodline, clan, family, race | n. 부족, 종족 |
| 2146 | endeavor* [endévər] | v. strive, struggle, attempt n. effort | v. 노력하다, 시도하다 n. 노력 |
| 2147 | reform [rifɔ́:rm] | v. amend, improve, ameliorate, mend n. revision, amendment | v. 개혁하다, 개정하다 n. 개혁, 개정 |
| 2148 | read [ri:d] | study, interpret | v. 읽다, 해석하다 |
| 2149 | reflect [riflékt] | mirror; demonstrate, display; meditate | v. 반사하다; 반영하다; 숙고하다 |
| 2150 | arctic [á:rktik] | polar | a. 북극의, 극도로 추운 n. 북극 (the~) |

# USHER VOCABULARY 어셔 토플 기초영단어 (초·중·고등단어)

|  |  |  |  |
|---|---|---|---|
| 2151 | anachronism [ənækrənìzəm] | obsoletism | n. 시대착오 |
| 2152 | cave [keiv] | den, hole, lair, cavity | n. 동굴 |
| 2153 | harmony [háːrməni] | agreement, concord, unity | n. 조화, 화음 |
| 2154 | sojourn [sóudʒəːrn] | n. lodge  v. stay, visit | n. 체류 |
| 2155 | responsibility [rispànsəbíləti] | liability, accountability, obligation | n. 책임 |
| 2156 | minister [mínistər] | secretary; churchman, clergyman, priest | n. 장관; 목사 |
| 2157 | threat [θret] | menace; risk | n. 협박, 위협; 위험 |
| 2158 | author [ɔ́ːθər] | writer, originator, creator, composer | n. 저자, 창시자 |
| 2159 | fix [fiks] | fasten, attach; repair | v. 고정시키다, 정착시키다; 고치다 |
| 2160 | inspect [inspékt] | examine, check, review, investigate | v. 검사하다 |
| 2161 | weapon [wépən] | arms, gun | n. 무기 |
| 2162 | undaunted [ʌndɔ́ːntid] | dauntless, fearless, courageous, bold | a. 굽히지 않는, 용감한 |
| 2163 | interpret* [intə́ːrprit] | construe, explain, explicate, elucidate | v. 해석하다; 통역하다 |
| 2164 | sympathy [símpəθi] | compassion, pity; affinity | n. 동정, 공감; 관련성 |
| 2165 | reproduce* [rìːprədjúːs] | copy, duplicate, generate; breed, multiply, spawn | v. 복사하다, 복제하다; 번식하다 |
| 2166 | anticipate** [æntísəpèit] | foresee, predict, expect, forecast | v. 예견하다, 예상하다, 예측하다 |
| 2167 | holy [hóuli] | sacred, saintly, blessed | a. 신성한 |
| 2168 | yet* [jet] | ad. still, until now  conj. however, but, nevertheless, not with standing | ad. 아직  conj. 그러나 |
| 2169 | brief [briːf] | short, transitory, transient, temporary | a. 잠시의, 짧은 |
| 2170 | meadow [médou] | grassland, pasture, field, prairie | n. 목초지 |
| 2171 | secure** [sikjúər] | a. safe, acquire, obtain  v. protect | a. 안전한, 확고한  v. 안전하게 하다; 확보하다 |
| 2172 | prescribe [priskráib] | ordain, enact, stipulate, dictate | v. 규정(명령, 처방) 하다 |
| 2173 | solemn [sáləm/sɔ́l-] | grave, sober, serious, impressive, austere | a. 엄숙한 |
| 2174 | psychology [saikálədʒi] | - | n. 심리(학) |
| 2175 | differ [dífər] | vary, disagree, diverge, contrast | v. 다르다 |
| 2176 | negligence* [néglidʒəns] | carelessness | n. 태만, 부주의 |
| 2177 | allowance [əláuəns] | payment, approval | n. 급여, 허가, 참작 |
| 2178 | landscape* [lǽndskèip] | scenery, outlook, scene | n. 풍경, 전망 |
| 2179 | futile** [fjúːtl] | useless, ineffective, vain | a. 쓸데없는, 무익한 |
| 2180 | environment** [inváirənmənt] | setting, ecology, surrounding, condition | n. 환경 |
| 2181 | concentrate* [kánsəntrèit] | focus, center, cluster, intensify | v. 집중하다, 모으다 |
| 2182 | prominent [prámənənt] | conspicuous, remarkable, outstanding, noticeable | a. 현저한, 중요한, 탁월한, 두드러진 |
| 2183 | swift* [swift] | quick, speedy, fleet, rapid | a. 빠른, 순식간의 |
| 2184 | oppress [əprés] | maltreat, persecute, abuse | v. 압박하다, 학대하다 |
| 2185 | safe* [seif] | secure, protected | a. 안전한, 위험이 없는 |
| 2186 | theory [θíəri] | hypothesis, thesis, conjecture, supposition | n. 이론 |
| 2187 | perplex [pərpléks] | confuse, puzzle, bewilder, embarrass | v. 당혹하게 하다 |
| 2188 | sullen [sʌ́lən] | gloomy, sulky, glum, dismal | a. 뚱한, 시무룩한 |
| 2189 | represent** [rèprizént] | depict, portray, express; stand for | v. 나타내다, 표현하다; 대표하다 |
| 2190 | lament [ləmént] | v. grieve, regret, deplore, bemoan  n. grief, sorrow | v. 슬퍼하다, 비탄하다  n. 비탄, 한탄 |
| 2191 | land [lænd] | n. ground, soil, region  v. arrive | n. 육지  v. 상륙하다, 착륙하다 |
| 2192 | conceive [kənsíːv] | understand, apprehend, comprehend; become pregnant | v. 이해하다, 생각하다; 임신하다 |
| 2193 | proportion [prəpɔ́ːrʃən] | percentage, ratio; division, fraction | n. 비율, 비; 부분, 몫 |
| 2194 | value [vǽljuː] | n. worth, price, cost, merit  v. respect, esteem | n. 가치  v. 존중하다 |
| 2195 | calculate* [kǽlkjəlèit] | figure, determine, count, compute | v. 계산하다, 추정하다 |
| 2196 | reside [rizáid] | dwell, sojourn, lodge, inhabit | v. 거주하다 |
| 2197 | outstanding** [àustǽndiŋ] | remarkable, prominent, excellent, eminent; unpaid | a. 눈에 띄는, 현저한; 미결제의 |
| 2198 | legend [lédʒənd] | fable, myth | n. 전설, 설화 |
| 2199 | comprise** [kəmpráiz] | consist of, be made up of; include, form, constitute, be composed of | v. 구성하다; 포함하다 |
| 2200 | fantasy [fǽntəsi, -zi] | fancy, imagination | n. 공상, 환상 |

# Day 5

|  |  |  |  |
|---|---|---|---|
| 2201 | insurance [ɪnʃúrəns] | assurance, indemnity, guarantee | n. 보험, 보증 |
| 2202 | courtesy [kə́:rtəsi] | politeness | n. 예절 |
| 2203 | myth [mɪθ] | fable, legend; illusion | n. 신화; 환상 |
| 2204 | cliff [klɪf] | precipice | n. 절벽, 낭떠러지 |
| 2205 | subtle* [sʌ́tl] | hardly perceived, imperceptible, elusive | a. 알아채기 어려운, 미묘한 |
| 2206 | crisis [kráɪsiːz] | emergency | n. 위기, 난국, 위독상태 |
| 2207 | realm* [relm] | area, sphere, field, domain, region | n. 왕국, 영토; 영역, 범위, 분야 |
| 2208 | male [meɪl] | a. masculine, manly n. man | a. 남성의 n. 남성, 남자 |
| 2209 | ascribe* [əskráɪb] | attribute, impute | v. ~의 탓으로 돌리다 |
| 2210 | lessen [lésn] | diminish, decrease, abate, dwindle | v. 적게 하다, 줄이다 |
| 2211 | calling [kɔ́:lɪŋ] | vocation, profession, occupation | n. 직업, 천직 |
| 2212 | vanity [vǽnəti] | conceit, vainglory, pride, arrogance | n. 허영, 자만심 |
| 2213 | preferable [préfrəbl] | better, preferential | a. 더 마음에 드는, 더 바람직한 |
| 2214 | drought* [draʊt] | a prolonged lack of moisture, aridity | n. 가뭄 |
| 2215 | befall [bɪfɔ́:l] | happen, occur, come about, take place | v. 일어나다, 신변에 닥치다 |
| 2216 | masterpiece [mǽstərpiːs] | masterwork | n. 걸작 |
| 2217 | grant* [grænt] | v. bestow, confer, award n. allowance | v. 승인하다, 허가하다, 주다 n. 허가, 보조금 |
| 2218 | swell [swel] | enlarge, expand, grow larger, increase | v. 붓다, 부풀다; 불룩해지다 |
| 2219 | stand [stænd] | get upright; endure, undergo, bear; confront | v. 서다; 견디다, 참다; 대항하다 |
| 2220 | disgrace [dɪsgréɪs] | n. shame, dishonor v. embarrass | n. 불명예 v. 수치를 주다 |
| 2221 | consistent* [kənsístənt] | compatible, harmonious; constant; coherent | a. (의견, 행동)일치하는; 변함없는; (논리, 수학) 모순이 없는 |
| 2222 | beware [bɪwéər] | guard, be careful, look out | v. 조심하다 |
| 2223 | quick [kwɪk] | prompt, rapid, swift, fleet, hasty | a. 재빠른, 민첩한 |
| 2224 | weary [wíəri] | exhausted, tired, wearied, fatigued | a. 싫증난, 따분한; 피로한, 지쳐 있는 |
| 2225 | derive** [dɪráɪv] | originate, trace; obtain, draw | v. 유래를 찾다; 끌어내다, 얻다 |
| 2226 | languish [lǽŋgwɪʃ] | fade, wither, decline | v. 머물다; 겪다; 약화되다, 시들해지다 |
| 2227 | preface [préfəs] | preamble, introduction, foreword, prologue | n. 머리말, 서문 |
| 2228 | stable* [stéɪbl] | unchangeable, invariable, constant, steady | a. 안정된, 변화없는 |
| 2229 | illustrate** [íləstrèɪt] | represent, picture, depict | v. 묘사하다 |
| 2230 | generalization [dʒènərəlɪzéɪʃən] | universalization | n. 일반화, 보편화 |
| 2231 | regulate [régjəlèɪt] | control, adjust, direct, govern | v. 조절하다, 통제하다 |
| 2232 | achievement [ətʃíːvmənt] | accomplishment, attainment, performance, feat | n. 성취, 업적 |
| 2233 | welfare [wélfèər] | well-being, prosperity, weal | n. 복지 |
| 2234 | renown** [rɪnáʊn] | fame, repute, distinction, eminence | n. 명성 |
| 2235 | labor [léɪbər] | n. exertion v. toil, work, struggle | n. 노동, 근로, 수고 |
| 2236 | inherit [ɪnhérɪt] | succeed, take over | v. 상속하다, 유전하다 |
| 2237 | accompany* [əkʌ́mpəni] | escort, companion, attend, occur with | v. 동반하다, 동행하다; 반주를 해 주다 |
| 2238 | beckon [békən] | invite, motion, sign, gesticulate | v. 손짓으로 부르다, 신호하다 |
| 2239 | recommend [rèkəménd] | commend, advise | v. 추천하다, 권하다 |
| 2240 | miniature [mínɪətʃər] | n. imitation a. diminutive, small, tiny, compact | n. 축소지도, 축소모형 a. 소형의 |
| 2241 | righteous [ráɪtʃəs] | moral, upright, virtuous, equitable, just | a. 바른, 정의의 |
| 2242 | boast [boʊst] | v. brag, swagger n. boasting, swagger | v. 자랑하다 n. 자랑 |
| 2243 | colony [káləni] | settlement | n. 식민지, 거류지 |
| 2244 | indolent [índələnt] | lazy, idle, sluggish, slothful | a. 게으른 |
| 2245 | vivid* [vívɪd] | clear, bright, brilliant, pictorial, animated | a. 발랄한, 밝은, 선명한, 활기찬 |
| 2246 | initial** [ɪníʃəl] | a. original, first, beginning, introductory | a. 처음의, 최초의 n. 머리글자, 첫글자 |
| 2247 | tension [ténʃən] | pressure, strain, tight | n. 긴장, 팽팽함 |
| 2248 | current [kə́:rənt] | a. prevailing, prevalent, popular n. flow | a. 현재의, 지금의; 유행하는 n. 해류, 기류 |
| 2249 | hard [haːrd] | solid, inflexible, unyielding, arduous, laborious | a. 굳은, 단단한; 곤란한, 어려운 ad. 열심히, 힘껏; 힘들게 |
| 2250 | sovereign [sávərɪn, sʌ́v-] | a. autonomous, supreme, chief, paramount n. monarch, king | a. 독립의, 최고의 권력을 가진 n. 주권자, 군주, 국왕 |

# USHER VOCABULARY 어셔 토플 기초영단어 (초·중·고등단어)

| No. | Word | Synonyms | Meaning |
|---|---|---|---|
| 2251 | notion** [nóuʃən] | opinion, view, concept, general idea | n. 관념, 생각 |
| 2252 | register* [rédʒistər] | v. sign up, enroll / n. list, catalogue | v. 등록하다 / n. 등록부, 명부 |
| 2253 | reign [rein] | v. rule, govern, predominate / n. administration, domination | v. 군림하다, 통치하다 / n. 통치, 지배 |
| 2254 | revenge [rivéndʒ] | n. vengeance, retaliation, retribution / v. retaliate, repay | n. 복수, 원한 / v. 복수하다 |
| 2255 | exhaust** [igzɔ́:st] | v. use up, deplete, run out of / a. tire, weary | v. 소모하다; 배기하다, 방출하다; 지치게하다 / a. 피곤한, 지친 |
| 2256 | appeal* [əpí:l] | v. request / n. entreaty; request, petition; attraction, charm | v. 호소하다; 상소하다 / n. 호소; 간청; 매력 |
| 2257 | stern [stə́:rn] | a. firm, strict, adamant, grim / n. rear, back | a. 단호한; 괴로운; 무시무시한 / n. (배, 물건의) 뒷부분 |
| 2258 | nerve [nə:rv] | - | n. 신경 |
| 2259 | character [kǽriktər] | feature, personality; role; letter | n. 특성, 성격; 인물; 문자 |
| 2260 | tend* [tend] | look after, care for, foster; be inclined | v. 돌보다, ~하는 경향이 있다 |
| 2261 | tact [tækt] | subtlety, strategy | n. 재치, 잔머리, 전략 |
| 2262 | prejudice [prédʒudis] | bias, partiality, preoccupation | n. 편견, 선입관 |
| 2263 | advertisement [ædvərtáizmənt] | announcement, notification, commercial | n. 광고 |
| 2264 | side [said] | n / v. advocate | n. 쪽, 측면 |
| 2265 | dreary [dríəri] | gloomy, dull | a. 따분한, 음울한 |
| 2266 | develop [divéləp] | expand, evolve; grow | v. 발달하다, 개발하다; 성장하다 |
| 2267 | exotic** [igzátik] | foreign; unusual, strange, weird | a. 외래의, 외래산의; 이국적인, 색다른 |
| 2268 | correspond [kàr-, kòrəspánd] | conform, accord, match | v. 일치하다, 부합하다; 상응하다; 서신을 주고받다 |
| 2269 | train** [trein] | v. exercise, practice, instruct | v. 훈련하다 / n. 기차 |
| 2270 | impulse [ímpʌls] | stimulus, incitement, motivation | n. 충동 |
| 2271 | perspective** [pəːrspéktiv] | view, prospect, vista | n. 관점, 시각; 균형감; 원근법 |
| 2272 | render** [render] | make; provide, give, afford, impart; represent, describe | v. 만들다; 보답으로 주다; 표현하다 |
| 2273 | akin [əkín] | related, kindred, similar | a. ~와 유사한 |
| 2274 | prodigal [prádigəl] | lavish, profuse, extravagant, wasteful | a. 낭비하는, 방탕한 |
| 2275 | meager* [mí:gər] | scarce, scanty, deficient | a. 메마른, 빈약한 |
| 2276 | soothe* [su:ð] | allay, mitigate, relieve, assuage | v. 달래다, 진정시키다 |
| 2277 | conspicuous** [kənspíkjuəs] | noticeable, obvious, prominent, apparent | a. 눈에 띄는 |
| 2278 | sufficient** [səfíʃənt] | enough, adequate, ample | a. 충분한, 흡족한 |
| 2279 | peer [piər] | equal, mate, match | n. 동료; 동등한 것 / v. ~에 필적하다 |
| 2280 | intercourse [íntərkɔ́:rs] | connection, communication, relation, contact | n. 교제 |
| 2281 | bliss [blis] | gladness, happiness, delight, exhilaration | n. 기쁨, 행복 |
| 2282 | finish** [fíniʃ] | complete, end, conclude, cease, close, wind up | v. 끝내다 |
| 2283 | constitution [kànstətjú:ʃən] | constitutional law; structure; composition | n. 헌법; 구조; 구성 |
| 2284 | emotion [imóuʃən] | feeling(s), sentiment | n. 정서, 감정 |
| 2285 | treason [trí:zən] | treachery, betrayal, perfidy, disloyalty | n. 반역(죄), 배반 |
| 2286 | abolish* [əbáliʃ, əbɔ́l-] | annul, nullify, revoke, eliminate | v. 없애다, 폐지하다 |
| 2287 | fuel* [fjú:əl] | v. encourage, stimulate / n. nourishment | n. 연료 / v. 연료를 공급하다 |
| 2288 | help [help] | n. assistance, benefit / v. aid, assist | n. 원조, 도움 / v. 돕다 |
| 2289 | superficial** [sù:pərfíʃəl] | shallow; external; outward | a. 깊이 없는; 얄팍한; 표면의 |
| 2290 | tame [teim] | a. domesticated, mild, docile, domestic / v. domesticate | a. 길들인, 온순한 / v. 길들이다 |
| 2291 | slang [slæŋ] | jargon, argot | n. 속어 |
| 2292 | category [kǽtəgɔ̀:ri] | class, kind, sort, type | n. 범주 |
| 2293 | numerous [njú:mərəs] | many, multitudinous, manifold, large | a. 매우 많은 |
| 2294 | addition [ədíʃən] | supplement, appendix, summation | n. 부가, 추가 |
| 2295 | attach** [ətǽtʃ] | stick, fasten, affix; allocate | v. 붙이다, 접착하다; 부여하다 |
| 2296 | portray* [pɔːrtréi] | depict, picture, describe, represent | v. 그리다, 묘사하다 |
| 2297 | mutual** [mjú:tʃuəl] | reciprocal, joint, interactive, interchangeable, communal | a. 서로의, 공동의 |
| 2298 | attitude [ǽtitjù:d] | position, bearing, pose | n. 태도, 자세 |
| 2299 | rich** [ritʃ] | a. fertile, abundant, affluent, ample, opulent / n. wealthy | a. 풍부한; 부유한 / n. 부자 (the~) |
| 2300 | surmount* [sərmáunt] | climb over; overcome, conquer | v. 오르다; 극복하다 |

# Day 5

| No. | Word | Synonyms | Meaning |
|---|---|---|---|
| 2301 | enchant [entʃænt] | fascinate, captivate, charm | v. 매혹하다 |
| 2302 | cell [sel] | smallest living organism; chamber | n. 세포; 방 |
| 2303 | forlorn [fərlɔ́ːrn] | desolate, lonely, abandoned, desperate | a. 고독한, 버림받은 |
| 2304 | jealousy [dʒéləsi] | envy | n. 질투 |
| 2305 | unemployment [ʌ̀nimplɔ́imənt] | - | n. 실업 |
| 2306 | inhabit** [inhǽbit] | live, occupy, dwell | v. 거주하다, 살다 |
| 2307 | hideous [hídiəs] | horrible, abominable, nasty, dreadful; ugly | a. 무서운; 못생긴 |
| 2308 | species [spíːʃi(ː)z] | classification | n. 종 |
| 2309 | violence [váiələns] | force, brutality; savagery | n. 폭력; 야만 |
| 2310 | witness* [wítnis] | v. observe, watch, notice n. testimony, evidence | v. 목격하다 n. 증거, 증언, 목격자 |
| 2311 | confess [kənfés] | acknowledge, admit, confide | v. 자백하다, 고백하다 |
| 2312 | creature [kríːtʃər] | being, thing, creation | n. 창조물, 생물 |
| 2313 | end [end] | n. goal, aim, death v. finish, terminate, conclude, close | n. 목적, 결과, 죽음, 끝 v. 끝내다 |
| 2314 | repose [ripóuz] | n. leisure, rest v. rest, pause | n. 휴식, 쉼 v. 쉬게 하다 |
| 2315 | equator [ikwéitər] | - | n. 적도 |
| 2316 | defense [diféns, díːfens] | protection, advocacy, vindication, safeguard | n. 방어, 변호 |
| 2317 | conclusion [kənklúːʒən] | end, termination, close; inference | n. 결말, 결론; 추론 |
| 2318 | frugal [frúːgəl] | economical, thrifty, niggardly | a. 검소한, 검약한 |
| 2319 | durable** [djúərəbl] | lasting, enduring, constant, dependable | a. 오래 견디는, 튼튼한 |
| 2320 | survey* [sərvéi] | examine, inspect, scrutinize, watch | n. (설문) 조사; 측량 v. 조사하다, 둘러보다, 점검하다 |
| 2321 | notable* [nóutəbl] | remarkable, important, noteworthy, noticeable | a. 주목할만한, 두드러진 |
| 2322 | defect* [difékt] | shortcoming, blemish, fault, flaw | n. 결점, 단점 |
| 2323 | absurd* [əbsɔ́ːrd, -zɔ́ːrd] | illogical, irrational, unreasonable, ridiculous; preposterous | a. 불리한, 터무니없는, 어리석은; 어처구니없는 |
| 2324 | significance [signífikəns] | importance; signification | n. 의의, 중요성; 의미 |
| 2325 | awe* [ɔː] | amazement, surprise; wonder; dread | n. 경외감, 외경심 v. 온통 경외심을 갖게 하다 |
| 2326 | gorgeous [gɔ́ːrdʒəs] | splendid, magnificent, glorious, superb | a. 화려한, 아름다운 |
| 2327 | torment [tɔ́ːrment] | n. pain, anguish, agony v. abuse, torture | n. 고통, 고뇌 v. 고문하다 |
| 2328 | ascend* [əsénd] | climb, mount, go up, soar | v. 오르다, 올라가다 |
| 2329 | allure* [əlúər] | appeal, attract, invite, tempt | v. 유혹하다, 꾀다 |
| 2330 | aid [eid] | n. support, help, assistance, relief v. support, help, assist | n. 도움 v. 도와주다 |
| 2331 | starve [staːrv] | famish, hunger; aspire | v. 굶어죽다; 갈망하다 |
| 2332 | censure [sénʃər] | n. criticism, reproof, blame, condemnation v. condemn, criticize | n. 비난 v. 비난하다 |
| 2333 | virtue [vɔ́ːrtʃuː] | goodness, uprightness, morality, justice; merit | n. 미덕, 선행; 장점 |
| 2334 | basis [béisis] | base, foundation, ground, footing | n. 기초 |
| 2335 | tropical [trápikəl] | torrid | a. 열대의 |
| 2336 | criticism [krítisìzm] | critique, censure, review, animadversion | n. 비평, 비판 |
| 2337 | size** [saiz] | dimensions, proportions, volume, magnitude | n. 크기, 치수, 넓이 v. 크기를 표시하다; 크기를 바꾸다 |
| 2338 | strategy [strǽtədʒi] | tactics | n. 전략, 책략 |
| 2339 | elastic [ilǽstik] | flexible, adaptable, resilient, volatile | a. 탄력 있는, 융통성 있는 |
| 2340 | insolent** [ínsələnt] | impudent, impertinent, rude, overbearing | a. 건방진, 무례한 |
| 2341 | procedure [prəsíːdʒər] | proceeding, course, process | n. 절차, 순서 |
| 2342 | sole* [soul] | only, single, solitary | a. 유일한 |
| 2343 | lure* [luər] | v. attract, draw, seduce n. bait | v. 유혹하다 n. 미끼 |
| 2344 | aware* [əwéər] | conscious, familiar, acquainted, informed | a. 알고 있는, 의식하는 |
| 2345 | easy [íːzi] | facile, light | a. 쉬운, 수월한 |
| 2346 | anarchy [ǽnərki] | chaos, misrule, anarchism | n. 무정부 상태 |
| 2347 | slender [sléndər] | thin, slim, weak, fragile, delicate | a. 호리호리한, 가느다란, 날씬한 |
| 2348 | regret [rigrét] | n. repentance, remorse v. lament | n. 후회 v. 후회하다 |
| 2349 | vocation [voukéiʃən] | business, occupation, pursuit, profession | n. 천직, 직업, 사명감 |
| 2350 | adequate [ǽdikwət] | sufficient, satisfactory, enough, decent | a. 적당한, 충분한 |

# USHER VOCABULARY 어셔 토플 기초영단어 (초·중·고등단어)

| No. | Word | Synonyms | Meaning |
|---|---|---|---|
| 2351 | heredity [hərédəti] | inheritance | n. 유전 |
| 2352 | exclude* [iksklú:d] | expel | v. 배제하다, 몰아내다 |
| 2353 | humble [hʌmbl] | unassuming, meek, modest, unpretentious | a. 겸손한; 비천한 |
| 2354 | incurable [inkjúərəbl] | cureless, irremediable, remediless | a. 고칠 수 없는, 불치의 |
| 2355 | persecute [pɔ́:rsikjù:t] | oppress, harass, molest, afflict | v. 학대하다, 괴롭히다; 박해하다 |
| 2356 | faculty* [fǽkəlti] | ability, capacity, aptitude; school; professors | n. 능력, 재능; 학부; 교수진 |
| 2357 | contract [kántrækt] | n. compact, bargain, arrangement v. agree; decrease, reduce | n. 계약, 합정 v. 계약하다, 동의하다; 수축하다, 줄어들다 |
| 2358 | vacant* [véikənt] | empty, void, unoccupied | a. 빈, 공허한 |
| 2359 | spell [spel] | enchantment, magic, fascination, bewitchment | v. 철자를 맞게 쓰다;(나쁜 결과를) 가져오다 n. (지속되는) 기간; 주문 |
| 2360 | ashamed [əʃéimd] | shamefaced, abashed, embarrassed | a. 부끄러워하는 |
| 2361 | instructive [instrʌ́ktiv] | informative, didactic, educative, educational | a. 교훈적인, 유익한 |
| 2362 | feature* [fí:tʃər] | n. characteristic, hallmark, trait v. display, mark | n. 특징, 특색; 용모, 생김새 v. 특징을 이루다, 보여주다 |
| 2363 | envy [énvi] | n. jealousy, resentment v. covet, desire | n. 시기, 질투 v. 부러워하다, 질투하다 |
| 2364 | existence [igzístəns] | being | n. 존재, 생존 |
| 2365 | draft [dræft] | n. outline, abstract, rough sketch, conscription v. delineate | n. 도안, 초안; 징병, 징집 v. ~의 밑그림을 그리다 |
| 2366 | exempt [igzémpt] | v. release a. excused | v. 면제하다 a. 면제된 |
| 2367 | part [pa:rt] | portion, share, section, piece | n. 역할, 부분 |
| 2368 | estimate* n.[éstimət] v.[éstəmèit] | assess, evaluate, judge, calculate | n. 추정; 견적서 v. 추산하다, 추정하다 |
| 2369 | appoint [əpɔ́int] | nominate, name, designate | v. 지명하다, 임명하다 |
| 2370 | epoch [épək] | period, era, age, time | n. 시대 |
| 2371 | acquaint [əkwéint] | inform, introduce, apprise; familiarize | v. 알리다; 익히다 |
| 2372 | dissolve [dizálv] | melt, fuse, liquefy, soften | v. 녹이다, 용해시키다 |
| 2373 | line [lain] | n. row, string, cord v. align | n. 선; 라인; 주름살 v. (옷 같은 것에) 안[안감]을 대다; 나란히 서다 |
| 2374 | staple* [stéipl] | n. basic item, necessary commodity a. basic, principle | n. 주요산물, 기본 식품 a. 중요한 |
| 2375 | manifest* [mǽnəfèst] | a. obvious, definite, clear, evident v. prove, clarify, reveal | a. 명백한, 분명한 v. 명백히 하다, 증명하다 |
| 2376 | queer [kwiər] | strange, odd, peculiar, quaint | a. 별난, 기묘한 |
| 2377 | betray [bitréi] | be disloyal to, be a traitor to, abandon, desert | v. 배반하다 |
| 2378 | budget [bʌ́dʒit] | funds, finances | n. 예산(안); 비용 v. 예산을 세우다 |
| 2379 | suffrage [sʌ́fridʒ] | vote, the right to vote | n. 참정권, 투표 |
| 2380 | accuse [əkjú:z] | indict, impeach, blame, charge | v. 비난하다, 고발하다 |
| 2381 | free* [fri:] | v. liberate, release, emancipate a. unconstrained, liberated | v. 자유롭게 하다, 해방하다 a. 자유로운 |
| 2382 | frustration [frʌstréiʃən] | disappointment, defeat | n. 좌절감, 불만 |
| 2383 | volume [válju:m] | size, magnitude, mass; book | n. 용적, 부피; 책, (책의) 권 |
| 2384 | ultimate* [ʌ́ltəmət] | a. final, supreme, utmost n. extreme | a. 최후의 n. 궁극 |
| 2385 | maintain** [meintéin] | sustain, preserve, continue, keep; affirm, contend, claim | v. 유지하다, 지속하다; 주장하다, 단언하다 |
| 2386 | livelihood* [láivlihùd] | occupation, job, living | n. 생계, 살림 |
| 2387 | obligation** [àbləgéiʃən] | requirement, duty, responsibility | n. 의무, 책임 |
| 2388 | fury [fjúəri] | rage, anger, wrath | n. 격노, 격분 |
| 2389 | zeal [zi:l] | passion, enthusiasm, fervor, ardor | n. 열심, 열성 |
| 2390 | forgive [fərgív] | pardon, excuse, condone, absolve | v. 용서하다 |
| 2391 | fundamental** [fʌ̀ndəméntl] | a. basic, essential, primary, elementary n. foundation, origin | a. 기초적인, 근본적인 n. 기초, 근본 |
| 2392 | mode* [moud] | form, fashion, method, style | n. 양식, 형태 |
| 2393 | decline* [dikláin] | v. refuse, reject, dismiss; decrease, fall, fail, weaken n. slope | v. 감소하다, 줄어들다 n. 감소, 하락, 축소 |
| 2394 | unify [jú:nəfài] | unite, consolidate, combine | v. 통일하다 |
| 2395 | perceive* [pərsí:v] | see, discern, notice, comprehend, understand | v. 감지하다; ~을 (~로) 여기다 |
| 2396 | affect** [əfékt] | influence, act on; pretend, feign | v. ~에 영향을 미치다; ~인 체하다 |
| 2397 | toll [toul] | n. casualty, damage; fare v. ring, chime, sound | n. 사상자 수; 통행세 v. 종이 울리다 |
| 2398 | disciple* [disáipl] | pupil, student, scholar | n. 제자, 문하생 |
| 2399 | divine [diváin] | heavenly, godlike, celestial, supernal, holy | a. 신성한, 비범한 |
| 2400 | instinct [ínstiŋkt] | intuition | n. 본능 |

# Day 5

|  |  |  |  |
|---|---|---|---|
| 2401 | patent [pǽtənt] | n / v. copyright, trademark, privilege, permit a. obvious | n. 특허권 a. 특허의 |
| 2402 | cultivate [kʌ́ltəvèit] | raise, grow; improve, develop, promote, foster | v. 재배하다, 경작하다 |
| 2403 | disinterested* [disíntrəstid] | impartial, unbiased, fair | a. 사심 없는, 공평한 |
| 2404 | power* [páuər] | n. strong effect, strength, efficacy, authority, privilege v. force | n. 권위, 권력; 힘, 동력 v. 동력을 공급하다, ~의 힘이 되다 |
| 2405 | skyscraper [skaiskréipər] | - | n. 고층건물 |
| 2406 | plausible [plɔ́:zəbəl] | believable, credible, likely, probable | a. 그럴듯한 |
| 2407 | vacuum* [vǽkjuəm] | n. vacancy, emptiness a. vacant, void | n. 진공; 공백 v. 진공청소기로 청소하다 |
| 2408 | verse [vəːrs] | poetry, poem, stanza | n. 운문, 시 |
| 2409 | stir** [stəːr] | v. agitate; provoke, rouse n. disorder | v. 휘젓다; 자극하다, 분발하다 n. 소란, 소동 |
| 2410 | personality [pə̀ːrsənǽləti] | character | n. 개성 |
| 2411 | within [wiðín] | inside | prep. (특정한 기간/거리) 안쪽에, ~이내에 ad. 내부에서, 안에서 |
| 2412 | bomb [bam] | n. explosive, mine v. wipe out, attack | n. 폭탄 v. 폭격하다 |
| 2413 | inquire [inkwáiər] | ask, query | v. 묻다, 질문하다 |
| 2414 | local [lóukəl] | regional, native, sectional, indigenous | a. 지방의 |
| 2415 | warrant* [wɔ́(ː)rənt] | n. permit; rationale, basis v. justify, deserve, merit | n. 영장; 근거, 보증 v. 단언하다, 보증하다 |
| 2416 | assemble** [əsémbl] | gather, gather together, bring together, collect | v. 모으다, 집합하다 |
| 2417 | coarse* [kɔːrs] | rough, crude, vulgar, rude | a. 조잡한, 거친, 야비한 |
| 2418 | grumble [grʌ́mbəl] | complain | v. 불평하다, 투덜 거리다; 우르릉거리다 n. 불만 사항 |
| 2419 | shame [ʃeim] | disgrace, dishonor | n. 수치, 치욕 v. 창피스럽게[부끄럽게] 하다 |
| 2420 | wistful [wístfəl] | thoughtful, longing, wishful | a. 탐내는 듯한, 애석해 하는 |
| 2421 | neutral [njúːtrəl] | impartial | a. 중립의 n. 중립 |
| 2422 | modify** [mádəfài] | change, alter, adapt, vary | v. 변경하다, 수정하다 |
| 2423 | courage [kə́ːridʒ] | daring, boldness, gallantry | n. 용기 |
| 2424 | grasp [græsp] | v. grip, clutch, grab, seize; understand n. grab | v. 붙잡다, 움켜잡다; 이해하다 n. 붙잡음 |
| 2425 | bewilder [biwíldər] | confuse, perplex, puzzle, embarrass | v. 당황하게 하다 |
| 2426 | sin [sin] | transgression, trespass, violation, crime | n. 죄, 죄악; 죄를 지음 v. 죄를 짓다 |
| 2427 | sinister [sínistər] | disposition; mood; rage, passion | a. 불길한 |
| 2428 | temper [témpər] | disposition; mood; rage, passion | n. 기질; 기분; 노여움 |
| 2429 | rank [ræŋk] | n. position, standing, hierarchy v. arrange | n. 계급, 등급, 지위 v. 정렬하다, 배열하다 |
| 2430 | analysis [ənǽləsis] | test, examination, scrutiny, interpretation | n. 분석, 분해 |
| 2431 | tempt [tempt] | attract, lure, induce, appeal | v. 유혹하다, 부추기다 |
| 2432 | algebra [ǽldʒəbrə] | - | n. 대수(학) |
| 2433 | hospitality [hàspətǽləti] | neighborliness, companionship | n. 환대 |
| 2434 | reverse [rivə́ːrs] | v. invert a. contrary, hostile | v. 뒤집다, 거꾸로 하다 n. (정)반대 |
| 2435 | torture [tɔ́ːrʃər] | n. torment, suffering, agony, pain v. inflict | n. 고문, 고뇌 v. 고문하다, 고통을 주다 |
| 2436 | permit* [pəːrmít] | allow, let, endorse, admit | v. 허락하다, 허용하다 |
| 2437 | recede** [risíːd] | withdraw, retreat | v. 물러나다 |
| 2438 | convert* [kənvə́ːrt] | change, transform | v. 변하다 |
| 2439 | apprehend* [æ̀prihénd] | understand, grasp, comprehend | v. 체포하다 |
| 2440 | due [djuː] | scheduled, expected | a. ~ 때문에; ~하기로 예정된 n. ~에게 마땅히 주어져야 (또는 내야) 하는 것; 회비 |
| 2441 | petty [péti] | small, trifling, trivial, little | a. 작은, 마음이 좁은, 하찮은 |
| 2442 | idealist [aidíːəlist] | a. utopian | n. 이상주의자 a. 이상주의적인, 관념론적인 |
| 2443 | qualify [kwáləfài] | empower, entitle | v. 자격을 얻다, 취득하다; ~에게 자격을 주다, 권한을 주다 |
| 2444 | confound [kənfáund] | confuse, puzzle, baffle | v. 당혹하게 만들다; …이 틀렸음을 입증하다; (적을) 물리치다 |
| 2445 | miracle [mírəkl] | marvel, wonder | n. 기적 |
| 2446 | undergo** [ʌ̀ndərgóu] | experience, suffer | v. (시련을) 경험하다, 겪다; ~을 받다 |
| 2447 | cruelty [krúːəlti] | inhumanity, barbarity, savagery | n. 잔인함 |
| 2448 | collapse [kəlǽps] | n. downfall, breakdown v. fall, crash | n. 붕괴 v. 붕괴하다 |
| 2449 | independence [ìndipéndəns] | independency, liberty, self-sufficiency, self-support | n. 독립(심) |
| 2450 | entertain [èntərtéin] | amuse, please, divert | v. 기쁘게 하다, 접대하다 |

# USHER VOCABULARY 어셔 토플 기초영단어 (초·중·고등단어)

|  |  |  |  |
|---|---|---|---|
| 2451 | **prosecution** [pràsikjú:ʃən] | indictment, accusation; execution | n. 기소, 고발; 수행 |
| 2452 | **sphere**\*\* [sfiər] | ball, globe; area, field | n. 구체, 구형; 영역, 분야, 지역 |
| 2453 | **nobody** [nóubàdi] | nullity | n. 보잘 것 없는 사람 |
| 2454 | **tremble** [trémbl] | shake, quiver, quaver, quake, shiver, shudder | v. 떨다, 떨리다; 흔들리다 n. 떪, 떨림, 전율 |
| 2455 | **thirst** [θə:rst] | n. craving, longing, hunger, eagerness v. desire, covet, crave | n. 목마름, 갈망 v. 갈망하다 |
| 2456 | **stature** [stætʃər] | height, size; prestige | n. 키, 신장; 위상 |
| 2457 | **contempt** [kəntémpt] | scorn, disdain | n. 경멸, 멸시 |
| 2458 | **monopoly** [mənápəli] | cartel | n. 독점 |
| 2459 | **disgust** [disgʌ́st] | n. loathing, aversion v. sicken, nauseate | n. 혐오 v. 구역질나다, 혐오감을 유발하다 |
| 2460 | **kneel** [ni:l] | bend legs | v. 무릎을 꿇다, 굴복하다 |
| 2461 | **pang** [pæŋ] | pain, anguish, distress | n. 심한 고통 |
| 2462 | **dignity** [dígnəti] | majesty | n. 위엄 |
| 2463 | **vulgar** [vʌ́lgər] | coarse, mean, rude, disgusting | a. 저속한, 통속적인 |
| 2464 | **geometry** [dʒi:ámətri] | - | n. 기하학 |
| 2465 | **sincerity** [sinsérəti] | honesty, truth, faithfulness, good faith | n. 신실, 성실 |
| 2466 | **orbit** [ɔ́:rbit] | path, course | n. 궤도; 영향권 v. 궤도를 돌다 |
| 2467 | **organ** [ɔ́:rgən] | body part; branch | n. (생물의, 정치적인) 장기, 기관; 오르간 |
| 2468 | **compete** [kəmpí:t] | contend, vie, rival, contest | v. 경쟁하다, 겨루다 |
| 2469 | **germ** [dʒə:rm] | microbe, bacteria; beginning | n. 세균, 기원, 초기 |
| 2470 | **net** [net] | n. web, mesh a. clear, pure | n. 그물 a. 정미(正味)의, 순~ |
| 2471 | **repair** [ripɛ́ər] | v. mend, amend, fix n. renovation | v. 수리하다, 수선하다 n. 수리 |
| 2472 | **sly** [slai] | cunning, artful | a. 교활한, 간교한 |
| 2473 | **fund** [fʌnd] | money, finance, support | n. 자금, 기금; 돈 v. 자금[기금]을 대다 |
| 2474 | **broadcast** [brɔ́:dkæst] | n. telecast, transmission v. announce, make public; advertise | n. 방송 v. 널리 알리다, 방송하다; 광고하다 |
| 2475 | **malice** [mǽlis] | ill will, spite, enmity, malevolence | n. 악의, 해할 마음 |
| 2476 | **embark** [imbá:rk] | board; start, launch | v. 배를 타다; 시작하다 |
| 2477 | **reaction** [ri:ǽkʃən] | response, counteraction | n. 반동, 반응 |
| 2478 | **favor**\* [féivər] | n. kindness, good-will, approval, approbation v. support, assist, incline | n. 호의, 친절한 행위, 지지 v. 찬성하다, 돕다 |
| 2479 | **utter** [ʌ́tər] | a. absolute, thorough, sheer v. speak, state | a. 전적인, 완전한, 제대로된 v. 발언하다, 입을 열다 |
| 2480 | **mixture** [míkstʃər] | combination, compound, blend, composite | n. 혼합물 |
| 2481 | **conscience** [kánʃəns] | morals, inner voice, principles | n. 양심 |
| 2482 | **adhere**\*\* [ædhíər] | stick, cleave, cling; support, hold | v. 들러붙다; 지지하다 |
| 2483 | **community** [kəmjú:nəti] | group, section, society | n. 사회 |
| 2484 | **solitude** [sálitjù:d] | isolation, loneliness | n. 고독, 독거 |
| 2485 | **dominate** [dámənèit] | control, govern, dictate | v. 지배하다 |
| 2486 | **infancy** [ínfənsi] | childhood, babyhood, beginning | n. 유아기, 초기 |
| 2487 | **simultaneous**\* [sàiməltéiniəs] | concurrent, concomitant, synchronous | a. 동시의, 동시에 일어나는 |
| 2488 | **approximate** a. [əpráksəmət] v. [əpráksəmèit] | rough, near | a. 대략의, 거의 정확한, 근사치인 v. 비슷하다[가깝다] |
| 2489 | **commence** [kəméns] | begin, start, originate; be granted a degree | v. 시작하다; 학위를 받다 |
| 2490 | **influence** [ínfluəns] | n. effect, impact v. affect | n. 영향 v. 영향을 주다 |
| 2491 | **contagion** [kəntéidʒən] | infection, taint, contamination | n. 전염(병) |
| 2492 | **imperial** [impíəriəl] | magnificent, royal, majestic | a. 제국의, 황제의 |
| 2493 | **decay** [dikéi] | rot, deteriorate, decline, crumble, dwindle | n. 부패, 부식;(사회제도 등의) 쇠퇴[퇴락] v. 부식하다, 썩다 |
| 2494 | **wither** [wíðər] | fade, decay, decline, wilt | v. 시들다, 움츠러들다 |
| 2495 | **affection** [əfékʃən] | attachment, fondness, love | n. 애정, 호의 |
| 2496 | **excess** [iksés, ékses] | surplus, overplus | n. 초과, 과잉 |
| 2497 | **advocate**\*\* v. [ǽdvəkèit] n. [ǽdvəkət] | v. urge, support n. proponent, supporter, upholder | v. 옹호하다 n. 지지자, 신봉자 |
| 2498 | **sacred**\*\* [séikrid] | divine, holy | a. 신성한 |
| 2499 | **relax** [rilǽks] | loosen, slacken, relieve | v. 늦추다, 편하게 하다 |
| 2500 | **term** [tə:rm] | qualification; terminology; period, time | n. 조건; 용어, 기간 v. ~로 칭하다, 용어짓다 |

# USHER
usherin.usher.co.kr

## 단어시험 보는 방법
1. 화장실을 먼저 다녀옵니다.
2. 핸드폰을 꺼 둡니다.
3. 책상 위에 필기도구를 제외하고 깨끗이 치웁니다.
4. 단어 3회독 MP3파일을 틀고 시작합니다.

## 주의사항
1. 채감속도가 빠르다고 시험 도중 MP3 파일을 덤추지 마세요
2. 채점시 스펠링 & 품사 & 뜻 중 하나라도 빠트릿을 경우 틀린 답입니다.

| 틀린개수 | | 본인이름 |
|---|---|---|
| 채점자이름 | | |

| | | |
|---|---|---|
| 1 | 30 | 59 | 88 |
| 2 | 31 | 60 | 89 |
| 3 | 32 | 61 | 90 |
| 4 | 33 | 62 | 91 |
| 5 | 34 | 63 | 92 |
| 6 | 35 | 64 | 93 |
| 7 | 36 | 65 | 94 |
| 8 | 37 | 66 | 95 |
| 9 | 38 | 67 | 96 |
| 10 | 39 | 68 | 97 |
| 11 | 40 | 69 | 98 |
| 12 | 41 | 70 | 99 |
| 13 | 42 | 71 | 100 |
| 14 | 43 | 72 | 101 |
| 15 | 44 | 73 | 102 |
| 16 | 45 | 74 | 103 |
| 17 | 46 | 75 | 104 |
| 18 | 47 | 76 | 105 |
| 19 | 48 | 77 | 106 |
| 20 | 49 | 78 | 107 |
| 21 | 50 | 79 | 108 |
| 22 | 51 | 80 | 109 |
| 23 | 52 | 81 | 110 |
| 24 | 53 | 82 | 111 |
| 25 | 54 | 83 | 112 |
| 26 | 55 | 84 | 113 |
| 27 | 56 | 85 | 114 |
| 28 | 57 | 86 | 115 |
| 29 | 58 | 87 | 116 |

| 117 | 149 | 181 | 213 |
|---|---|---|---|
| 118 | 150 | 182 | 214 |
| 119 | 151 | 183 | 215 |
| 120 | 152 | 184 | 216 |
| 121 | 153 | 185 | 217 |
| 122 | 154 | 186 | 218 |
| 123 | 155 | 187 | 219 |
| 124 | 156 | 188 | 220 |
| 125 | 157 | 189 | 221 |
| 126 | 158 | 190 | 222 |
| 127 | 159 | 191 | 223 |
| 128 | 160 | 192 | 224 |
| 129 | 161 | 193 | 225 |
| 130 | 162 | 194 | 226 |
| 131 | 163 | 195 | 227 |
| 132 | 164 | 196 | 228 |
| 133 | 165 | 197 | 229 |
| 134 | 166 | 198 | 230 |
| 135 | 167 | 199 | 231 |
| 136 | 168 | 200 | 232 |
| 137 | 169 | 201 | 233 |
| 138 | 170 | 202 | 234 |
| 139 | 171 | 203 | 235 |
| 140 | 172 | 204 | 236 |
| 141 | 173 | 205 | 237 |
| 142 | 174 | 206 | 238 |
| 143 | 175 | 207 | 239 |
| 144 | 176 | 208 | 240 |
| 145 | 177 | 209 | 241 |
| 146 | 178 | 210 | 242 |
| 147 | 179 | 211 | 243 |
| 148 | 180 | 212 | 244 |

| 245 | 277 | 309 | 341 |
| --- | --- | --- | --- |
| 246 | 278 | 310 | 342 |
| 247 | 279 | 311 | 343 |
| 248 | 280 | 312 | 344 |
| 249 | 281 | 313 | 345 |
| 250 | 282 | 314 | 346 |
| 251 | 283 | 315 | 347 |
| 252 | 284 | 316 | 348 |
| 253 | 285 | 317 | 349 |
| 254 | 286 | 318 | 350 |
| 255 | 287 | 319 | 351 |
| 256 | 288 | 320 | 352 |
| 257 | 289 | 321 | 353 |
| 258 | 290 | 322 | 354 |
| 259 | 291 | 323 | 355 |
| 260 | 292 | 324 | 356 |
| 261 | 293 | 325 | 357 |
| 262 | 294 | 326 | 358 |
| 263 | 295 | 327 | 359 |
| 264 | 296 | 328 | 360 |
| 265 | 297 | 329 | 361 |
| 266 | 298 | 330 | 362 |
| 267 | 299 | 331 | 363 |
| 268 | 300 | 332 | 364 |
| 269 | 301 | 333 | 365 |
| 270 | 302 | 334 | 366 |
| 271 | 303 | 335 | 367 |
| 272 | 304 | 336 | 368 |
| 273 | 305 | 337 | 369 |
| 274 | 306 | 338 | 370 |
| 275 | 307 | 339 | 371 |
| 276 | 308 | 340 | 372 |

| 373 | 405 | 437 | 469 |
| --- | --- | --- | --- |
| 374 | 406 | 438 | 470 |
| 375 | 407 | 439 | 471 |
| 376 | 408 | 440 | 472 |
| 377 | 409 | 441 | 473 |
| 378 | 410 | 442 | 474 |
| 379 | 411 | 443 | 475 |
| 380 | 412 | 444 | 476 |
| 381 | 413 | 445 | 477 |
| 382 | 414 | 446 | 478 |
| 383 | 415 | 447 | 479 |
| 384 | 416 | 448 | 480 |
| 385 | 417 | 449 | 481 |
| 386 | 418 | 450 | 482 |
| 387 | 419 | 451 | 483 |
| 388 | 420 | 452 | 484 |
| 389 | 421 | 453 | 485 |
| 390 | 422 | 454 | 486 |
| 391 | 423 | 455 | 487 |
| 392 | 424 | 456 | 488 |
| 393 | 425 | 457 | 489 |
| 394 | 426 | 458 | 490 |
| 395 | 427 | 459 | 491 |
| 396 | 428 | 460 | 492 |
| 397 | 429 | 461 | 493 |
| 398 | 430 | 462 | 494 |
| 399 | 431 | 463 | 495 |
| 400 | 432 | 464 | 496 |
| 401 | 433 | 465 | 497 |
| 402 | 434 | 466 | 498 |
| 403 | 435 | 467 | 499 |
| 404 | 436 | 468 | 500 |

# Day 6

USHER VOCABURARY

# 어셔 토플 **기초영단어** (초·중·고등단어)

**USHER 단어암기 프로그램 별도 판매**
usherin.usher.co.kr

## 오늘의 단어 체크 순서 및 주의사항

**USHER VOCABULARY** 어셔 토플 기초영단어 (초·중·고등단어)

### 1. 아는 것과 모르는 것을 구별하는 기준은 "보는 즉시" 아는 것만이 진짜 아는 것이다.

다음 정도로 아는 것은 아는 것이 아닙니다.
- 알 것 같은데?
- 예전에 본건 확실한데?
- 천천히 생각하면 기억날 것 같은데?

### 2. 500개중 몇 개를 모르는지 확인하는 것을 시작점으로 시간을 계산해 봅니다.

(보통 단어 하나 외우는데 걸리는 시간은 5분 정도로 잡아도 쉬운 일이 아닙니다.)
내가 모르는 단어 80개/500X5분 = 400분 = 거의 9시간 이상 분량
**(50분 암기+ 10분 휴식기준+*시험 시간 500개 시험에 근 2시간)도 시간계산에 넣어야 합니다.**

### 3. 이를 기준으로 객관적인 본인의 하루 목표를 잡아야 합니다.

무조건 500개 목표하는 것 자체가 목표가 되어선 안됩니다.

### 4. 5분 동안 외운다고 목표 잡았을 때 5분 내내 한 단어만 외우는 "어리석은" 짓을 하면 안됩니다.

단어암기는 반복적으로 봐야 합니다. 최소 5번 정도 본다고 생각해야 합니다.
- 처음 외울 때 고민 2~3분 *5번 참조
- 두 번째 볼 때 1~2분 (처음에 안 된 단어를 잘 외워지도록 하는 고민 포함)
- 세 번째-다섯 번째 1~2분 (하루 분량 전체를 눈으로만 빠르게 반복 확인)

### 5. 고민단계를 꼭 확인해야 합니다

모르는 단계는 무조건 외우려 들지 말고 잘라보거나 발음해보는 등의 방법 (7페이지 안내문 참조) 등을 최대한 고민해서 **내가 외우기 쉽게 만들어 줄 힌트들을 단어 옆에 적어 두어야 합니다.**

### 6. 공부 환경 조성

- 핸드폰 꺼두기
- 책상 위 깨끗이 치우기
- 끝내야 할 개수와 끝내기로 한 시간 다시 한번 체크하고 긴장하기

### 7. 단어를 다 외우고 시험을 반드시 봐야 합니다.

시험은 인간의 게으름과 실수를 잡는 인류 최고의 발명품 입니다.

### 8. 시험보고 버리는 게 아니라, 시험보고 틀린 단어 는 다시 한번 점검하고 오늘의 단어에 다시 한번 표시 해 두시기 바랍니다.

오늘은 못 외웠지만, 이렇게 한번 더 봐야 다음에 긴장하고 보고, 가끔씩은 그 사이 외워지기도 합니다. ^.^

---

**오늘의 단어** — 모르는 단어 개수 : _____ 개 / 나의 오늘 목표는 _____ 번부터 _____ 번까지 !!!

1회독 : _____ / 500개    1회독 : _____ / 500개    1회독 : _____ / 500개    1회독 : _____ / 500개

_____ / 500개X5분=_____분 (약 _____ 시간 필요) *휴식시간 및 시험시간(500개당 2시간 입니다)을 꼭 넣어야 합니다.

# Day 6

| No. | Word | Pronunciation | Meaning |
|---|---|---|---|
| 2501 | people | [píːpl] | n. 사람들 |
| 2502 | taxi | [tǽksi] | n. 택시 |
| 2503 | foot | [fut] | n. 발 |
| 2504 | point | [pɔint] | n. (뾰족한)끝 / v. ~를 가리키다 |
| 2505 | left | [left] | n. 왼쪽 / v. leave의 과거.과거 분사형 |
| 2506 | cake | [keik] | n. 케이크 |
| 2507 | among | [əmʌ́ŋ] | prep. ~사이에, ~가운데 |
| 2508 | back | [bæk] | n. 뒤, 등 / v. 돌아오다 |
| 2509 | red | [red] | a. 빨간, 붉은색의 |
| 2510 | act | [ækt] | v. 행동하다 / n. 행동, 행위 |
| 2511 | candy | [kǽndi] | n. 사탕, 캔디 |
| 2512 | monkey | [mʌ́ŋki] | n. 원숭이 |
| 2513 | floor | [flɔːr] | n. 마루, 바닥 |
| 2514 | bye | [bai] | int. 잘가요, 안녕(헤어질 때 하는 인사말) |
| 2515 | police | [pəlíːs] | n. 경찰 |
| 2516 | wall | [wɔːl] | n. 벽, 담 |
| 2517 | it | [it] | pron. 그것, 날씨를 나타낼 때, 사람을 나타낼 때 |
| 2518 | young | [jʌŋ] | a. 젊은, 어린 |
| 2519 | cold | [kould] | a. 추운, 차가운 |
| 2520 | fool | [fuːl] | n. 바보 |
| 2521 | again | [əgén, əgéin] | ad. 또, 다시 한 번 |
| 2522 | bed | [bed] | n. 침대 |
| 2523 | horse | [hɔːrs] | n. 말 |
| 2524 | come | [kʌm] | v. 오다 |
| 2525 | engine | [éndʒin] | n. (기계의)엔진 |
| 2526 | next | [nekst] | ad. (to와 함께) ~의 옆에 / a. 다음의 |
| 2527 | aunt | [ænt, aːnt] | n. 숙모, 고모, 이모, 아주머니 |
| 2528 | meter | [míːtər] | n. (길이.거리의 측정 단위) 미터 |
| 2529 | between | [bitwíːn] | prep. ~의 사이에 |
| 2530 | bread | [bred] | n. 빵 |
| 2531 | skirt | [skəːrt] | n. 치마, 스커트 |
| 2532 | airplane | [éːrplein] | n. 비행기 |
| 2533 | where | [hwɛər] | conj. ~곳 / ad. 어디에 |
| 2534 | gas | [gæs] | n. 휘발유, 기름 |
| 2535 | pig | [pig] | n. 돼지 |
| 2536 | sea | [siː] | n. 바다 |
| 2537 | tiger | [táigər] | n. 호랑이 |
| 2538 | bench | [bentʃ] | n. 벤치, 긴 의자 |
| 2539 | poster | [póustər] | n. 포스터 |
| 2540 | there | [ðɛr] | ad. 그 곳에, 거기에 / v. (be동사와 함께)~이 있다 |
| 2541 | age | [eidʒ] | n. 나이, 연령 |
| 2542 | earth | [əːrθ] | n. 지구, 땅 |
| 2543 | every | [évri] | a. 매~, 모든 |
| 2544 | pay | [pei] | v. (돈을) 지불하다 |
| 2545 | hi | [hai] | int. 안녕 |
| 2546 | today | [tədéi] | n. 오늘 / ad. 오늘 |
| 2547 | often | [ɔ́ːfən] | ad. 흔히, 자주 |
| 2548 | guitar | [gitɑ́ːr] | n. 기타 |
| 2549 | clock | [klak] | n. 시계, 탁상시계 |
| 2550 | she | [ʃiː; ʃi] | pron. 그녀는, 그녀가 |

# USHER VOCABULARY 어셔 토플 기초영단어 (초·중·고등단어)

|  |  |  |  |
|---|---|---|---|
| 2551 | yellow | [jélou] | n. 노란색 / a. 노란색의 |
| 2552 | hungry | [hʌ́ŋgri] | a. 배고픈, 굶주린 |
| 2553 | girl | [gəːrl] | n. 소녀 |
| 2554 | grape | [greip] | n. 포도 |
| 2555 | bath | [bæθ] | n. 목욕 |
| 2556 | song | [sɔ́ːŋ] | n. 노래 |
| 2557 | time | [taim] | n. 시간, 시각, 곱하기, ~배, ~번 |
| 2558 | work | [wəːrk] | n. 일, 직장, 사무실 / v. 일하다, 근무하다 |
| 2559 | truck | [trʌk] | n. 트럭 |
| 2560 | coffee | [kɔ́ːfi] | n. 커피 |
| 2561 | market | [máːrkit] | n. 시장 |
| 2562 | supermarket | [súːpərmàːrkit] | n. 슈퍼마켓 |
| 2563 | half | [hæf] | n. 반, 절반 |
| 2564 | church | [tʃəːrtʃ] | n. 교회 |
| 2565 | Christmas | [krísməs] | n. 크리스마스 |
| 2566 | not | [nɑ́t] | ad. ~아니다 |
| 2567 | please | [pliːz] | ad. 제발, 미안하지만 / v. ~를 기쁘게 하다 |
| 2568 | strawberry | [strɔ́ːbèri] | n. 딸기 |
| 2569 | lady | [léidi] | n. 숙녀, 귀부인 |
| 2570 | cute | [kjuːt] | a. 귀여운 |
| 2571 | you | [ju, jə; júː] | pron. 너, 너희들, 당신(들), (일반적으로)사람들 |
| 2572 | balloon | [bəlúːn] | n. 풍선 |
| 2573 | bus | [bʌs] | n. 버스 |
| 2574 | sit | [sit] | v. 앉다 |
| 2575 | banana | [bənǽnə] | n. 바나나 |
| 2576 | duck | [dʌk] | n. 오리 |
| 2577 | storm | [stɔːrm] | n. 폭풍우 |
| 2578 | actor | [ǽktər] | n. 영화배우 |
| 2579 | buy | [bai] | v. 사다 |
| 2580 | street | [striːt] | n. 거리, 길 |
| 2581 | thing | [θiŋ] | n. 물건 |
| 2582 | here | [hiər] | ad. 여기에서, 여기에 |
| 2583 | white | [wait] | a. 흰색의 |
| 2584 | few | [fjuː] | a. 거의 없는 |
| 2585 | green | [griːn] | n. 녹색 / a. 녹색의 |
| 2586 | film | [film] | n. 필름, 영화 |
| 2587 | oil | [ɔil] | n. 기름, 유화, 유화물감 |
| 2588 | any | [əni, éni] | a. 어떤, 무슨, 무언가 |
| 2589 | thank | [θæŋk] | v. ~에게 고맙다고 하다 |
| 2590 | yeah | [jɛə] | int. 네 |
| 2591 | finger | [fíŋgər] | n. 손가락 |
| 2592 | bag | [bæg] | n. 자루, 가방 |
| 2593 | he | [hi; híː] | pron. 그가, 그는 |
| 2594 | now | [nau] | ad. 지금, 현재 |
| 2595 | ribbon | [ríbən] | n. 리본, 장식용 띠 |
| 2596 | clothes | [klouz, klouðz] | n. 옷 |
| 2597 | chicken | [tʃíkən] | n. 닭, 닭고기 |
| 2598 | shirt | [ʃəːrt] | n. 셔츠 |
| 2599 | big | [big] | a. 큰, 커다란 |
| 2600 | to | [tu, tə; túː] | prep. ~에, ~로, ~에게 |

# Day 6

| No. | Word | Pronunciation | Meaning |
|---|---|---|---|
| 2601 | arm | [a:rm] | n. 팔 |
| 2602 | have | [həv, əv, ; hæv] | v. 가지다, 가지고 있다, ~하다 |
| 2603 | with | [wəð, wəθ; wíð, wíθ] | prep. ~와 함께, ~으로, ~을 써서 |
| 2604 | map | [mæp] | n. 지도 |
| 2605 | yesterday | [jéstərdèi, -di] | n. 어제 / ad. 어제 |
| 2606 | music | [mjú:zik] | n. 음악 |
| 2607 | o'clock | [əklάk] | ad. ~시 |
| 2608 | walk | [wɔ:k] | n. 걷기, 산책 / v. 걷다 |
| 2609 | middle | [mídl] | n. 중간, 중앙 |
| 2610 | queen | [kwi:n] | n. 왕비, 여왕 |
| 2611 | star | [sta:r] | n. 별, 인기인, 유명인사, (호텔이나 식당의) 등급 표시 |
| 2612 | medal | [médl] | n. 메달, 훈장 |
| 2613 | brush | [brʌʃ] | n. 솔 |
| 2614 | put | [put] | v. ~을 놓다, 두다 |
| 2615 | pencil | [pénsəl] | n. 연필 |
| 2616 | this | [ðis] | pron. 이~, 이사람, 이것 |
| 2617 | what | [hwət] | conj. 무엇, 무슨 |
| 2618 | how | [hau] | ad. 어떻게, 어느 정도, 얼마만큼 |
| 2619 | sock | [sak] | n. 양말 |
| 2620 | rose | [rouz] | n. 장미 / v. rise의 과거형 |
| 2621 | open | [óupən] | v. ~을 열다, 열려 있는 |
| 2622 | too | [tu:] | ad. 또한, 역시, 너무, 지나치게 |
| 2623 | evening | [í:vniŋ] | n. 저녁, 밤 |
| 2624 | off | [ɔ:f, af] | prep. (옷·신발 등을) 벗고, 멀리 / ad. (전기·가스등을) 꺼 놓고 |
| 2625 | the | [ðə ð ði:; ði] | a. 그~, 저~, 유일한 사물·대상을 나타낼 때 |
| 2626 | bad | [bæd] | a. (행동이) 나쁜, 옳지 않은, (음식 등이)상한, 서투른 |
| 2627 | lie | [lai] | n. 거짓말 / v. 눕다 |
| 2628 | door | [dɔ:r] | n. 문 |
| 2629 | beside | [bisáid] | prep. ~의 옆에 |
| 2630 | other | [ʌ́ðər] | a. 다른, 그 밖의 |
| 2631 | hope | [houp] | n. 희망, 기대 / v. ~을 바라다, 희망하다 |
| 2632 | desk | [desk] | n. 책상 |
| 2633 | curtain | [kə́:rtn] | n. 커튼 |
| 2634 | ago | [əgóu] | ad. ~전에 |
| 2635 | south | [sauθ] | n. 남쪽 |
| 2636 | tea | [ti:] | n. 차, 홍차 |
| 2637 | ask | [æsk] | v. 묻다. 질문하다 |
| 2638 | or | [ər; ɔ́r] | conj. 또는, 혹은 |
| 2639 | flag | [flæg] | n. 기, 깃발 |
| 2640 | moon | [mu:n] | n. 달 |
| 2641 | teach | [ti:tʃ] | v. 가르치다 |
| 2642 | baby | [béibi] | n. 아기 |
| 2643 | dress | [dres] | n. 드레스, 옷 / v. 옷 입다 |
| 2644 | hamburger | [hæmbə̀:rgər] | n. 햄버거 |
| 2645 | camp | [kæmp] | v. 야영하다, 캠프하다 |
| 2646 | mountain | [máuntən] | n. 산 |
| 2647 | snow | [snou] | n. 눈 / v. 눈이 내리다 |
| 2648 | hear | [hiər] | v. ~이 들리다, ~을 듣다 |
| 2649 | write | [rait] | v. 쓰다 |
| 2650 | know | [nou] | v. ~를 알다 |

# USHER VOCABULARY 어셔 토플 기초영단어 (초·중·고등단어)

|  |  |  |  |
|---|---|---|---|
| 2651 | print | [print] | n. 인쇄 / v. 인쇄하다, 발행하다, (프린터에서) 프린트하다 |
| 2652 | flower | [fláuər] | n. 꽃 |
| 2653 | country | [kʌ́ntri] | n. 나라, 국가, 시골 |
| 2654 | wing | [wiŋ] | n. (새, 곤충 등의) 날개 |
| 2655 | skate | [skeit] | n. 스케이트 / v. 스케이트 타다 |
| 2656 | jungle | [dʒʌ́ŋgl] | n. 밀림, 정글 |
| 2657 | yes | [jes] | int. 네, 그렇습니다 |
| 2658 | birthday | [bə́:rθdèi] | n. 생일 |
| 2659 | north | [nɔ:rθ] | n. 북쪽 |
| 2660 | tired | [taiərd] | a. 피곤한, 지친, 싫증난, 질린 |
| 2661 | ruler | [rú:lər] | n. 자 |
| 2662 | on | [ɔn, n; ɑn, ɔ́:n] | prep. ~위에 |
| 2663 | basket | [bǽskit] | n. 바구니 |
| 2664 | play | [plei] | v. 놀다, (운동 경기를)하다, 연주하다 |
| 2665 | tulip | [tjú:lip] | n. 튤립 |
| 2666 | tennis | [ténis] | n. 정구, 테니스 |
| 2667 | autumn | [ɔ́:təm] | n. 가을 |
| 2668 | breakfast | [brékfəst] | n. 아침식사 |
| 2669 | class | [klæs] | n. 학급, 반, 수업 |
| 2670 | must | [məst; mʌ́st] | aux.v ~해야 한다, ~임에 틀림없다 |
| 2671 | sun | [sʌn] | n. 태양, 해 |
| 2672 | try | [trai] | v. ~을 해보다, 시도하다, 노력하다 |
| 2673 | roof | [ru:f] | n. 지붕 |
| 2674 | find | [faind] | v. ~을 발견하다, ~을 찾다 |
| 2675 | melon | [mélən] | n. 멜론, 참외 |
| 2676 | wait | [weit] | v. 기다리다 |
| 2677 | dial | [dáiəl] | v. 전화 걸다, 다이얼을 돌리다 |
| 2678 | listen | [lísn] | v. 듣다, 귀를 기울이다 |
| 2679 | window | [wíndou] | n. 창문 |
| 2680 | steam | [sti:m] | n. 증기 |
| 2681 | why | [hwai] | ad. 왜, 어째서 |
| 2682 | cap | [kæp] | n. 모자 |
| 2683 | pen | [pen] | n. 펜 |
| 2684 | in | [in, ən; ín] | prep. ~안에(서) |
| 2685 | radio | [réidiòu] | n. 라디오 |
| 2686 | bell | [bel] | n. 종, 방울, 종소리 |
| 2687 | violin | [vàiəlín] | n. 바이올린 |
| 2688 | lamp | [læmp] | n. 등, 램프 |
| 2689 | piano | [piǽnou] | n. 피아노 |
| 2690 | go | [gou] | v. 가다 |
| 2691 | of | [əv; ʌ́v] | prep. ~의, ~중에서, ~로 만든 |
| 2692 | soon | [su:n] | ad. 곧, 머지않아 |
| 2693 | wash | [waʃ, wɔ:] | v. ~을 씻다 |
| 2694 | fly | [flai] | v. 날다, ~을 날리다 |
| 2695 | cup | [kʌp] | n. 컵, 잔 |
| 2696 | page | [peidʒ] | n. 페이지, 쪽 |
| 2697 | house | [haus] | n. 집 |
| 2698 | student | [stju:dnt] | n. 학생 |
| 2699 | tree | [tri:] | n. 나무 |
| 2700 | question | [kwéstʃən] | n. 물음, 질문 |

# Day 6

| No. | Word | Pronunciation | Meaning |
|---|---|---|---|
| 2701 | sky | [skai] | n. 하늘 |
| 2702 | down | [daun] | ad. 아래로, 낮은 곳으로 |
| 2703 | before | [bifɔ́:r, bəfɔ́:r] | prep. ~앞에, ~전에 |
| 2704 | see | [si:] | v. 보다 |
| 2705 | hill | [hil] | n. 언덕 |
| 2706 | hose | [houz] | n. 호스 |
| 2707 | classmate | [klǽsmeit] | n. 급우, 반 친구 |
| 2708 | winter | [wíntər] | n. 겨울 |
| 2709 | water | [wɔ́:tər, wɑ́tər] | n. 물 |
| 2710 | butter | [bʌ́tər] | n. 버터 |
| 2711 | computer | [kəmpjú:tər] | n. 컴퓨터 |
| 2712 | king | [kiŋ] | n. 왕, 임금 |
| 2713 | out | [aut] | ad. 밖에 / prep. 밖으로 |
| 2714 | silver | [sílvər] | a. 은색의 / n. 은 |
| 2715 | brother | [brʌ́ðər] | n. 형제, 형, 오빠, 남동생 |
| 2716 | like | [laik] | v. 좋아하다, ~와 같은, ~와 닮은 |
| 2717 | album | [ǽlbəm] | n. 앨범, 사진첩 |
| 2718 | apartment | [əpɑ́:rtmənt] | n. 아파트 |
| 2719 | away | [əwéi] | ad. 멀리, 떨어져서, 저쪽에, ~에 없는 |
| 2720 | rock | [rak] | n. 바위, 작은 돌 |
| 2721 | lion | [láiən] | n. 사자 |
| 2722 | road | [roud] | n. 길, 도로 |
| 2723 | bicycle | [báisikl] | n. 자전거 |
| 2724 | plan | [plæn] | n. 계획 |
| 2725 | some | [səm; sʌm] | a. 얼마간의, 약간의 / ad. 대략, ~쯤 |
| 2726 | hotel | [houtél] | n. 호텔 |
| 2727 | wind | [wind, waind] | n. 바람 / v. ~을 감다 |
| 2728 | dog | [dɔ:g] | n. 개 |
| 2729 | visit | [vízit] | v. 방문하다 |
| 2730 | warm | [wɔ:rm] | a. 따뜻한 |
| 2731 | cream | [kri:m] | n. 크림 / a. 크림색의 |
| 2732 | cow | [kau] | n. 암소 |
| 2733 | doctor | [dɑ́ktər] | n. 의사 |
| 2734 | summer | [sʌ́mər] | n. 여름 |
| 2735 | sure | [ʃuər] | a. ~을 확신하는 |
| 2736 | week | [wi:k] | a. 주, 1주일 |
| 2737 | grow | [grou] | v. 자라다, 성장하다, ~이 되다 |
| 2738 | from | [frəm; frʌm, frɑm] | prep. ~에서, ~로부터 |
| 2739 | use | [ju:z] | v. ~을 사용하다, 쓰다 |
| 2740 | tonight | [tənáit] | n. 오늘 밤 |
| 2741 | beautiful | [bjú:təfəl] | a. 아름다운, 예쁜 |
| 2742 | pear | [pɛər] | n. 배 |
| 2743 | airport | [éərpɔ̀:rt] | n. 공항, 비행장 |
| 2744 | island | [áilənd] | n. 섬 |
| 2745 | jet | [dʒet] | n. 제트기 |
| 2746 | cassette | [kəsét, kæ-] | n. 카세트테이프 |
| 2747 | test | [test] | n. 테스트, 시험 |
| 2748 | so | [sou:, sə] | ad. 그렇게, 그와 같이, 몹시, 상당히 |
| 2749 | into | [íntə íntu; ínt] | prep. ~안으로, ~속으로 |
| 2750 | park | [pɑ:rk] | n. 공원, 유원지 |

# USHER VOCABULARY 어셔 토플 기초영단어 (초·중·고등단어)

|  |  |  |  |
|---|---|---|---|
| 2751 | soccer | [sákər] | n. 축구 |
| 2752 | when | [hwən] | conj. ~할 때 / ad. 언제 |
| 2753 | news | [nju:z] | n. 뉴스, 소식 |
| 2754 | table | [téibl] | n. 식탁, 테이블, 표, 목록 |
| 2755 | lunch | [lʌntʃ] | n. 점심 |
| 2756 | that | [ðæ't] | pron. 저것, 그것 / a. 저~, 그~ |
| 2757 | get | [get] | v. ~을 얻다, ~을 사다 |
| 2758 | gate | [geit] | n. 문, 출입문 |
| 2759 | friend | [frend] | n. 친구 |
| 2760 | number | [nʌmbər] | n. 수, 숫자 |
| 2761 | then | [ðen] | ad. 그때, 그 다음에 |
| 2762 | uncle | [ʌŋkl] | n. 아저씨, 삼촌, 숙부 |
| 2763 | hen | [hen] | n. 암탉 |
| 2764 | team | [ti:m] | n. 팀, 조 |
| 2765 | be | [bi; bi:] | v. ~이다, ~이 되다 |
| 2766 | spoon | [spu:n] | n. 숟가락 |
| 2767 | hour | [auər] | n. 시간 |
| 2768 | supper | [sʌpər] | n. 저녁식사 |
| 2769 | much | [mʌtʃ] | a. 많은 |
| 2770 | nice | [nais] | a. 좋은, 멋진, 친절한 |
| 2771 | can | [kən; kæn] | aux.v ~할 수 있다 |
| 2772 | gold | [gould] | n. 황금, 금 / a. 황금으로 만든 |
| 2773 | bird | [bə:rd] | n. 새 |
| 2774 | juice | [dʒu:s] | n. 주스 |
| 2775 | sorry | [sári, sɔ́:ri] | a. 가엾은, 미안한, 죄송한 |
| 2776 | tape | [teip] | v. (테이프로) ~을 붙이다 / n. 접착용 테이프, 녹음용 테이프 |
| 2777 | and | [ənd, ən, nd, n; m; ŋ] | conj. 그리고, ~와 |
| 2778 | ice | [ais] | n. 얼음, 빙판 |
| 2779 | crayon | [kréian] | n. 크레용 |
| 2780 | round | [raund] | a. 둥근, 원형의 |
| 2781 | movie | [mú:vi] | n. 영화 |
| 2782 | hat | [hæt] | n. 모자 |
| 2783 | late | [leit] | a. 늦은 |
| 2784 | camera | [kǽmərə] | n. 카메라, 사진기 |
| 2785 | orange | [ɔ́:rindʒ, árindʒ] | n. 오렌지 |
| 2786 | all | [ɔ:l] | a. 모든 / pron. 모두, 전부 |
| 2787 | pants | [pænts] | n. 바지 |
| 2788 | rain | [rein] | n. 비 / v. 비가 오다 |
| 2789 | toy | [tɔi] | n. 장난감 |
| 2790 | card | [ka:rd] | n. 카드 |
| 2791 | scissors | [sízərz] | n. 가위 |
| 2792 | swim | [swim] | v. 헤엄치다, 수영하다 |
| 2793 | eye | [ais] | n. 눈 |
| 2794 | across | [əkrɔ́:s, əkrás] | ad. ~을 건너서 / prep. ~을 가로질러 |
| 2795 | pipe | [paip] | n. 관, 파이프, 파이프 담배 |
| 2796 | boy | [bɔi] | n. 소년, 사내아이 |
| 2797 | talk | [tɔ:k] | v. 말하다, 이야기하다 |
| 2798 | sing | [siŋ] | v. 노래하다 |
| 2799 | corner | [kɔ́:rnər] | n. 구석, 모퉁이 |
| 2800 | zoo | [zu:] | n. 동물원 |

# Day 6

| No. | Word | Pronunciation | Meaning |
|---|---|---|---|
| 2801 | story | [stɔ́:ri] | n. 이야기 |
| 2802 | east | [i:st] | n. 동쪽 |
| 2803 | cartoon | [ka:rtú:n] | n. 만화 |
| 2804 | book | [buk] | n. 책 |
| 2805 | do | [du, də; du:] | v. ~을 하다, 행하다 / aux. v 의문문.부정문의 조동사 |
| 2806 | a | [ə;éi, ən;ǽn] | a. 하나의 |
| 2807 | which | [hwitʃ] | n. 어느 것 / a. 어느~ |
| 2808 | cheese | [tʃi:z] | n. 치즈 |
| 2809 | cross | [krɔ:s] | v. (길 따위를) 건너다 |
| 2810 | they | [ðei] | pron. 그들, 그것들 |
| 2811 | pocket | [pákit] | n. 호주머니 |
| 2812 | welcome | [wélkəm] | v. 환영하다 |
| 2813 | cloud | [klaud] | n. 구름 |
| 2814 | place | [pleis] | n. 장소, 곳 |
| 2815 | oh | [ou] | int. 아, 아이구 |
| 2816 | button | [bʌ́tən] | n. 단추, (벨의)누름단추 |
| 2817 | mouth | [mauθ] | n. 입 |
| 2818 | ill | [il] | a. 병든, 건강이 나쁜 |
| 2819 | ship | [ʃip] | n. 배 |
| 2820 | switch | [switʃ] | n. 스위치 / v. ~을 바꾸다 |
| 2821 | by | [bai] | prep. ~의 옆에 |
| 2822 | if | [if] | conj. 만일~라면 |
| 2823 | afternoon | [ǽˌftərnu:n] | n. 오후 |
| 2824 | xylophone | [záiləfòun] | n. 실로폰 |
| 2825 | apple | [ǽpl] | n. 사과 |
| 2826 | son | [sʌn] | n. 아들 |
| 2827 | comic book | [kámik buk] | n. 만화책 |
| 2828 | same | [seim] | pron. 같은 것 / a. 같은, 똑같은 |
| 2829 | until | [əntíl, ʌn-] | prep. ~까지 / conj. ~까지 |
| 2830 | cat | [kæt] | n. 고양이 |
| 2831 | year | [jiər] | n. 해, 년, (나이) ~살 |
| 2832 | forget | [fərgét] | v. ~을 잊다 |
| 2833 | chalk | [tʃɔ:k] | n. 분필, 백묵 |
| 2834 | night | [nait] | n. 밤 |
| 2835 | box | [baks] | n. 상자 |
| 2836 | ink | [iŋk] | n. 잉크 |
| 2837 | an | [ən; æn] | a. 하나의 |
| 2838 | about | [əbáut] | prep. ~에 대하여 / ad. 대략~, 약~ |
| 2839 | city | [síti] | n. 도시 |
| 2840 | father | [fá:ðər] | n. 아버지, (천주교의)신부님 |
| 2841 | think | [θiŋk] | v. 생각하다 |
| 2842 | keep | [ki:p] | v. ~을 지니다, 가지다 |
| 2843 | money | [mʌ́ni] | n. 돈 |
| 2844 | woman | [wúmən] | n. 여자, 여성 |
| 2845 | car | [ka:r] | n. 자동차 |
| 2846 | morning | [mɔ́:rniŋ] | n. 아침, 오전 |
| 2847 | fork | [fɔ:rk] | n. 식탁용 포크, 갈림길 |
| 2848 | black | [blæk] | a. 검은 / n. 검은색 |
| 2849 | thunder | [θʌ́ndər] | n. 천둥 |
| 2850 | zero | [zíərou] | n. 영(0) / a. 영의 |

# USHER VOCABULARY 어셔 토플 기초영단어 (초·중·고등단어)

|  |  |  |  |
|---|---|---|---|
| 2851 | lake | [leik] | n. 호수 |
| 2852 | peace | [pi:s] | n. 평화 |
| 2853 | learn | [lə:rn] | v. ~을 배우다, 익히다 |
| 2854 | than | [ðən; ðæn] | v. ~보다 |
| 2855 | burnt | [blʌnt] | v. burn의 과거, 과거분사형 |
| 2856 | OK | [óukéi, òukéi, óukèi] | int. 좋아요, 됐어요 |
| 2857 | glove | [glʌv] | n. 장갑(의 한쪽) |
| 2858 | robot | [róubət] | n. 로봇 |
| 2859 | kid | [kid] | n. 어린아이 / v. 농담하다 |
| 2860 | who | [hu:; hu, u] | pron. 누구 |
| 2861 | grandma | [grændmɑ́:] | n. 할머니 |
| 2862 | knock | [nak] | v. (문을)두드리다, 노크하다 |
| 2863 | fish | [fiʃ] | n. 물고기 |
| 2864 | always | [ɔ́:lweiz, -wi:z] | ad. 항상, 언제나 |
| 2865 | as | [əz, æz] | ad. ~만큼 / conj. ~할 때 / prep. ~하면서, ~로서 |
| 2866 | video | [vídiòu] | n. 비디오 |
| 2867 | tomorrow | [təmɔ́:rou, təmʌ́rrou] | n. 내일 / ad. 내일 |
| 2868 | animal | [ǽnəməl] | n. 동물, 짐승 |
| 2869 | leg | [leg] | n. 다리 |
| 2870 | kick | [kik] | v. 차다 |
| 2871 | sister | [sístər] | n. 여동생, 누나, 언니 |
| 2872 | nose | [nouz] | n. 코 |
| 2873 | soup | [su:p] | n. 수프 |
| 2874 | tomato | [təméitou] | n. 토마토 |
| 2875 | glass | [glæs] | n. 유리, 잔 |
| 2876 | pin | [pin] | n. 핀 |
| 2877 | stove | [stouv] | n. 난로, 화덕 |
| 2878 | blank | [blæŋk] | a. 비어있는 |
| 2879 | kitchen | [kítʃən] | n. 부엌 |
| 2880 | color | [kʌ́lər] | n. 빛깔, 색 |
| 2881 | service | [sə́:rvis] | n. 서비스, 손님 시중, 예배, 교통편, 군대 |
| 2882 | club | [klʌb] | n. 클럽, 모임 |
| 2883 | show | [ʃou] | v. 보여주다 / n. 구경거리, 쇼, 전시회 |
| 2884 | soap | [soup] | n. 비누 |
| 2885 | sweater | [swétər] | n. 스웨터 |
| 2886 | river | [rívər] | n. 강 |
| 2887 | slow | [slou] | a. 느린 |
| 2888 | picnic | [píknik] | n. 소풍, 피크닉 |
| 2889 | pink | [piŋk] | n. 연분홍색, 핑크색 |
| 2890 | room | [ru:m] | n. 방 |
| 2891 | boat | [bout] | n. 보트, 작은 배 |
| 2892 | knife | [naif] | n. 칼, (식탁의)나이프 |
| 2893 | west | [west] | n. 서쪽 |
| 2894 | pine | [pain] | n. 솔, 소나무 |
| 2895 | fire | [faiər] | n. 불, 화재 |
| 2896 | blue | [blu:] | a. 파란, 푸른 / n. 파란색, 푸른색 |
| 2897 | month | [mʌnθ] | n. 달, 개월 |
| 2898 | speak | [spi:k] | v. 말하다 |
| 2899 | hair | [hɛər] | n. 머리카락 |
| 2900 | dad | [dæd] | n. 아빠 |

# Day 6

| No. | Word | Pronunciation | Meaning |
|---|---|---|---|
| 2901 | feel | [fi:l] | v. ~을 느끼다 |
| 2902 | around | [əráund] | prep. ~주위에, ~둘레에 |
| 2903 | Mrs | [mísiz] | n. ~씨 부인, ~선생님 |
| 2904 | parent | [péərənt] | n. 부모중의 어느 한편 |
| 2905 | cry | [krai] | v. 울다, 외치다 |
| 2906 | thousand | [θáuzənd] | n. 천(1,000) a. 천의 |
| 2907 | under | [ʌ́ndər] | prep. ~의 밑에, (나이, 가격이)~아래인, ad. ~한 상태인 |
| 2908 | hello | [helóu, hə-, hélou] | int. (가벼운 인사)안녕 |
| 2909 | mom | [mam] | n. 엄마 |
| 2910 | rice | [rais] | n. 쌀, 밥 |
| 2911 | no | [nou] | int. (대답에서) 아니오 a. 하나도~없는 |
| 2912 | new | [nu:] | a. 새로운 |
| 2913 | shoe | [ʃu:] | n. 신발 |
| 2914 | ear | [iər] | n. 귀 |
| 2915 | mother | [mʌ́ðər] | n. 어머니 |
| 2916 | ring | [riŋ] | n. 반지 v. (종.벨이)울리다, (종.벨을)치다 |
| 2917 | milk | [milk] | n. 우유 |
| 2918 | may | [mei] | aux.v ~해도 좋다(허락), ~일지도 모른다(추측) |
| 2919 | shop | [ʃap] | n. 상점, 가게 v. 장을 보다, 물건을 사다 |
| 2920 | carpenter | [ká:rpəntər] | n. 목공 |
| 2921 | shall | [ʃəl, ʃl ʃə, ʃ; ʃæl] | aux.v ~하겠다, ~할까요 |
| 2922 | leaf | [li:f] | n. 나뭇잎, 잎사귀 |
| 2923 | call | [kɔ:l] | v. ~를 부르다, 전화하다, (잠시)들르다 |
| 2924 | begin | [bigín] | v. 시작하다 |
| 2925 | love | [lʌv] | v. 사랑하다, 아주 좋아하다 n. 사랑 |
| 2926 | hall | [hɔ:l] | n. 공회당, 회관, 현관, 복도 |
| 2927 | because | [bikɔ́:z, bikʌ́z] | conj. 왜냐하면, ~이기 때문에 |
| 2928 | garden | [gá:rdn] | n. 정원 |
| 2929 | let | [let] | v. ~하게하다, ~시키다 |
| 2930 | hiking | [háikiŋ] | n. 하이킹, 도보여행 |
| 2931 | farm | [fa:rm] | n. 농장, 목장 |
| 2932 | rocket | [rákit] | n. 로켓 |
| 2933 | up | [ʌp] | prep. 위로, 위쪽으로 |
| 2934 | Mr | [místər] | n. ~씨, ~선생님 |
| 2935 | child | [tʃaild] | n. 어린이, 아이 |
| 2936 | dinner | [dínər] | n. 저녁식사 |
| 2937 | lip | [lip] | n. 입술 |
| 2938 | dolphin | [dálfin] | n. 돌고래 |
| 2939 | hot | [hat] | a. 뜨거운, 더운 |
| 2940 | paper | [péipər] | n. 종이, 신문 |
| 2941 | sir | [sər, sɔ́:r] | n. 님, 귀하, 선생님(남성에 대한 경칭) |
| 2942 | for | [fər; fɔ́:r] | prep. ~동안, ~을 위해 |
| 2943 | hundred | [hʌ́ndrəd] | n. 백 a. 백의 |
| 2944 | we | [wi; wí:] | pron. 우리 |
| 2945 | smile | [smail] | n. 미소 |
| 2946 | at | [ət; ǽt, æt] | prep. ~때에(시간), ~에서(장소) |
| 2947 | man | [mæn] | n. 남자, 사람, 인간 |
| 2948 | never | [névər] | ad. 결코~않다 |
| 2949 | dance | [dæns] | v. 춤추다 |
| 2950 | catch | [kætʃ] | v. 잡다 |

# USHER VOCABULARY 어셔 토플 기초영단어 (초·중·고등단어)

| 2951 | far | [fɑːr] | ad. 멀리, 멀리 떨어져 |
| 2952 | family | [fǽməli] | n. 가족 |
| 2953 | cook | [kuk] | n. 요리사 |
| 2954 | neck | [nek] | n. 목 |
| 2955 | calenda | [kǽləndər] | n. 달력 |
| 2956 | television | [téləvìʒən] | n. 텔레비전 |

# USHER
usherin.usher.co.kr

## 단어시험 보는 방법
1. 화장실을 먼저 다녀옵니다.
2. 핸드폰을 꺼둡니다.
3. 책상 위에 필기도구를 제외하고 깨끗이 치웁니다.
4. 단어 3회독 MP3파일을 듣고 시작합니다.

## 주의사항
1. 채점속도가 빠르다고 시험 도중 MP3 파일을 멈추지 마세요
2. 채점시 스펠링 & 품사 & 뜻 중 하나라도 빠트렸을 경우 틀린 답입니다.

| | 틀린개수 | 본인이름 |
|---|---|---|
| | 채점자이름 | |

| | | | |
|---|---|---|---|
| 1 | 30 | 59 | 88 |
| 2 | 31 | 60 | 89 |
| 3 | 32 | 61 | 90 |
| 4 | 33 | 62 | 91 |
| 5 | 34 | 63 | 92 |
| 6 | 35 | 64 | 93 |
| 7 | 36 | 65 | 94 |
| 8 | 37 | 66 | 95 |
| 9 | 38 | 67 | 96 |
| 10 | 39 | 68 | 97 |
| 11 | 40 | 69 | 98 |
| 12 | 41 | 70 | 99 |
| 13 | 42 | 71 | 100 |
| 14 | 43 | 72 | 101 |
| 15 | 44 | 73 | 102 |
| 16 | 45 | 74 | 103 |
| 17 | 46 | 75 | 104 |
| 18 | 47 | 76 | 105 |
| 19 | 48 | 77 | 106 |
| 20 | 49 | 78 | 107 |
| 21 | 50 | 79 | 108 |
| 22 | 51 | 80 | 109 |
| 23 | 52 | 81 | 110 |
| 24 | 53 | 82 | 111 |
| 25 | 54 | 83 | 112 |
| 26 | 55 | 84 | 113 |
| 27 | 56 | 85 | 114 |
| 28 | 57 | 86 | 115 |
| 29 | 58 | 87 | 116 |

| 117 | 149 | 181 | 213 |
| --- | --- | --- | --- |
| 118 | 150 | 182 | 214 |
| 119 | 151 | 183 | 215 |
| 120 | 152 | 184 | 216 |
| 121 | 153 | 185 | 217 |
| 122 | 154 | 186 | 218 |
| 123 | 155 | 187 | 219 |
| 124 | 156 | 188 | 220 |
| 125 | 157 | 189 | 221 |
| 126 | 158 | 190 | 222 |
| 127 | 159 | 191 | 223 |
| 128 | 160 | 192 | 224 |
| 129 | 161 | 193 | 225 |
| 130 | 162 | 194 | 226 |
| 131 | 163 | 195 | 227 |
| 132 | 164 | 196 | 228 |
| 133 | 165 | 197 | 229 |
| 134 | 166 | 198 | 230 |
| 135 | 167 | 199 | 231 |
| 136 | 168 | 200 | 232 |
| 137 | 169 | 201 | 233 |
| 138 | 170 | 202 | 234 |
| 139 | 171 | 203 | 235 |
| 140 | 172 | 204 | 236 |
| 141 | 173 | 205 | 237 |
| 142 | 174 | 206 | 238 |
| 143 | 175 | 207 | 239 |
| 144 | 176 | 208 | 240 |
| 145 | 177 | 209 | 241 |
| 146 | 178 | 210 | 242 |
| 147 | 179 | 211 | 243 |
| 148 | 180 | 212 | 244 |

| 245 | 277 | 309 | 341 |
| --- | --- | --- | --- |
| 246 | 278 | 310 | 342 |
| 247 | 279 | 311 | 343 |
| 248 | 280 | 312 | 344 |
| 249 | 281 | 313 | 345 |
| 250 | 282 | 314 | 346 |
| 251 | 283 | 315 | 347 |
| 252 | 284 | 316 | 348 |
| 253 | 285 | 317 | 349 |
| 254 | 286 | 318 | 350 |
| 255 | 287 | 319 | 351 |
| 256 | 288 | 320 | 352 |
| 257 | 289 | 321 | 353 |
| 258 | 290 | 322 | 354 |
| 259 | 291 | 323 | 355 |
| 260 | 292 | 324 | 356 |
| 261 | 293 | 325 | 357 |
| 262 | 294 | 326 | 358 |
| 263 | 295 | 327 | 359 |
| 264 | 296 | 328 | 360 |
| 265 | 297 | 329 | 361 |
| 266 | 298 | 330 | 362 |
| 267 | 299 | 331 | 363 |
| 268 | 300 | 332 | 364 |
| 269 | 301 | 333 | 365 |
| 270 | 302 | 334 | 366 |
| 271 | 303 | 335 | 367 |
| 272 | 304 | 336 | 368 |
| 273 | 305 | 337 | 369 |
| 274 | 306 | 338 | 370 |
| 275 | 307 | 339 | 371 |
| 276 | 308 | 340 | 372 |

| 373 | 405 | 437 | 469 |
| --- | --- | --- | --- |
| 374 | 406 | 438 | 470 |
| 375 | 407 | 439 | 471 |
| 376 | 408 | 440 | 472 |
| 377 | 409 | 441 | 473 |
| 378 | 410 | 442 | 474 |
| 379 | 411 | 443 | 475 |
| 380 | 412 | 444 | 476 |
| 381 | 413 | 445 | 477 |
| 382 | 414 | 446 | 478 |
| 383 | 415 | 447 | 479 |
| 384 | 416 | 448 | 480 |
| 385 | 417 | 449 | 481 |
| 386 | 418 | 450 | 482 |
| 387 | 419 | 451 | 483 |
| 388 | 420 | 452 | 484 |
| 389 | 421 | 453 | 485 |
| 390 | 422 | 454 | 486 |
| 391 | 423 | 455 | 487 |
| 392 | 424 | 456 | 488 |
| 393 | 425 | 457 | 489 |
| 394 | 426 | 458 | 490 |
| 395 | 427 | 459 | 491 |
| 396 | 428 | 460 | 492 |
| 397 | 429 | 461 | 493 |
| 398 | 430 | 462 | 494 |
| 399 | 431 | 463 | 495 |
| 400 | 432 | 464 | 496 |
| 401 | 433 | 465 | 497 |
| 402 | 434 | 466 | 498 |
| 403 | 435 | 467 | 499 |
| 404 | 436 | 468 | 500 |

# Index

USHER VOCABURARY

## 어셔 토플 기초영단어 (초·중·고등단어)

USHER 단어암기 프로그램 별도 판매
usherin.usher.co.kr

# USHER VOCABULARY 어셔 토플 기초영단어 (초·중·고등단어)

## ○ A

| | | | |
|---|---|---|---|
| 2806 a | 894 adult | 749 amount | 86 arrest |
| 1577 abandon* | 1070 advance** | 1634 ample* | 518 arrive |
| 741 able | 1618 advantage* | 346 amuse | 2097 arrogant |
| 2018 abnormal | 328 adventure | 2837 an | 170 art |
| 2286 abolish* | 1474 adversity | 2151 anachronism | 1660 article** |
| 2838 about | 2263 advertisement | 1950 analogy | 2098 artificial** |
| 984 above | 542 advice | 2430 analysis | 2865 as |
| 1043 abroad | 2497 advocate** | 2346 anarchy | 2328 ascend* |
| 1362 abrupt** | 544 affair | 229 ancestor | 1157 ascertain |
| 498 absent | 2396 affect** | 817 ancient** | 2209 ascribe* |
| 1257 absolute** | 2495 affection | 2777 and | 2360 ashamed |
| 1825 absorb** | 1655 afford* | 375 angle | 2637 ask |
| 1685 abstract* | 106 afraid | 112 angry | 1077 aspect |
| 2323 absurd* | 1489 after | 2117 anguish | 1953 aspire |
| 389 abuse | 2823 afternoon | 2868 animal | 2416 assemble** |
| 583 accept | 579 afterward | 1762 animate | 1781 assent |
| 1512 access | 2521 again | 1287 anniversary | 1096 assert** |
| 284 accident | 2541 age | 1824 annoy | 1883 assign |
| 1641 accommodate** | 1606 aggressive* | 1428 annual | 1308 assimilate |
| 2237 accompany* | 2634 ago | 717 answer | 1092 assist** |
| 1600 accomplish** | 1119 agony | 2166 anticipate** | 1995 associate |
| 1265 accordance | 652 agree | 1700 antipathy | 1007 assume** |
| 1184 account | 1867 agriculture | 2026 antiquity* | 79 astonish** |
| 1558 accumulate** | 450 ahead | 819 anxious | 2029 astound |
| 2062 accurate** | 2330 aid | 2588 any | 2024 astray |
| 2380 accuse | 2032 aim** | 232 anyway | 1667 astronomy |
| 1029 accustom | 1518 air | 206 apart | 2946 at |
| 283 ache* | 2532 airplane | 2718 apartment | 608 athlete |
| 2232 achievement | 2743 airport | 1894 apology | 1547 athletic |
| 2371 acquaint | 2273 akin | 1852 apparatus | 1654 atmosphere* |
| 1011 acquire* | 743 alarm | 1881 apparent** | 449 atom |
| 2794 across | 2717 album | 2256 appeal* | 2053 atomic |
| 2510 act | 1800 alert** | 243 appear <to do> | 2295 attach** |
| 24 activity** | 2432 algebra | 202 appetite | 1289 attain** |
| 2578 actor | 1331 alien | 1504 applause | 1711 attempt** |
| 1664 actual | 815 alive | 2825 apple | 423 attend |
| 478 actually* | 2786 all | 1704 apply | 2298 attitude |
| 1795 acute* | 1592 allot | 2369 appoint | 862 attract** |
| 1143 adapt | 549 allow* | 572 appointment | 1505 audience |
| 688 add | 2177 allowance | 1012 appreciate* | 2527 aunt |
| 2294 addition | 1657 allude | 2439 apprehend* | 2158 author |
| 907 address | 2329 allure* | 1703 approach** | 2667 autumn |
| 2350 adequate | 2019 ally* | 1961 appropriate | 2119 avail* |
| 2482 adhere** | 397 almost | 1743 approve | 1275 avenge |
| 1015 adjust* | 750 alone | 2488 approximate | 1303 average** |
| 1712 administer** | 457 along | 1009 architecture** | 1112 aviation |
| 352 admiral | 393 alphabet | 2150 arctic | 1836 avoid** |
| 1940 admiration | 1778 alter** | 1857 ardent** | 1005 award |
| 1034 admit* | 1809 alternative*** | 192 area | 2344 aware* |
| 1173 adolescence | 810 altogether | 2008 argue** | 2719 away |
| 2075 adopt* | 2864 always | 1682 aristocracy | 2325 awe* |
| 1334 adoration | 965 amateur | 2601 arm | 2027 awkward |
| 1879 adorn** | 1608 amaze | 2080 armament | |
| | 829 amazing | 286 army | |
| | 2507 among | 2902 around | |

# Index

## B

| | | | | | | | |
|---|---|---|---|---|---|---|---|
| 2642 | baby | 540 | believe | 874 | bother | 2195 | calculate* |
| 2508 | back | 2686 | bell | 342 | bottle | 2955 | calenda |
| 154 | background | 629 | belong to | 1 | bottom | 2923 | call |
| 2626 | bad | 143 | below | 877 | bound* | 2211 | calling |
| 41 | badly | 2538 | bench | 458 | bow | 412 | calm |
| 2592 | bag | 305 | bend | 611 | bowl | 2784 | camera |
| 1677 | bait | 1508 | benefactor | 2835 | box | 2645 | camp |
| 244 | balance | 1395 | benefit | 2796 | boy | 1250 | campaign |
| 1554 | ball | 1032 | bent | 299 | brain | 2771 | can |
| 2572 | balloon | 2629 | beside | 693 | branch | 190 | canal |
| 2575 | banana | 499 | besides* | 1087 | brave* | 1590 | cancel |
| 1788 | banish** | 1444 | bestow | 1897 | bravery | 2000 | cancer |
| 718 | bar | 350 | bet | 2530 | bread | 1447 | candidate |
| 1845 | barbarian | 2377 | betray | 676 | break* | 118 | candle |
| 1560 | barely* | 1211 | better | 2668 | breakfast | 2511 | candy |
| 2077 | barometer | 2529 | between | 927 | breathe | 2682 | cap |
| 1271 | barren** | 2222 | beware | 1229 | bribe | 1169 | capable |
| 1859 | barrier** | 2425 | bewilder | 475 | bridge | 1663 | capacity |
| 477 | base | 820 | beyond | 2169 | brief | 949 | capital |
| 747 | basement | 2723 | bicycle | 816 | bright | 846 | captain |
| 1597 | basic* | 1175 | bid | 1407 | brilliant | 1878 | capture** |
| 2334 | basis | 2599 | big | 918 | bring | 2845 | car |
| 2663 | basket | 376 | bike | 2049 | brisk | 2790 | card |
| 2555 | bath | 613 | bill | 320 | british | 890 | care |
| 162 | bathroom | 1632 | biography | 2474 | broadcast | 1475 | career |
| 120 | battle | 310 | biology | 1732 | broke | 1045 | caricature |
| 824 | bay | 2773 | bird | 1103 | bronze | 2920 | carpenter |
| 2765 | be | 462 | birth | 2715 | brother | 904 | carry |
| 124 | beach | 2658 | birthday | 155 | brown | 2803 | cartoon |
| 758 | bean | 926 | bit | 2613 | brush | 623 | carve |
| 960 | bear** | 764 | bite | 349 | bubble | 2022 | case |
| 26 | beast | 2848 | black | 2378 | budget | 89 | cash |
| 948 | beat | 1789 | blame* | 276 | build | 2746 | cassette |
| 2741 | beautiful | 2878 | blank | 250 | burden* | 1369 | cast* |
| 998 | beauty | 789 | blanket | 744 | burn | 176 | castle |
| 2927 | because | 792 | bless | 2855 | burnt | 2023 | casual |
| 2238 | beckon | 841 | blind | 2089 | burst | 2830 | cat |
| 370 | become | 2281 | bliss | 260 | bury* | 1856 | catastrophe |
| 2522 | bed | 906 | blood | 2573 | bus | 2950 | catch |
| 751 | bedside | 1226 | bloom | 969 | bush | 2292 | category |
| 962 | beef | 258 | blow | 958 | business | 908 | cause** |
| 168 | beer | 2896 | blue | 447 | busy | 1392 | caution |
| 2215 | befall | 937 | board | 104 | but | 2152 | cave |
| 2703 | before | 2242 | boast | 2710 | butter | 1708 | cease* |
| 985 | beg | 2891 | boat | 863 | butterfly | 521 | ceiling |
| 365 | beggar | 444 | body | 2816 | button | 596 | celebrate* |
| 2924 | begin | 2412 | bomb | 2579 | buy | 2302 | cell |
| 1986 | beguile | 2051 | bond* | 2821 | by | 313 | cemetery |
| 1701 | behalf | 588 | bone | 2514 | bye | 2332 | censure |
| 921 | behave | 2804 | book | | | 956 | center |
| 1958 | behavior** | 642 | bookstore | | | 639 | century |
| 448 | behind | 359 | booth | ## C | | 308 | ceremony |
| 2004 | behold | 442 | boring | | | 83 | certain* |
| | | 322 | borrow | 994 | cage | 855 | chain |
| | | 1731 | boss | 2506 | cake | 2035 | chair |

# USHER VOCABULARY 어셔 토플 기초영단어 (초·중·고등단어)

| | | | | | | | | |
|---|---|---|---|---|---|---|---|---|
| 2833 | chalk | 570 | clue | 658 | compulsory*** | 1739 | contribute |
| 1129 | challenge* | 1425 | clumsy | 2711 | computer | 2135 | contrive** |
| 1042 | chamber* | 127 | coal | 1533 | conceal** | 425 | control* |
| 20 | chance** | 2417 | coarse* | 1166 | concede | 1168 | controversy*** |
| 828 | change** | 436 | coast | 2092 | conceit | 1798 | convenience |
| 1381 | channel | 1776 | coat | 2192 | conceive | 1607 | convention |
| 1900 | chaos | 259 | coeducation | 2181 | concentrate* | 2438 | convert* |
| 2259 | character | 2560 | coffee | 1937 | conception | 1337 | convey |
| 265 | charge* | 409 | coil | 1521 | concerning | 1400 | convince* |
| 1495 | charity | 735 | coin | 452 | concert | 2953 | cook |
| 353 | charming | 1920 | coincide** | 1460 | concise | 650 | cookie |
| 474 | chase | 2519 | cold | 2317 | conclusion | 546 | cool |
| 607 | cheap | 2448 | collapse | 1834 | concrete | 1123 | co-operate |
| 273 | check* | 111 | collect* | 1996 | conduct** | 2068 | cope |
| 997 | cheek | 506 | college | 1774 | confer | 1610 | copy |
| 2808 | cheese | 1306 | colloquial | 1933 | conference | 1943 | cordial |
| 2054 | chemistry | 2243 | colony | 2311 | confess | 934 | corn |
| 1260 | cherish | 2880 | color | 1905 | confidence | 2799 | corner |
| 665 | chest | 672 | colorful | 1241 | confine** | 85 | correctly |
| 2597 | chicken | 53 | comb | 1992 | confirm | 2268 | correspond |
| 592 | chief | 1033 | combine** | 1473 | conflict | 1401 | corrupt |
| 2935 | child | 2524 | come | 1665 | conform | 713 | cost |
| 1132 | chivalry | 435 | comedy | 2444 | confound | 1433 | cottage |
| 1019 | choice* | 854 | comfort | 1423 | confront* | 694 | cotton |
| 400 | choose | 2827 | comic book | 1981 | confuse* | 977 | cough |
| 515 | chopstick | 1730 | command | 1182 | congratulate | 2123 | counsel |
| 2565 | Christmas | 2489 | commence | 1982 | conquest | 534 | count* |
| 2564 | church | 1917 | comment | 2481 | conscience | 1914 | countenance |
| 367 | circle | 1689 | commerce | 1340 | conscious | 2653 | country |
| 1446 | circulate | 1321 | commit | 1290 | consent | 37 | couple* |
| 2040 | circumstance** | 1636 | commodity** | 1864 | consequence* | 2423 | courage |
| 2839 | city | 645 | common* | 1740 | conservative | 439 | course*** |
| 1556 | civil | 1269 | commonplace | 1443 | consider** | 2202 | courtesy |
| 1874 | civilization | 1583 | communicate | 2221 | consistent* | 706 | cousin |
| 1288 | claim* | 1812 | communism | 1235 | console | 529 | cover** |
| 358 | clap | 2483 | community | 2277 | conspicuous** | 2732 | cow |
| 2669 | class | 486 | company | 1485 | constant | 1091 | cowardice |
| 1550 | classify** | 1010 | compare | 2283 | constitution | 643 | crack* |
| 2707 | classmate | 656 | comparison | 1523 | constructive | 1771 | cradle |
| 27 | clean** | 1957 | compassion | 1232 | consult | 1389 | craft |
| 804 | clear* | 1383 | compel** | 1764 | consume* | 193 | crash |
| 578 | cleave* | 1266 | compensate** | 1074 | contact | 2779 | crayon |
| 980 | clerk | 2468 | compete | 2491 | contagion | 252 | crazy |
| 130 | clever | 207 | competent | 1853 | contain** | 2731 | cream |
| 2204 | cliff | 615 | competition | 1038 | contemplate* | 604 | create*** |
| 746 | climate | 1382 | complacent | 1259 | contemporary** | 2312 | creature |
| 951 | climb | 67 | complain | 2457 | contempt | 1493 | credit |
| 2549 | clock | 919 | complete | 1282 | contend | 1806 | credulous |
| 209 | close* | 1633 | complex* | 371 | contest | 1349 | creed |
| 802 | closet | 1354 | complicate*** | 497 | continent | 329 | creek |
| 818 | cloth | 1524 | compose | 387 | continue | 827 | crew |
| 2596 | clothes | 216 | composer | 2357 | contract | 931 | cricket |
| 2813 | cloud | 1185 | comprehend | 1311 | contradict | 1723 | crime |
| 71 | cloudy | 2199 | comprise** | 791 | contrary* | 2206 | crisis |
| 2882 | club | 2014 | compromise | 2009 | contrast | 2336 | criticism |

# Index

| | | | | | | | |
|---|---|---|---|---|---|---|---|
| 525 | crop | 2322 | defect* | 1534 | die | 1892 | doctrine** |
| 2809 | cross | 2316 | defense | 2175 | differ | 2728 | dog |
| 986 | crowded | 1375 | defiance | 946 | different | 219 | doll |
| 686 | crown | 1273 | deficient | 737 | difficult | 419 | dollar |
| 1620 | crude* | 1243 | definition | 1053 | diffuse** | 2938 | dolphin |
| 2447 | cruelty | 1838 | defy | 59 | dig | 1642 | domain** |
| 2044 | crust* | 1284 | degrade | 1445 | digestion | 1305 | domestic*** |
| 2905 | cry | 745 | degree* | 2462 | dignity | 2485 | dominate |
| 2402 | cultivate | 1047 | delay | 204 | diligent | 1985 | donation* |
| 191 | culture | 1882 | deliberate** | 1292 | diminish* | 1503 | doom |
| 2695 | cup | 1492 | delicate | 893 | dining-room | 2628 | door |
| 2122 | cure | 568 | delicious | 2936 | dinner | 2702 | down |
| 1541 | curiosity | 151 | delight | 1209 | diplomacy | 218 | downtown |
| 850 | curious* | 1725 | deliver | 944 | direction | 2365 | draft |
| 2248 | current | 1496 | demand | 704 | dirty | 241 | drag |
| 1008 | curse | 4 | democracy | 196 | disappoint | 1582 | drastic* |
| 2633 | curtain | 1696 | demonstrate | 1171 | disaster | 215 | draw*** |
| 565 | custom | 1427 | dense | 2132 | discard* | 1314 | dread |
| 1886 | cut** | 234 | department | 1848 | discern | 373 | dream |
| 2570 | cute | 2025 | departure | 2039 | discharge | 2265 | dreary |
| | | 887 | depend | 2398 | disciple* | 2643 | dress |
| | | 1371 | deplore | 1330 | discipline | 1412 | drink |
| ## D | | 2104 | deposit** | 1869 | disclose* | 2138 | drive** |
| | | 1458 | depress | 1775 | discourse | 662 | drop |
| 2900 | dad | 1397 | deprive | 2034 | discreet | 2214 | drought* |
| 91 | damage | 2225 | derive** | 1361 | discriminate* | 200 | drown |
| 2949 | dance | 1472 | descend | 941 | discuss | 795 | drugstore |
| 31 | danger | 330 | describe | 2220 | disgrace | 238 | drum |
| 1903 | daring* | 531 | desert* | 1718 | disguise* | 519 | dry |
| 507 | dark | 30 | deserve | 2459 | disgust | 2576 | duck |
| 550 | data | 719 | design* | 233 | dish | 2440 | due |
| 188 | date | 2632 | desk | 1947 | disillusion | 28 | dull |
| 149 | daughter | 1648 | despair | 2403 | disinterested* | 628 | dumb |
| 575 | dawn | 1313 | despise | 1062 | dismiss | 2319 | durable** |
| 1165 | day | 1370 | destiny | 1317 | disorder** | 2100 | duty |
| 1913 | dead | 1697 | destitute | 1811 | dispense | 1511 | dwell |
| 253 | deal | 325 | destroy** | 1955 | disperse* | 794 | dye* |
| 335 | dear | 2067 | destructive | 1359 | display** | | |
| 878 | death | 1912 | detach** | 1977 | dispose* | | |
| 1964 | debate** | 1676 | detail | 1274 | dispute** | ## E | |
| 295 | debt | 1478 | detect** | 2109 | disregard | | |
| 1568 | decade | 505 | detective | 1390 | dissolute | 2914 | ear |
| 2493 | decay | 1792 | determine* | 2372 | dissolve | 274 | early |
| 1316 | deceive | 2266 | develop | 1439 | distinguish** | 1609 | earn |
| 1133 | decent | 1787 | device | 1842 | distress | 1221 | earnest |
| 963 | decide | 160 | devil | 1817 | distribute* | 166 | earning |
| 697 | deck | 1295 | devoid** | 1044 | district | 2542 | earth |
| 840 | declare | 1966 | devote** | 1884 | disturb | 2802 | east |
| 2393 | decline* | 2677 | dial | 936 | ditch | 2345 | easy |
| 1668 | decorate | 1183 | dialect | 971 | dive | 1002 | eat |
| 797 | decrease** | 297 | dialogue | 1661 | diverse* | 1138 | economy |
| 1896 | decree | 1549 | diameter | 1068 | divide | 366 | edge** |
| 705 | deep | 463 | diary | 2399 | divine | 414 | education |
| 228 | deer | 1050 | dictator | 2805 | do | 637 | effect* |
| 1904 | defeat | 123 | dictionary | 2733 | doctor | 1477 | efficiency |

# USHER VOCABULARY 어셔 토플 기초영단어 (초·중·고등단어)

| No. | Word | No. | Word | No. | Word | No. | Word |
|---|---|---|---|---|---|---|---|
| 881 | effort* | 1194 | erroneous* | 1201 | export | 391 | fence |
| 942 | either | 677 | error | 1122 | expose** | 1750 | fertile* |
| 2339 | elastic | 60 | especially** | 1189 | expression | 456 | fever |
| 952 | elder | 2081 | essay | 1862 | extend** | 2584 | few |
| 648 | election | 1294 | essential** | 1283 | extent** | 1163 | fiction |
| 831 | electricity | 1567 | establish** | 1994 | external | 1081 | field* |
| 1747 | elegance | 1377 | estate | 1094 | extinguish | 293 | fierce** |
| 2136 | elegy | 1402 | esteem* | 1570 | extract** | 496 | fight |
| 796 | elementary** | 2368 | estimate* | 1619 | extravagant | 678 | figure* |
| 1268 | eliminate** | 1296 | eternal | 1393 | extreme* | 321 | fill |
| 667 | else | 1871 | ethics | 2793 | eye | 2586 | film |
| 2476 | embark | 1536 | even** | | | 1003 | final* |
| 1822 | embarrass | 2623 | evening | | | 925 | finally |
| 1208 | embody* | 337 | event | ## F | | 1364 | finance* |
| 2070 | embrace | 2543 | every | | | 2674 | find |
| 1204 | emerge** | 1076 | everything | 1098 | fable | 1264 | fine** |
| 2101 | emigrant | 2010 | evidence* | 1506 | face | 2591 | finger |
| 1780 | eminent | 17 | evil | 2061 | facility | 2282 | finish** |
| 2284 | emotion | 1254 | evolution | 44 | fact | 2895 | fire |
| 1394 | emphasis | 2017 | exact | 2033 | factor | 2863 | fish |
| 600 | empty** | 684 | exactly | 687 | factory | 1399 | fit |
| 2301 | enchant | 1253 | exaggerate | 2356 | faculty* | 2159 | fix |
| 1889 | encounter | 699 | examination | 1066 | fade** | 2639 | flag |
| 1120 | encumber | 836 | example | 731 | fail | 415 | flame |
| 2313 | end | 1599 | exceed** | 1726 | faint** | 551 | flashlight |
| 2146 | endeavor* | 1352 | excel* | 437 | fair | 512 | flat |
| 1699 | endow | 221 | excellent | 1256 | faith | 1035 | flatter |
| 1551 | endure* | 661 | except | 1180 | fall | 1979 | flavor |
| 871 | enemy | 2496 | excess | 1545 | fame* | 1911 | flaw** |
| 12 | energy | 262 | exchange | 1319 | familiar | 1153 | flesh |
| 1537 | enforce | 231 | excited | 2952 | family | 1116 | flexible** |
| 132 | engage** | 2352 | exclude* | 1839 | famine | 849 | flight |
| 1578 | engagement | 635 | excuse | 716 | famous | 399 | float** |
| 1430 | engaging | 1199 | execute* | 2134 | fancy | 13 | flood* |
| 2525 | engine | 2366 | exempt | 2200 | fantasy | 2513 | floor |
| 541 | engineer | 668 | exercise** | 2951 | far | 1310 | flourish** |
| 933 | enjoy | 1672 | exertion | 80 | fare | 899 | flow |
| 2059 | enormous** | 2255 | exhaust** | 2931 | farm | 2652 | flower |
| 430 | enough | 1649 | exhibit** | 1830 | fascinate | 1078 | fluent |
| 1746 | enterprise* | 2364 | existence | 1391 | fast | 1538 | fluid |
| 2450 | entertain | 281 | exit | 302 | fat | 84 | flute |
| 1651 | enthusiasm* | 2267 | exotic** | 1056 | fatal* | 2694 | fly |
| 22 | entire** | 1320 | expansion | 1148 | fate | 1102 | focus |
| 1480 | entitle | 133 | expect** | 2840 | father | 300 | fog |
| 1895 | entreat | 1784 | expedition | 1562 | fatigue | 19 | folk |
| 1753 | entrust | 1482 | expense | 142 | fault | 175 | follow |
| 189 | envelope | 938 | expensive | 2478 | favor* | 1082 | folly |
| 2180 | environment** | 422 | experience | 564 | favorite | 1593 | food |
| 2363 | envy | 2065 | experiment | 135 | fear | 2520 | fool |
| 1357 | epidemic | 1429 | expert | 314 | feast | 38 | foolish |
| 2370 | epoch | 147 | explain* | 331 | feather | 2503 | foot |
| 332 | equal | 1588 | explanation | 2362 | feature* | 2942 | for |
| 2315 | equator | 472 | explode | 591 | feed** | 1615 | forbear |
| 1939 | equip* | 1100 | exploit* | 2901 | feel | 1006 | forbid* |
| 427 | eraser | 345 | explore | 1386 | feminine | 172 | force* |

# Index

| | | | | | | | |
|---|---|---|---|---|---|---|---|
| 66 | foreign | 1409 | garbage | 1721 | great** | 1240 | haven |
| 585 | forest | 2928 | garden | 1442 | greed | 798 | hawk |
| 2832 | forget | 2534 | gas | 68 | greedy | 891 | hay |
| 2390 | forgive | 2758 | gate | 2585 | green | 1938 | hazard* |
| 2847 | fork | 327 | gather | 1517 | greet | 2593 | he |
| 2303 | forlorn | 869 | gay | 97 | greeting | 1956 | head |
| 1280 | forsake | 663 | gaze | 1865 | grief | 1846 | heal |
| 1720 | fortitude | 807 | general | 113 | ground | 670 | health |
| 34 | fortunately | 2230 | generalization | 548 | group | 2648 | hear |
| 1149 | fortune | 1039 | generate* | 2737 | grow | 781 | heart |
| 235 | forward | 1368 | generosity | 1980 | growth | 63 | heat |
| 1924 | foster | 1569 | genius | 1223 | grudge | 1587 | heathen |
| 1647 | found* | 1210 | genuine | 2418 | grumble | 287 | heaven |
| 723 | foundation** | 2464 | geometry | 1144 | guarantee | 882 | heavy** |
| 909 | fountain-pen | 2469 | germ | 517 | guard* | 2003 | heir |
| 1462 | frame | 580 | german | 834 | guess* | 1245 | hell |
| 2120 | frank | 54 | gesture | 624 | guest | 2908 | hello |
| 813 | frankly | 2757 | get | 785 | guide* | 2288 | help |
| 2381 | free* | 225 | giant* | 1627 | guilty | 2763 | hen |
| 93 | french | 445 | gift | 2548 | guitar | 2582 | here |
| 558 | fresh | 868 | giraffe | 597 | gun | 2351 | heredity |
| 1436 | friction | 2553 | girl | | | 1928 | heretic |
| 2759 | friend | 1373 | give | | | 1341 | heritage* |
| 1417 | fright | 1141 | glacier | | | 156 | hero |
| 939 | frighten | 1348 | glance | ○ **H** | | 379 | hesitate |
| 1823 | frivolous | 2875 | glass | | | 2545 | hi |
| 61 | frog | 1410 | global* | 455 | habit | 538 | hide* |
| 2738 | from | 1591 | globe | 2899 | hair | 2307 | hideous |
| 673 | front | 1139 | gloomy | 2563 | half | 2930 | hiking |
| 2318 | frugal | 995 | glory | 2926 | hall | 2705 | hill |
| 612 | fruit | 2857 | glove | 732 | halt* | 1344 | hindrance* |
| 2382 | frustration | 2690 | go | 2644 | hamburger | 1335 | hint* |
| 2287 | fuel* | 108 | goal | 307 | hand | 2055 | historian |
| 1248 | fulfill** | 405 | god | 759 | handle | 362 | history |
| 1631 | full* | 2772 | gold | 62 | handshake | 709 | hit |
| 144 | fun | 1085 | good | 70 | handsome | 403 | hobby* |
| 2121 | function | 2326 | gorgeous | 214 | hang* | 999 | hold* |
| 2473 | fund | 411 | government | 959 | happen | 685 | hole** |
| 2391 | fundamental** | 115 | grab | 10 | happy | 646 | holiday |
| 386 | funeral | 620 | grade | 2249 | hard | 390 | hollow* |
| 227 | fur | 1481 | gradual | 388 | hardly | 2167 | holy |
| 1230 | furnish* | 407 | graduate | 1978 | hardship | 1797 | homage |
| 47 | furniture | 783 | grain | 1522 | hardy | 773 | home |
| 40 | further* | 440 | grammar | 1566 | harm | 601 | homesick |
| 2388 | fury | 543 | grand* | 76 | harmful | 530 | hometown |
| 2179 | futile** | 2861 | grandma | 2153 | harmony | 780 | honest |
| 584 | future | 2217 | grant* | 2113 | harsh** | 1278 | honesty |
| | | 2554 | grape | 363 | harvest | 36 | hop |
| | | 2424 | grasp | 1650 | haste | 2631 | hope |
| ○ **G** | | 710 | grass | 621 | hastily | 640 | horizon |
| | | 1267 | gratitude | 2782 | hat | 989 | horn |
| 532 | gain | 35 | grave | 730 | hate | 1142 | horror |
| 787 | gallery | 1467 | gravitation | 1363 | hatred | 2523 | horse |
| 2131 | game* | 1755 | gravity | 1242 | haughty | 2706 | hose |
| 239 | garage | 503 | gray | 1124 | haunt | 734 | hospital |
| | | | | 2602 | have | | |

# USHER VOCABULARY 어셔 토플 기초영단어 (초·중·고등단어)

| | | | | | | | |
|---|---|---|---|---|---|---|---|
| 2433 | hospitality | 1880 | improve** | 1598 | institution | 1915 | justice |
| 2939 | hot | 1832 | imprudent | 2361 | instructive | 1595 | justify* |
| 2726 | hotel | 2270 | impulse | 50 | instrument* | 1463 | juvenile* |
| 2767 | hour | 2684 | in | 1908 | insult | | |
| 2697 | house | 2071 | inability | 2201 | insurance | | |
| 2618 | how | 1213 | inborn* | 1236 | intellect | ○ K | |
| 876 | however | 1628 | incessant* | 1227 | intelligence | | |
| 171 | howl | 1766 | incident | 2110 | intense | 1831 | keen |
| 211 | huge* | 1890 | incline | 2280 | intercourse | 2842 | keep |
| 2031 | human | 315 | include | 3 | interest | 1105 | key*** |
| 2353 | humble | 1217 | income | 351 | interesting | 2870 | kick |
| 2943 | hundred | 460 | increase | 2012 | interfere** | 2859 | kid |
| 443 | hunger | 2354 | incurable | 875 | international | 1239 | kill |
| 2552 | hungry | 1167 | indebted | 2163 | interpret* | 559 | kind* |
| 1195 | hunt* | 767 | indeed* | 1228 | interrupt** | 269 | kindergarten |
| 617 | hunter | 2449 | independence | 577 | intimate** | 1918 | kindle** |
| 212 | hurray | 96 | independent | 2749 | into | 2712 | king |
| 290 | hurry | 1629 | indicate* | 1893 | intoxicate** | 2879 | kitchen |
| 158 | hurt | 1190 | indifferent | 1557 | intricate | 511 | knee |
| 636 | husband | 1291 | indispensable* | 707 | introduce | 2460 | kneel |
| 911 | hut | 1531 | individual | 1681 | intrude | 2892 | knife |
| 782 | hydrogen | 2244 | indolent | 1868 | invade | 2862 | knock |
| 2091 | hypothesis | 1688 | induce* | 377 | invader | 2650 | know |
| | | 509 | industrial | 1118 | invalid | | |
| | | 2007 | industry | 107 | invent | | |
| ○ I | | 1115 | inevitable** | 1729 | invert | ○ L | |
| | | 2486 | infancy | 1828 | invest | | |
| 2778 | ice | 1716 | infect | 1948 | investigate | 842 | label |
| 129 | iceberg | 1951 | inferior | 194 | invite | 2235 | labor |
| 654 | idea | 1155 | infinite | 1791 | involve* | 1719 | laboratory |
| 2442 | idealist | 1025 | inflict | 2021 | irresistible* | 2111 | lack |
| 1454 | identity* | 2490 | influence | 2072 | irritate | 2569 | lady |
| 2822 | if | 1299 | inform | 2744 | island | 2851 | lake |
| 1286 | ignoble | 1589 | informal | 1906 | isolate* | 978 | lamb |
| 1680 | ignorance | 421 | information | 1057 | issue* | 2190 | lament |
| 1244 | ignore | 1630 | ingenious* | 2517 | it | 2688 | lamp |
| 2818 | ill | 2306 | inhabit** | 961 | ivy | 2191 | land |
| 2229 | illustrate** | 1988 | inherent* | | | 2178 | landscape* |
| 2047 | image | 2236 | inherit | | | 728 | language |
| 1777 | imagination | 2246 | initial** | ○ J | | 2226 | languish |
| 762 | imagine | 1840 | injure | | | 187 | lantern |
| 1060 | imitation | 2836 | ink | 528 | jar | 1309 | large |
| 438 | immediately | 844 | inner | 2304 | jealousy | 1191 | last |
| 2078 | immemorial | 566 | inning | 2745 | jet | 2783 | late |
| 1616 | immense* | 1520 | innocent | 246 | jewel | 681 | later |
| 2492 | imperial | 2048 | innumerable* | 771 | job | 1203 | launch* |
| 1532 | implement* | 2413 | inquire | 843 | join* | 6 | laundry |
| 1117 | implore | 770 | insect | 481 | joke | 292 | lay |
| 1863 | imply | 1202 | insight* | 553 | journey | 1453 | layer |
| 594 | import | 1954 | insist | 45 | joy | 398 | lead* |
| 58 | important* | 2340 | insolent** | 433 | judge | 2922 | leaf |
| 1307 | impose* | 2160 | inspect | 2774 | juice | 603 | leak |
| 2084 | impoverish | 1347 | inspiration | 1151 | jump | 1930 | lean |
| 1304 | impression** | 576 | instead | 2656 | jungle | 14 | leap |
| 1581 | imprison | 2400 | instinct | 996 | junior | 2853 | learn |

# Index

| | | | | | | | |
|---|---|---|---|---|---|---|---|
| 822 | least | 1490 | luxury | 1421 | meditate** | 1206 | monster |
| 1455 | leave | | | 1218 | meet | 2897 | month |
| 2505 | left | | | 1942 | melancholy | 508 | monument |
| 2869 | leg | | | 2675 | melon | 2640 | moon |
| 1540 | legal | ## M | | 56 | memory | 1021 | moral |
| 2198 | legend | | | 1543 | menace | 2846 | morning |
| 2056 | legislation | 616 | machine | 1486 | mental | 1694 | mortal |
| 1384 | legitimate | 832 | magazine | 896 | mention | 272 | mostly |
| 1813 | leisure | 1770 | magic | 1772 | merchandise | 2915 | mother |
| 990 | lend | 2127 | magnificent* | 164 | merchant | 1686 | motive |
| 2210 | lessen | 73 | mail | 2144 | mercy | 2646 | mountain |
| 336 | lesson | 696 | main | 1640 | merit* | 1837 | mourn |
| 2929 | let | 2385 | maintain** | 11 | merry | 671 | mouse |
| 803 | letter | 1733 | majesty | 245 | metal | 2817 | mouth |
| 1484 | liable | 1901 | majority | 2528 | meter | 1414 | move** |
| 1530 | liberal | 2096 | make** | 146 | method | 2781 | movie |
| 304 | liberty | 2208 | male | 1841 | metropolis | 2934 | Mr |
| 128 | library | 2475 | malice | 2609 | middle | 2903 | Mrs |
| 9 | license | 823 | mammal | 777 | might | 2769 | much |
| 2627 | lie | 2947 | man | 839 | mild | 1054 | multiply |
| 793 | life | 2129 | manage* | 326 | mile | 1702 | multitude |
| 340 | lift | 2375 | manifest* | 1613 | military | 1106 | muscle |
| 1281 | light | 21 | mankind* | 2917 | milk | 1069 | muse |
| 2716 | like | 1471 | manner | 516 | million | 856 | museum |
| 674 | limit** | 1336 | manufacture* | 950 | mind | 2606 | music |
| 2373 | line | 1327 | manuscript | 1061 | mine | 105 | musician |
| 2721 | lion | 2604 | map | 1174 | mingle* | 2670 | must |
| 2937 | lip | 1907 | mar** | 2240 | miniature | 2297 | mutual** |
| 441 | list | 29 | marble | 2156 | minister | 277 | mystery |
| 2678 | listen | 943 | march | 1353 | minute* | 2203 | myth |
| 1993 | literate | 1125 | mark** | 2445 | miracle | | |
| 1013 | literature | 2561 | market | 1873 | mischief | | |
| 2386 | livelihood* | 641 | marry | 1767 | miser | ## N | |
| 821 | living room | 973 | Mars | 1921 | misery | | |
| 581 | load | 1197 | marvel | 808 | miss | 901 | nail |
| 254 | loaf | 514 | master* | 765 | mistake | 1752 | naked |
| 2414 | local | 2216 | masterpiece | 1193 | mix | 1339 | narrate* |
| 99 | locate | 752 | match* | 2480 | mixture | 1134 | narrow |
| 249 | lock | 1728 | material* | 1946 | mob | 294 | nation |
| 2015 | lofty | 2 | math | 1785 | mock* | 1405 | nationality |
| 763 | log | 982 | matter* | 2392 | mode* | 1176 | native* |
| 1621 | logic | 1519 | mature | 1020 | model** | 683 | nature** |
| 256 | lonely | 1262 | maxim* | 1086 | moderate* | 1479 | naughty |
| 1418 | long | 2005 | maximum | 920 | modern | 1502 | navigation |
| 1768 | look* | 2918 | may | 1052 | modesty | 466 | navy |
| 599 | lose | 724 | maybe | 2422 | modify** | 1351 | near |
| 1130 | lot | 593 | mayor | 1877 | moisture | 220 | nearly |
| 801 | loud | 2170 | meadow | 1252 | mold | 889 | necessary** |
| 2925 | love | 2275 | meager* | 2909 | mom | 2954 | neck |
| 500 | low | 1255 | mean | 861 | moment | 898 | need |
| 1079 | loyal | 1017 | measure* | 2843 | money | 2176 | negligence* |
| 139 | luck | 914 | meat | 180 | monk | 1525 | negotiate |
| 2755 | lunch | 1807 | mechanical | 2512 | monkey | 138 | neighbor |
| 1365 | lung | 1741 | mechanism** | 2458 | monopoly | 866 | neither |
| 2343 | lure* | 2612 | medal | 1499 | monotony | 309 | nephew |
| | | 1448 | medieval | | | | |

# USHER VOCABULARY 어셔 토플 기초영단어 (초·중·고등단어)

| | | | | | | | |
|---|---|---|---|---|---|---|---|
| 2258 | nerve | 2624 | off | | | 1510 | perform** |
| 2470 | net | 1110 | offend | | | 1358 | perfume |
| 2421 | neutral | 653 | offer | | | 845 | perhaps |
| 2948 | never | 598 | office | | | 1104 | peril |
| 2912 | new | 368 | officer | | | 1328 | periodical |
| 2753 | news | 1552 | official | | | 2141 | perish |
| 2526 | next | 1219 | offspring | | | 1090 | permanent* |
| 2770 | nice | 2547 | often | | | 2436 | permit* |
| 205 | nickname | 2815 | oh | | | 2124 | perpendicular |
| 471 | niece | 2587 | oil | | | 2030 | perpetual*** |
| 2834 | night | 2856 | OK | | | 2187 | perplex |
| 1724 | nightmare | 1387 | old | | | 2355 | persecute |
| 2911 | no | 1067 | omen | | | 1969 | perseverance |
| 698 | noble | 2662 | on | | | 1652 | persist** |
| 2453 | nobody | 473 | once* | | | 2410 | personality |
| 775 | nod | 1187 | only | | | 2271 | perspective** |
| 993 | noise | 2621 | open | | | 1526 | persuade |
| 195 | none | 1984 | operate* | | | 2108 | pertinent* |
| 582 | normal | 897 | operator | | | 1360 | pessimist |
| 2659 | north | 454 | opinion | | | 657 | pet |
| 2872 | nose | 1963 | opponent | | | 288 | petal |
| 2566 | not | 2118 | opportunity | | | 2441 | petty |
| 2321 | notable* | 2184 | oppress | | | 2028 | phase* |
| 2001 | note* | 2638 | or | | | 1158 | phenomenon* |
| 1212 | notice | 1690 | oracle | | | 1374 | philosophy |
| 2251 | notion** | 2785 | orange | | | 7 | photographer |
| 1315 | notorious | 2466 | orbit | | | 1031 | physical |
| 1872 | nourish* | 1983 | ordain | | | 1847 | physics |
| 1263 | novel** | 884 | order* | | | 2689 | piano |
| 2594 | now | 1693 | ordinary** | | | 181 | pick |
| 757 | nuclear | 2467 | organ | | | 2888 | picnic |
| 2760 | number | 1542 | organization | | | 1487 | picture** |
| 2293 | numerous | 1898 | orientation | | | 396 | piece* |
| 848 | nurse | 1802 | origin** | | | 1297 | pierce** |
| 1829 | nutrition | 1805 | ornament* | | | 1231 | piety |
| | | 163 | ostrich | | | 2535 | pig |
| | | 2630 | other | | | 522 | pigeon |

## O

| | | | | | | | |
|---|---|---|---|---|---|---|---|
| | | 955 | otherwise | | | 380 | pilgrim |
| | | 2713 | out | | | 384 | pill |
| 626 | oath* | 1561 | outcome | | | 954 | pilot |
| 975 | obey | 547 | outline* | | | 2876 | pin |
| 298 | object** | 1695 | outlook | | | 2894 | pine |
| 2387 | obligation** | 1196 | output* | | | 2889 | pink |
| 2088 | oblige | 2197 | outstanding** | | | 2795 | pipe |
| 1962 | oblivion | 1579 | over | | | 725 | pitch |
| 1808 | observe* | 2137 | overcome | | | 1099 | pity |
| 1333 | obstacle | 100 | overhear | | | 2814 | place |
| 602 | obtain** | 2102 | overlook | | | 1080 | plague |
| 1596 | obvious** | 888 | owe | | | 1658 | plain* |
| 1738 | occasion | 790 | owl | | | 2724 | plan |
| 1870 | occupy* | 43 | own | | | 700 | plane |
| 173 | occur | | | | | 484 | planet |
| 562 | ocean | | | | | 510 | plant |
| 2607 | o'clock | | | | | 526 | plate |
| 2691 | of | | | | | 2406 | plausible |

## P

| | |
|---|---|
| 1527 | pace* |
| 2696 | page |
| 1509 | pain |
| 992 | paint |
| 372 | pair |
| 469 | pal |
| 357 | palace |
| 2461 | pang |
| 2140 | panic |
| 1322 | pant* |
| 2787 | pants |
| 2940 | paper |
| 739 | parade |
| 1959 | parallel* |
| 1022 | paralyze |
| 280 | pardon |
| 2904 | parent |
| 2750 | park |
| 1004 | parliament |
| 2367 | part |
| 2073 | partake |
| 1624 | partial** |
| 1214 | participate** |
| 1826 | particular** |
| 1205 | party |
| 556 | pass |
| 1113 | passage |
| 413 | passenger |
| 1498 | passion |
| 520 | passport |
| 184 | past |
| 1574 | pastime** |
| 1751 | pasture |
| 2401 | patent |
| 1949 | path |
| 1820 | pathetic |
| 1976 | patience |
| 381 | patient |
| 2128 | patriotism |
| 1465 | pattern* |
| 248 | pause |
| 2544 | pay |
| 2852 | peace |
| 69 | peaceful* |
| 2742 | pear |
| 1128 | peculiarity |
| 2279 | peer |
| 2683 | pen |
| 2615 | pencil |
| 2043 | penetrate* |
| 2501 | people |
| 800 | pepper |
| 2395 | perceive* |

# Index

| | | | | | | | |
|---|---|---|---|---|---|---|---|
| 2664 | play | 2172 | prescribe | 1888 | prose | 1553 | random*** |
| 2082 | playwright | 545 | present | 2451 | prosecution | 1298 | range* |
| 1018 | plea | 1572 | presently* | 1411 | prospect* | 2429 | rank |
| 72 | pleasant | 1687 | preserve** | 1456 | prosperity | 1312 | rapid |
| 2567 | please | 90 | president | 230 | protect* | 468 | rapidly* |
| 852 | plenty | 339 | press | 1603 | protest | 1586 | rapture |
| 1997 | plot | 1989 | pressure | 418 | proud | 1794 | rare** |
| 2126 | plow | 2133 | presume | 711 | prove** | 161 | rat |
| 2811 | pocket | 223 | pretend | 886 | proverb | 46 | rate |
| 879 | poet | 461 | pretty | 1491 | provide** | 915 | rather* |
| 2504 | point | 1843 | prevail** | 1707 | providence | 1367 | rational |
| 1717 | poison | 1885 | prey* | 1247 | provoke* | 1188 | ravage |
| 2515 | police | 169 | price | 1224 | prudent | 1451 | raw* |
| 1293 | policy | 1625 | pride | 2174 | psychology | 1761 | ray |
| 1326 | polite | 222 | primary* | 606 | public | 264 | reach |
| 482 | politely | 1679 | prime | 1722 | publish* | 2477 | reaction |
| 968 | pollution | 1156 | primitive* | 198 | pull | 2148 | read |
| 1233 | pomp | 680 | prince | 494 | pulse | 1419 | ready |
| 760 | poor | 666 | principal*** | 247 | pumpkin | 1198 | realize* |
| 406 | pop | 2143 | principle* | 1546 | punctual | 2207 | realm* |
| 282 | popular* | 2651 | print | 1324 | punish | 1758 | reap** |
| 1779 | popularity | 369 | prison | 1403 | purchase** | 929 | rear* |
| 574 | population | 489 | private | 922 | puritan | 102 | reason |
| 408 | port | 268 | privilege | 167 | purpose** | 1093 | rebel |
| 2296 | portray* | 945 | prize | 1366 | pursue | 1338 | rebuke |
| 1638 | positive* | 203 | probably | 236 | push | 1261 | recall* |
| 1851 | possess | 131 | problem | 2614 | put | 2437 | recede** |
| 64 | possible | 2341 | procedure | 141 | puzzle | 649 | receive* |
| 1346 | possibly | 1528 | proceed | | | 573 | recently |
| 714 | post | 1179 | process | | | 1814 | reckless* |
| 2539 | poster | 2274 | prodigal | | **Q** | 1063 | reckon |
| 1136 | posterity | 479 | produce* | | | 1815 | recollect |
| 1643 | postpone | 2020 | profess | 1450 | quaint** | 2239 | recommend |
| 465 | potato | 1046 | proficient** | 2443 | qualify | 1617 | reconcile |
| 1329 | potent | 1749 | profit | 1016 | quality | 343 | record** |
| 1765 | potential** | 1111 | profound** | 1431 | quantity | 1152 | recover** |
| 1396 | poverty | 1742 | progress** | 55 | quarter | 1810 | recreation |
| 182 | powder | 2139 | prohibit* | 2610 | queen | 2509 | red |
| 2404 | power* | 966 | project** | 2376 | queer | 1675 | reduce** |
| 2079 | practically | 1929 | prolong* | 2700 | question | 1162 | refer |
| 860 | practice | 2182 | prominent | 2223 | quick | 2149 | reflect |
| 788 | prairie | 126 | promise | 590 | quiet | 2147 | reform |
| 1763 | praise* | 1513 | promote** | 1001 | quit** | 1469 | refrain* |
| 382 | pray | 1065 | prompt | 865 | quite | 1748 | refresh |
| 1083 | precede* | 1030 | prone** | 1459 | quote | 675 | refrigerator |
| 199 | precious | 833 | pronunciation | | | 555 | refuse |
| 1036 | precise** | 1014 | proof* | | **R** | 2064 | regard* |
| 1601 | predecessor | 1576 | propaganda | | | 1960 | region** |
| 1713 | predict | 631 | properly | 279 | race | 2252 | register* |
| 1916 | predominant | 1580 | property** | 1563 | radical** | 2348 | regret |
| 2227 | preface | 1041 | prophecy | 2685 | radio | 344 | regular |
| 2213 | preferable | 2193 | proportion | 2788 | rain | 2231 | regulate |
| 2262 | prejudice | 1084 | proposal | 33 | rainbow | 2253 | reign |
| 1990 | preoccupy | 1160 | proposition* | 74 | raise* | 885 | rein |
| 75 | prepare* | 1135 | propriety | | | 1573 | reinforce |

# USHER VOCABULARY 어셔 토플 기초영단어 (초·중·고등단어)

| | | | |
|---|---|---|---|
| 1161 reject* | 1516 restrain | 690 ruin* | 910 search |
| 1790 rejoice | 1709 restrict | 618 rule | 378 seat |
| 1037 relate | 1500 resume | 2661 ruler | 1614 seclude |
| 527 relative | 1413 retain* | 1737 rumor | 940 secretary |
| 2499 relax | 2112 retire | 1662 run | 116 section |
| 756 relay | 1991 retort | 2087 rural* | 2171 secure** |
| 1356 release** | 2066 retreat | 1674 ruthless | 2704 see |
| 1440 reliance** | 197 return** | | 361 seed |
| 1507 relief | 1925 reveal** | | 1691 seek |
| 1146 religion | 2254 revenge | ○ S | 2016 seize** |
| 177 religious | 1821 revenue | | 589 seldom |
| 1612 relish | 1126 reverie | 2498 sacred** | 560 select |
| 1544 reluctant** | 2434 reverse | 1773 sacrifice | 1159 selfish |
| 991 remain | 625 review | 766 sad | 2090 sell |
| 2002 remark | 1452 revise | 2185 safe* | 137 semester |
| 1975 remarkable** | 51 revival | 210 safely | 748 senior |
| 1602 remedy** | 1272 revolt | 1424 sage | 1605 sensitive* |
| 753 remember | 605 revolution | 754 sail | 799 sentence |
| 957 remind | 1345 reward | 835 sale | 1575 separate |
| 1876 remote* | 2595 ribbon | 152 salt | 1476 serene** |
| 622 remove** | 2910 rice | 1637 salute | 476 series |
| 2272 render** | 2299 rich** | 2828 same | 261 serious* |
| 1669 renounce | 740 rid | 303 sample | 1659 sermon |
| 2234 renown** | 569 riddle | 364 sand | 334 servant |
| 2471 repair | 501 ride | 2069 sanitary | 2881 service |
| 895 repeat | 1220 ridicule | 2036 satellite | 2083 set* |
| 1860 repel** | 1109 right | 1999 satire* | 774 settler |
| 1535 repent | 2241 righteous | 1555 satisfaction | 487 several |
| 110 replace** | 1379 rigid** | 1051 savage | 1376 severe** |
| 432 reply | 2916 ring | 867 save | 1714 shabby |
| 533 report | 1782 riot | 317 saw | 338 shade |
| 2314 repose | 2114 ripe* | 1108 say | 81 shadow |
| 2189 represent** | 1378 risk | 736 saying | 296 shake |
| 1757 reproach | 2886 river | 1744 scale** | 2921 shall |
| 2165 reproduce* | 2722 road | 1089 scan* | 2419 shame |
| 165 republic | 708 roar | 1343 scanty | 786 shape |
| 1049 reputation* | 524 robber | 226 scar | 1234 share* |
| 1501 require* | 2858 robot | 16 scare | 92 sharp** |
| 1935 rescue | 1323 robust** | 1645 scatter** | 2550 she |
| 2115 research* | 2720 rock | 913 scene | 924 sheep |
| 1745 resemble* | 2932 rocket | 1404 scent** | 1137 sheer |
| 1833 resent | 1967 role | 809 schedule | 49 sheet |
| 1855 reserve | 930 roll | 1438 scheme | 858 shell |
| 2196 reside | 2673 roof | 838 scholar | 1058 shelter* |
| 1801 resign | 2890 room | 1059 school | 429 shine |
| 1131 resistance | 186 rope | 660 science | 2819 ship |
| 1164 resolute | 2620 rose | 2791 scissors | 2598 shirt |
| 1736 resort | 2780 round | 1934 scope** | 563 shock* |
| 148 resource | 101 route | 806 score* | 2913 shoe |
| 664 respect | 1571 routine* | 1170 scorn | 979 shoot |
| 1850 respond | 669 row | 271 scratch | 2919 shop |
| 2155 responsibility | 1931 royal | 830 scream | 916 shore |
| 1000 rest | 903 rub | 1706 scrutiny* | 355 short |
| 970 restaurant | 1497 rude | 539 sculpture | 2046 shortage |
| 2086 restore | 316 rudely | 2536 sea | 1483 shortcoming* |

# Index

| | | | | | | | |
|---|---|---|---|---|---|---|---|
| 633 | shoulder | 2472 | sly | 1441 | speculate | 2577 | storm |
| 217 | shout | 864 | smart | 348 | speech | 872 | stormy |
| 2883 | show | 467 | smell | 1279 | speed* | 2801 | story |
| 742 | shower | 2945 | smile | 2359 | spell | 1902 | stout |
| 1186 | shrewd | 644 | smoke | 755 | spend | 2877 | stove |
| 1258 | shrink | 25 | snake | 2452 | sphere** | 726 | straight |
| 595 | shrug | 2042 | snare | 2125 | spin | 1464 | strain* |
| 614 | shut | 1899 | sneer | 356 | spirit* | 392 | strange |
| 1026 | shy | 703 | sniff | 1225 | splendid | 2338 | strategy |
| 65 | sick | 2647 | snow | 1107 | spoil* | 2568 | strawberry |
| 2264 | side | 2748 | so | 2766 | spoon | 974 | stream |
| 240 | sigh | 2884 | soap | 1385 | sport | 2580 | street |
| 483 | sight | 2063 | soar* | 610 | spot** | 1075 | strenuous |
| 902 | sign | 1246 | sob | 1121 | spring | 587 | stress* |
| 2324 | significance | 2751 | soccer | 1922 | spur** | 1887 | stretch* |
| 536 | silent* | 923 | social | 695 | square | 2011 | stride* |
| 417 | silk | 1854 | society | 912 | squirrel | 1216 | strife |
| 638 | silly | 2619 | sock | 2228 | stable* | 1564 | strike** |
| 2714 | silver | 1127 | soft | 48 | stadium | 404 | stripe |
| 266 | similar | 1095 | soil | 935 | stage* | 2105 | stroll |
| 347 | simple* | 2154 | sojourn | 434 | stair | 1416 | structure** |
| 2487 | simultaneous* | 324 | solar | 2219 | stand | 571 | struggle* |
| 2426 | sin | 772 | soldier | 1178 | standard** | 2698 | student |
| 420 | since | 2342 | sole* | 1380 | standpoint* | 1277 | study |
| 826 | sincerely | 2173 | solemn | 2374 | staple* | 2130 | stuff |
| 2465 | sincerity | 2093 | solid | 2611 | star | 1238 | stumble |
| 2798 | sing | 2484 | solitude | 779 | stare | 857 | stupid |
| 647 | single | 488 | solution | 1325 | start | 119 | subject |
| 1799 | singular | 2725 | some | 2331 | starve | 1301 | subjective* |
| 2427 | sinister | 1971 | somebody | 121 | state | 1027 | sublime |
| 18 | sink* | 289 | sometime | 1653 | stately | 1270 | submit |
| 2941 | sir | 2826 | son | 451 | statue* | 1968 | subscribe |
| 2871 | sister | 2556 | song | 2456 | stature | 1673 | subside |
| 2574 | sit | 2692 | soon | 1639 | status** | 1449 | substance |
| 15 | site* | 2276 | soothe* | 57 | stay* | 2060 | substitute** |
| 837 | situation | 23 | sophomore | 201 | steady | 2205 | subtle* |
| 2337 | size** | 354 | sore | 634 | steal | 701 | suburb |
| 2655 | skate | 2775 | sorry | 2680 | steam | 870 | subway |
| 1626 | skeptical | 1457 | sort* | 1678 | steep | 257 | successful |
| 183 | skill** | 1623 | soul | 1683 | steer | 1172 | succession |
| 1251 | skin | 733 | sound | 847 | stem | 535 | such |
| 2531 | skirt | 2873 | soup | 95 | step | 275 | suck |
| 2701 | sky | 627 | source* | 2257 | stern | 778 | suddenly |
| 2405 | skyscraper | 2635 | south | 720 | stethoscope | 651 | suffer |
| 2291 | slang | 2250 | sovereign | 1388 | stick** | 2278 | sufficient** |
| 208 | slave | 424 | sow | 1666 | stiff | 2379 | suffrage |
| 1973 | slavery | 491 | space | 1818 | stifle | 428 | sugar |
| 174 | sleep | 103 | spade | 1769 | stimulus* | 1372 | suggest** |
| 2347 | slender | 1692 | spare* | 1028 | sting | 312 | suitcase |
| 360 | slide | 2898 | speak | 2409 | stir** | 2188 | sullen |
| 1529 | slight* | 811 | special* | 237 | stomach | 1073 | sum |
| 1432 | slim | 1909 | specialize | 492 | stone | 1350 | summary |
| 883 | slip | 2308 | species | 1181 | stoop | 2734 | summer |
| 2887 | slow | 1207 | specimen | 1565 | stop | 1759 | summit** |
| 2057 | slumber | 1698 | spectacle | 78 | store | 1048 | summon |

# USHER VOCABULARY 어셔 토플 기초영단어 (초·중·고등단어)

| | | | | | | | |
|---|---|---|---|---|---|---|---|
| 2671 | sun | 87 | taste | 1919 | thrive** | 1827 | traitor |
| 609 | sunrise | 263 | tax | 136 | throat | 1861 | transact |
| 702 | sunshine | 2502 | taxi | 1064 | throb | 1200 | transform* |
| 2289 | superficial** | 2636 | tea | 1987 | throne | 1936 | transition* |
| 2037 | superfluous | 2641 | teach | 1437 | throng | 2116 | transmit |
| 2562 | supermarket | 2764 | team | 42 | throw | 1150 | transparent* |
| 410 | superstition | 523 | tear | 557 | thumb | 1941 | transport |
| 2768 | supper | 2142 | technical | 2849 | thunder | 1237 | trap* |
| 1804 | supplement** | 1145 | technology | 554 | ticket | 630 | travel |
| 504 | supply | 1734 | tedious* | 1972 | tide | 2285 | treason |
| 1754 | support | 825 | teenager | 1705 | tidy | 987 | treasure** |
| 972 | suppose | 134 | telephone | 632 | tie** | 88 | treat |
| 1727 | suppress | 2956 | television | 2537 | tiger | 1926 | treaty |
| 1071 | supreme | 1793 | tell | 1494 | tight | 2699 | tree |
| 2735 | sure | 2428 | temper | 619 | tightly | 2454 | tremble |
| 185 | surface | 1965 | temperament* | 1844 | till | 1910 | tremendous** |
| 2300 | surmount* | 2058 | temperance | 1932 | timber | 1318 | trend* |
| 1715 | surpass** | 94 | temperature | 2557 | time | 1466 | trial |
| 1796 | surplus* | 431 | temple | 1584 | timely | 2145 | tribe |
| 140 | surprise* | 1604 | temporary* | 776 | tiny** | 157 | trick |
| 2095 | surrender | 2431 | tempt | 1760 | tip | 1024 | trifle |
| 947 | surround | 2260 | tend* | 2660 | tired | 1468 | trim |
| 2320 | survey* | 2085 | tender* | 2600 | to | 385 | trip |
| 323 | survive | 2666 | tennis | 2546 | today | 341 | triumph |
| 2052 | suspect | 2247 | tension | 932 | together | 1819 | trivial** |
| 1249 | suspend** | 2500 | term | 1875 | token | 2335 | tropical |
| 1756 | sustain** | 395 | terrible | 1154 | tolerate** | 480 | trouble |
| 1072 | swear | 1786 | territory | 2397 | toll | 712 | trousers |
| 2885 | sweater | 2747 | test | 2874 | tomato | 2103 | truce |
| 426 | sweet | 1735 | testimony | 402 | tomb | 2559 | truck |
| 2218 | swell | 1426 | textile** | 2867 | tomorrow | 682 | true |
| 2183 | swift* | 2854 | than | 679 | tongue | 964 | trumpet |
| 2792 | swim | 2589 | thank | 2740 | tonight | 291 | trust |
| 880 | swing | 2756 | that | 2622 | too | 2099 | trustworthy |
| 2820 | switch | 2625 | the | 761 | tool* | 2672 | try |
| 270 | sword | 784 | theater | 39 | tooth | 1974 | trying |
| 52 | symbol | 1192 | theme | 1849 | top | 2665 | tulip |
| 1927 | symmetry | 2761 | then | 77 | torch | 561 | turkey |
| 2164 | sympathy | 2186 | theory | 2327 | torment | 5 | turn |
| 1671 | symptom | 2540 | there | 2435 | torture | 502 | turtle |
| 179 | system | 851 | thermometer | 394 | touch | 537 | twice |
| | | 2810 | they | 464 | tough | 2041 | twilight |
| | | 1434 | thick | 892 | tourist | 513 | twin |
| ○ **T** | | 738 | thief | 145 | toward | 311 | type* |
| | | 659 | thin | 153 | towel | 1470 | typical** |
| 2754 | table | 2581 | thing | 267 | tower | | |
| 2261 | tact | 2841 | think | 453 | town | ○ **U** | |
| 32 | tail | 2455 | thirst | 2789 | toy | | |
| 1461 | taint | 981 | thirsty | 1515 | trace** | 1215 | ugly |
| 1088 | take | 2616 | this | 117 | track** | 2384 | ultimate* |
| 1055 | talent | 2045 | thorough | 242 | tradition | 122 | umbrella |
| 2797 | talk | 109 | though | 213 | traffic | 1866 | unanimous |
| 1670 | tall | 2906 | thousand | 1944 | tragedy | 2762 | uncle |
| 2290 | tame | 2157 | threat | 2269 | train** | 2162 | undaunted |
| 2776 | tape | 1342 | thrift | 1040 | trait | | |

# Index

| | | | | | | | |
|---|---|---|---|---|---|---|---|
| 2907 | under | 306 | very | 2224 | weary | 1177 | world |
| 2446 | undergo** | 1488 | vessel | 150 | weather | 490 | worry |
| 459 | understand** | 1222 | vex | 805 | wedding | 2074 | worship* |
| 1408 | undertake** | 1514 | vice* | 2736 | week | 655 | worth |
| 2305 | unemployment | 1435 | victim | 82 | weight | 722 | wound |
| 729 | uniform** | 1644 | victory | 2812 | welcome | 859 | wrap |
| 2394 | unify | 2866 | video | 2233 | welfare | 1276 | wretched |
| 1300 | union | 768 | view* | 1101 | well | 2649 | write |
| 1140 | unique** | 1835 | vigor | 1559 | well-being | 967 | wrong |
| 318 | unity | 1622 | vile** | 2893 | west | 2824 | xylophone |
| 8 | universe | 721 | village | 691 | wet | | |
| 285 | unless | 2006 | violate | 2617 | what | | |
| 769 | unlike | 2309 | violence | 2752 | when | ○ Y | |
| 1635 | unprecedented | 2687 | violin | 2533 | where | | |
| 2829 | until | 2333 | virtue | 853 | whether | 2590 | yeah |
| 2933 | up | 1415 | visible | 2807 | which | 2831 | year |
| 1656 | uphold | 1684 | vision | 983 | while | 1803 | yearn |
| 1114 | upright | 2729 | visit | 917 | whisker | 278 | yell |
| 988 | upset | 2013 | vital** | 470 | whisper | 2551 | yellow |
| 2050 | urban | 2245 | vivid* | 953 | whistle | 2657 | yes |
| 2076 | urge | 2349 | vocation | 2583 | white | 2605 | yesterday |
| 1355 | usage | 1097 | vogue* | 2860 | who | 2168 | yet* |
| 2739 | use | 552 | voice | 928 | whole* | 1539 | yield** |
| 374 | useless | 2383 | volume | 1611 | wholesome | 2571 | you |
| 2107 | usher | 1923 | voluntary | 2681 | why | 2518 | young |
| 900 | usually | 333 | vote | 1594 | wicked | | |
| 1970 | utility | 1585 | vow* | 493 | wide | | |
| 2094 | utilize* | 125 | voyage | 224 | wild* | ○ Z | |
| 1548 | utmost | 2463 | vulgar | 1710 | will | | |
| 2479 | utter | | | 812 | win | 2389 | zeal |
| | | | | 2727 | wind | 2850 | zero |
| ○ V | | ○ W | | 2679 | window | 2800 | zoo |
| | | | | 2654 | wing | | |
| 2358 | vacant* | 1285 | wage | 814 | wink | | |
| 98 | vacation | 495 | wagon | 2708 | winter | | |
| 2407 | vacuum* | 2676 | wait | 2106 | wisdom | | |
| 1998 | vague** | 255 | wake | 251 | wise | | |
| 727 | vain | 2608 | walk | 586 | wish | | |
| 416 | valley | 2516 | wall | 2420 | wistful | | |
| 401 | valuable | 1147 | want | 1406 | wit | | |
| 2194 | value | 383 | war | 2603 | with | | |
| 1302 | vanish** | 1646 | warfare | 2038 | withdraw | | |
| 2212 | vanity | 2730 | warm | 2494 | wither | | |
| 319 | various | 873 | warn | 1783 | withhold | | |
| 1332 | vary* | 2415 | warrant* | 2411 | within | | |
| 1816 | vast** | 2693 | wash | 159 | without | | |
| 446 | vegetable | 301 | waste | 1398 | withstand** | | |
| 1891 | vehicle | 692 | watch | 2310 | witness* | | |
| 1952 | vein* | 2709 | water | 976 | wolf | | |
| 1422 | venerable | 1945 | way | 2844 | woman | | |
| 1420 | venture* | 2944 | we | 485 | wonderful | | |
| 1858 | verify | 178 | weak | 567 | wood | | |
| 2408 | verse | 114 | wealth* | 689 | wool | | |
| 1023 | vertical | 2161 | weapon | 905 | word | | |
| | | 715 | wear | 2558 | work | | |

별도 구매 서비스 소개

# usherin.usher.co.kr

1. USHER **단어암기** 프로그램 소개
2. **첨삭권** 소개
3. **인강**
4. **모의토플**
5. 토플 Reading 공부방법
6. 토플 Listening 공부방법
7. 수강 후기

USHER 단어암기 프로그램 별도 판매  usherin.usher.co.kr

# 단어 암기 할 때 가장 큰 문제?

1. 내 발음을 상대방이 알아 들을 수 있나?

-Usher test로 확인!

2. 내가 스펠링과 뜻은 똑바로 다 외웠나?

- 연습 때, 틀리게 외운거 내가 틀리게 채점해서,
실제 시험에서 틀려본 적 있는 사람?

3. 시험을 봤는데 정말 안외워지는 단어가 있다면?

-누가 이기나 해보자-> 0개 틀릴 때 (= 다 맞을 때) 까지

# 1 USHER 단어암기 프로그램 소개

usherin.usher.co.kr

1. **듣고** - 아직도 눈으로만 외우나요?
   어셔단어 프로그램에서는 듣고, 쓰고, 품사외우고, 동의어까지 한번에 진행합니다.
2. **말하고** - 아직도 발음을 못하나요?
   발음 연습을 정확하게 프로그램이 읽어, 단어 외우면서 발음까지 한번에 준비할 수 있습니다.
3. **집중 암기**하고 - 천천히 성장 VS 고성장
   90일 동안 외울 단어를 13일 안에 끝내므로 반복효과 및 고성장을 이루어 낼수있습니다.
4. **internet based test** - 즉시채점+틀린것만 계속 테스트
   틀린 단어들만 다시 시험보기가 가능합니다.
5. **기분좋은 성취 확인** - 향상 기록 personal trainer
   본인이 본 시험 기록 내용이 누적 확인되어 본인에 성취를 확인 할수있습니다.

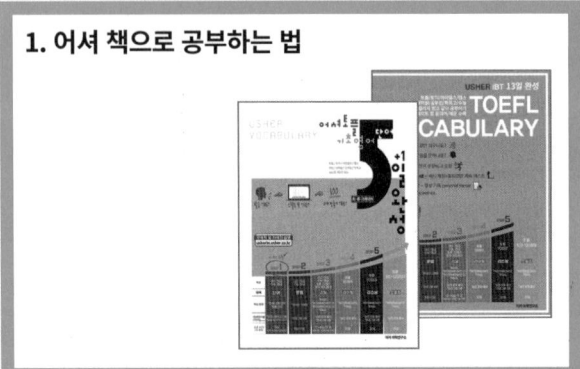

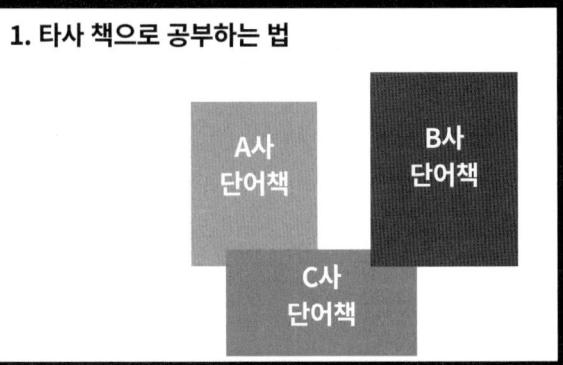

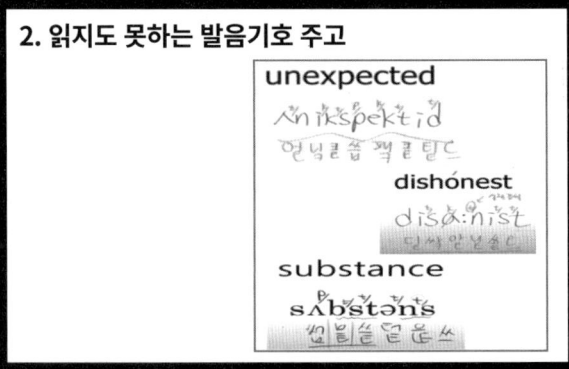

### 4. 인터벌

### 4. 빽빽이 써가면서 단어 외워야하는데

### 5. 분량을 나눠서 모의시험

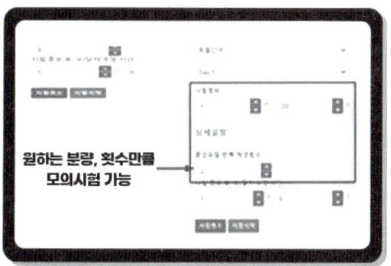

### 5. 빽빽이 써가면서 단어 외워야하는데

### 6. 준비되면 시전시험!
듣고 → 스펠링 → 품사 → 뜻 순으로 적기

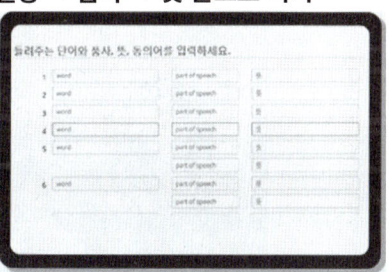

### 6. 학교 or 학원가서 종이에
한글 또는 스펠링 중 하나만 시험

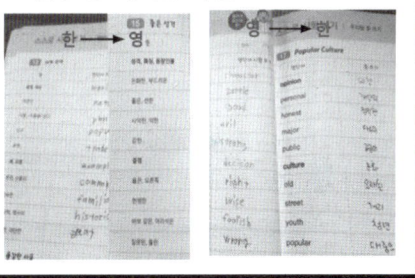

### 7. 하나라도 틀리면 오답처리
시험결과 자동체크

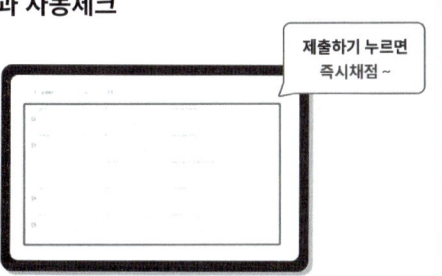

### 7. 채점을 내가 하면 잘못 외운 스펠링체크 못해주고
친구가 해주면 우정으로 틀린 것도 맞다고 해주고

### 8. 틀린 단어 묶음으로 즉시 오답노트 만들어줌

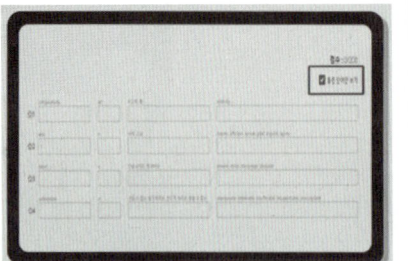

### 8. 내가 뭘 틀렸는지 일일히 추려내야 하지만… 보통은 보지도 않고 그냥 버리게 됨

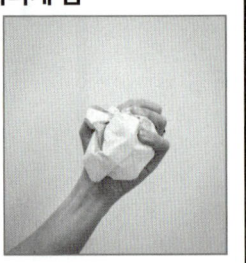

### 9. 틀린 개수 0으로 만들기 틀린 단어만 재시험

### 9. 틀린 단어가 뭔지 보지도 않고

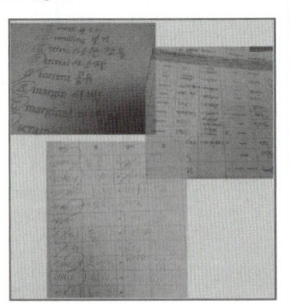

### 10. 한달 동안 시험 본 모든 기록 체크해주며 자극주는 시스템

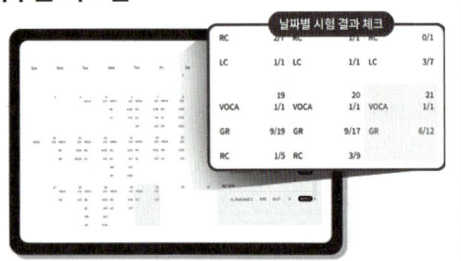

### 10. 종이가 너덜너덜해지면 그냥 버림

## 단어 프로그램 가격 소개

📞 카카오톡으로 문의하기

| | 1개월 사용 | 3개월 사용 | 6개월 사용 |
|---|---|---|---|
| 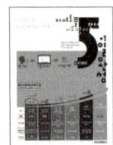 기초영단어 | 25,000원 | 1개월당 20,000원 20% DC ~~75,000원~~ 60,000원 | 1개월당 7,000원 44% DC ~~150,000원~~ 84,000원 |
|  토플단어 | 25,000원 | 1개월당 20,000원 20% DC ~~75,000원~~ 60,000원 | 1개월당 7,000원 44% DC ~~150,000원~~ 84,000원 |
|  기초영단어 + 토플단어 | 40,000원 | 1개월당 30,000원 25% DC ~~120,000원~~ 90,000원 | 1개월당 9,000원 55% DC ~~240,000원~~ 108,000원 |

## 2 첨삭권 소개
usherin.usher.co.kr

### 01 스피킹/라이팅 첨삭이 필요한 이유?

대체로 독학을 할 수 있다고 생각하는 리딩, 리스닝과는 달리 스피킹 라이팅은 독학이 힘듭니다.

이유는? "내가 뭘 틀렸는지 모르니까!!!"

대안은?? 독학이라고 했으니, 과외나, 학원은 빼고, 남는 건 첨삭이나, 그냥 혼자 틀린 걸 계속 보거나….

그런데, 첨삭을 받으러 검색을 해보면 가격이 라이팅 한편 당 23,000…원…?

한편만 첨삭 받으면 끝날 것 같진 않은 내 실력을 봐서는…

비용 감당 안됨. 어쩌지?

### 02 학원까지 다니고 싶진 않은데 스피킹/라이팅 첨삭만 받을 순 없나요?

▼라이팅 첨삭  *10회권은 어셔수강생에게만 제공됩니다*
(2024.08. 현재)

| | | | |
|---|---|---|---|
| 1회권 | 어셔 | 1회 첨삭권 25,000원 | 최저가 1회당 25,000원 |
| | 해** | 1회권 없음<br>2회 첨삭권 54,000원 | 1회당 27,000원 |
| | 영** | 1회 첨삭(1일 소요)권 28,000원 | 1회당(1일 소요)권 28,000원 |
| 5회권 | 어셔 | 5회 첨삭권 100,000원 | 최저가 1회당 20,000원 |
| | 해** | 5회권 없음 | 5회권 없음 |
| | 영** | 5회 첨삭(1일 소요)권 119,000원 | 1회당(1일 소요)권 23,800원 |
| 10회권<br>*어셔 수강생 한정 | 어셔 | 10회 첨삭권 150,000원 | 최저가 1회당 15,000원 |
| | 해** | 10회권 없음 | 10회권 없음 |
| | 영** | 10회권 없음 | 10회권 없음 |

▼스피킹 첨삭
(2024.08. 현재)

| | | | |
|---|---|---|---|
| 1회권 | 어셔 | 1회 첨삭권 15,000원 | 최저가 1회당 15,000원 |
| | 해** | 1회권 없음<br>2회 첨삭권 54,000원 | 1회당 27,000원 |
| | 영** | 1회 첨삭(1일 소요)권 16,000원 | 1회당(1일 소요)권 16,000원 |
| 5회권 | 어셔 | 5회 첨삭권 60,000원 | 최저가 1회당 12,000원 |
| | 해** | 5회권 없음 | 5회권 없음 |
| | 영** | 5회 첨삭(1일 소요)권 68,000원 | 1회당(1일소요)권 13,600원 |
| 10회권<br>*어셔 수강생 한정 | 어셔 | 10회 첨삭권 110,000원 | 최저가 1회당 11,000원 |
| | 해** | 10회권 없음 | 10회권 없음 |
| | 영** | 10회권 없음 | 10회권 없음 |

**구매처 및 자세한 설명 usherin.usher.co.kr**

## 03 첨삭 구성은 어떻게 되나요?

▼ 스피킹 첨삭

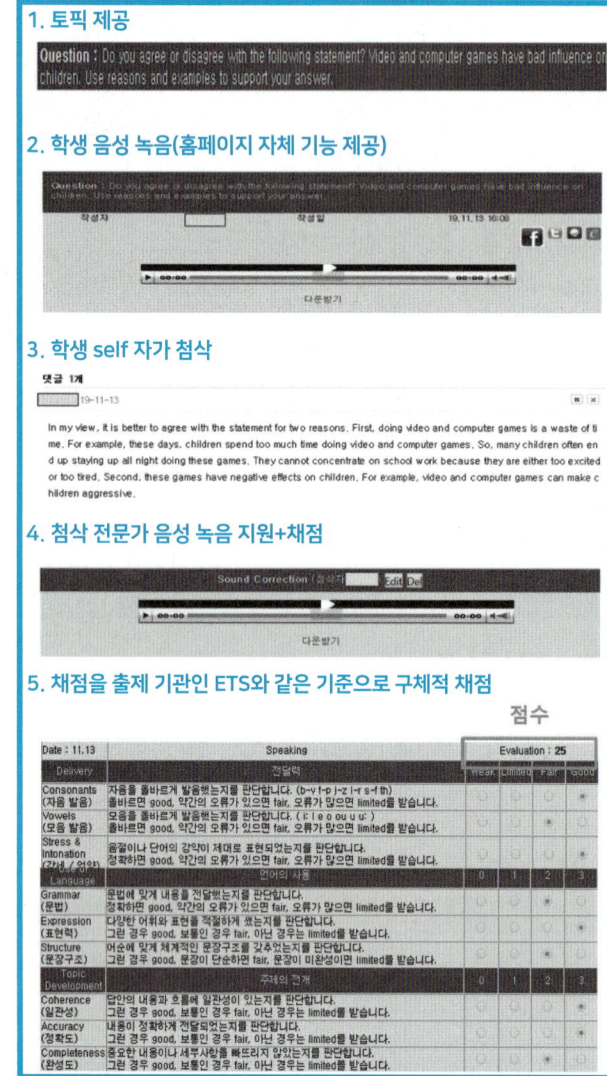

▼ 라이팅 첨삭

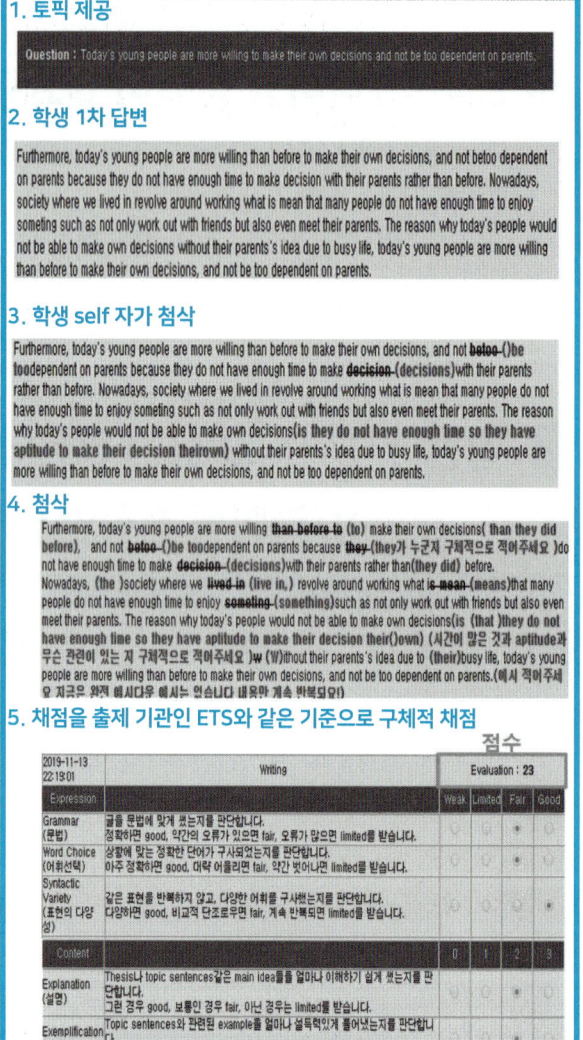

## 04 첨삭 신청하기

### 라이팅 첨삭권

*10회권은 어서수강생에게만 제공됩니다*

| 1회 첨삭권 | 5회 첨삭권 | 10회 첨삭권 |
|---|---|---|
| 사용기간 15일 | 사용기간 30일 | 사용기간 60일 |
| 25,000원 | ~~125,000원~~ → 100,000원 | ~~250,000원~~ → 150,000원 |

### 스피킹 첨삭권

*10회권은 어서수강생에게만 제공됩니다*

| 1회 첨삭권 | 5회 첨삭권 | 10회 첨삭권 |
|---|---|---|
| 사용기간 15일 | 사용기간 30일 | 사용기간 60일 |
| 15,000원 | ~~75,000원~~ → 60,000원 | ~~150,000원~~ → 110,000원 |

첨삭은 근무일 기준(평일)으로 진행되며, 주말 또는 휴일은 익일 평일에 진행됩니다.

# 3 인강-단어
usherin.usher.co.kr

이 책 수준 ✓

|  | STEP 1 | STEP 2 | STEP 3 | STEP 4 | STEP 5 | STEP 6 |
|---|---|---|---|---|---|---|
| 목표 | 내신 1등급<br>수능 1등급 | 내신 1등급<br>수능 1등급 | 내신 1등급<br>수능 1등급<br>토플 70점대<br>토익 800점대 | 토플<br>80점대 | 토플<br>90점대 | 토플<br>100~120점대 |
| 과목 | 단어 | 문법 | 리딩 | 라이팅 | 리스닝 | 스피킹 |
| 책의 종류 | ①초·중·고등 단어<br>②토플 단어 | ①어서인 그래머 | ①BASIC<br>②INTERMEDIATE 01<br>③INTERMEDIATE 02<br>④FINAL | ①INTERMEDIATE<br>②FINAL | ①INTERMEDIATE<br>②FINAL | ①INTERMEDIATE<br>②FINAL |
| USHER어플<br>Study Tool<br>Google Play / App Store | ①단어시험프로그램<br>②발음 체크(모든 단어) | ①프로그램 4종 | ①실전 문제 풀이,<br>②프로그램 3종 | ①실전 문제 풀이 | ①실전 문제 풀이,<br>②프로그램 2종 | ①실전 문제 풀이 |
| 소요 시간<br>(1회 독해) | 13일<br>(하루 200개 단어관리) | 5일+10일 | 15~18일/각 권<br>(BASIC 1지문/1일 기준) | 20일 | 20일 | 20일 |

**나의 성격 PERSONALITY**
INTP 미래 지향, 긍정

**핵심 가치 CORE VALUE**
# 성장  # 자조(스스로 돕는다)  # 착함  # 긍정  # 정확함  # 결과  # 책임감  # 도전

**나의 강점 STRENGTH**
# 관리력  # 집중력  # 기획력  # 체계적 개발능력  # 집요함  # 속도

"할 얘기 많은"
"멋진" 삶!!

**수업 특징**
- 단순화
- 긴장감
- 바뀔때까지

USHER
이덕호

## 나의 성격 PERSONALITY
ENTP
저는 유연성과 적응력을 가진 사람입니다.
성공의 길과 개인적 성장은 순식간에 이루어지는 것이 아닙니다.
하지만 저는 작은 발전의 단계를 거듭하면서
성장하고자 합니다. 저는 변화하는 세상에 꾸준히 적응하고,
그것을 통해 계속해서 성장하려고 합니다.

## 핵심 가치 CORE VALUE
저의 주된 가치는 꾸준함입니다. 어떤 일이든지 지속성이
있으면 결국 목표를 달성할 수 있다고 믿습니다.

## 나의 강점 STRENGTH
저는 변화하는 환경에 잘 적응하고,
다양한 상황에서 필요한
해결책을 발견하는 것을 잘합니다.

# This Too Shall Pass
# 이 또한 지나가리라

**VISION BIG5**
**건강한 삶** 저는 몸과 마음이 건강한 삶을 추구합니다.
**항상 배우기** 저는 세상이 계속 변하고 발전하는 것처럼,
자신도 항상 새로운 것을 배우며 성장하고자 합니다.
**긍정적인 삶** 저는 긍정의 힘을 믿습니다. 긍정적인 태도를 가지고 삶을 대하고자 합니다.
**인내심** 저는 어려움을 겪을 때에도 인내심을 잃지 않고 목표를 향해 나아갑니다.
**감사함** 저는 삶의 모든 것에 감사의 마음을 가지고 그 감사의 마음을 통해
더 많은 긍정적인 에너지를 발산하고자 합니다.

**USHER**
김채운 부원장

---

## 나의 성격 PERSONALITY
ISTJ 현실주의자. 모든 일을 꾸준히 체계적으로

## 핵심 가치 CORE VALUE
#희망 #긍정 #재미

## 나의 강점 STRENGTH
#성실함 #솔직함 #원칙적 #긍정적 #체계적

# 하루아침에
# 되는것은 없다

**VISION BIG5**
1. 발전하는 하루  2. 건강한 신체  3. 활기찬 분위기
4. 겸손한 마음  5. 간결한 수업

**USHER**
김석균

# 4 모의토플
usherin.usher.co.kr

## 01 모의토플? 왜 봐야 하지?

**Q1. 토플 시험 초보자**
난 토플이 뭔지, 이름도 겨우 들었거나,
토플 공부를 해야한다는걸 겨우 알았는데,
일단, 내 실력이나 좀 보고,
대충 시험 구성부터 잡아 보고 싶다면?

**A.** 27만원짜리 진짜 토플 덜컥 잡고,
돈 날리지 말고,
일단 5만원짜리 모의 토플로,
어찌 생겼는지 파악하는 기회로 사용
바랍니다.

**Q2. 영어 실력 충분히 있는 분?**
**A.** 나는 영어 실력은 충분히 있는데,
그냥 시험 유형정도나 파악하고,
바로 시험 보면 되지 않을까?
라는 자신감이 있을 때,
실제 시험 전 몸풀기로 활용
바랍니다.

**Q3. 토플 공부를 하면서, 본인의 실력 향상이 궁금하신 분**
**A.** 이제 한달 공부 했는데,
내 공부 한 것이 얼마나 나아졌을지
궁금하다면, 실력 점검용으로
활용 바랍니다.

**Q4. 실제 시험전에 최종 확인을 원하시는 분**
**A.** 실제 시험장을 가야 하는데,
계속 종이로만 공부해서,
실제 토플시험장에서 모니터 적응과,
라이팅에서의 타이핑 적응등이
부족하다는걸 안다면,
미리 시험장 분위기를 확인용으로 활용
바랍니다.

## 02 왜 모의토플? 을 봐야 하는가?
▼상세설명

### Reading
가. 종이로 보는것과 컴퓨터로 보는 것 만으로도 심한경우 리딩 점수 30점 만점중, 5점 차이까지 나므로, 별도로 준비 해야합니다.
나. 밑줄치면 시험 보거나, 연필로 위치를 가리키며 시험을 보는것과, 마우스를 움직여 가며 보는 것을 다르게 느끼는 경우, 시험장 환경에 적응하기 위해
다. 시험장의 엄격한 시간 관리를 미리 준비해야 하므로
라. 내가 많이 틀린 문제 분석을 통해 어느 유형이 약한지 파악하기 위해
마. (선택: 내가 어느유형이 약한지 파악후, 추가 관련 문제의 인강을 통해 미진한 부분에 대한 설명을 듣기 위해)

### Listening
가. 스피커를 통해 시험을 보는게 아닌, 헤드셋을 통해 나오는 소리에서의 차이를 어색해 하는 경우가 있다.
나. 시험장 화면에서, 가장 조심 해야 하는 것은, 리딩은 한번 본 화면도 다시 되돌아 와서 체크 할수있지만, 리스닝의 경우, 한번 진행한 문제는 되돌아 가서 수정이 안되는데, 연습 없는 학생들이 가장 어이없게 많이 하는 실수이므로, 실수를 방지하기 위해
다. 시험장의 엄격한 시간 관리를 미리 준비해야 하므로
라. 내가 많이 틀린 문제 분석을 통해 어느 유형이 약한지 파악하기 위해
마. (선택: 내가 어느유형이 약한지 파악후, 추가 관련 문제의 인강을 통해 미진한 부분에 대한 설명을 듣기 위해)

### Speaking
가. 시험장에서 마이크에 대고 말하는 것은, 무조건 소리를 크게 내야하는데, 학생들의 경우, 옆에 잘 하는 학생들이 있을경우, 기가 죽어 목소리를 작게 내서, 본인 실력보다 낮은 점수를 받는 경우가 있으므로, 미리 연습해서 본인의 목소리가 얼마나 작게 녹음 되는지 확인 해볼 기회
나. 1번부터 4번까지 네 개의 문제 순서에 적응하여, 실제 시험당일 문제 순서에 당황할일 없게 하기 위해
다. 내가 어느 유형이 약한지 파악하기 위해
라. (선택: 시험 본 것을 "**첨삭**"으로 이어져, 내 실력의 문제를 점검하기 위해) - **별도서비스**
마. (선택: 내가 어느유형이 약한지 파악후, 추가 관련 문제의 인강을 통해 미진한 부분에 대한 설명을 듣기 위해)

### Writing
가. 시험장에서 라이팅 시험은 모두 타이핑 시험인데, 시험장 갈때까지도 독수리 타자를 쳐야 할만큼 준비 없는 것을 막기 위해
나. (선택: 시험 본 것을 "**첨삭**"으로 이어져, 내 실력의 문제를 점검하기 위해) - **별도서비스**
다. (선택: 내가 어느유형이 약한지 파악후, 추가 관련 문제의 인강을 통해 미진한 부분에 대한 설명을 듣기 위해)

## 03 토플의 평가 영역(리딩, 리스닝, 스피킹, 라이팅) 및 어셔 모의토플 소개

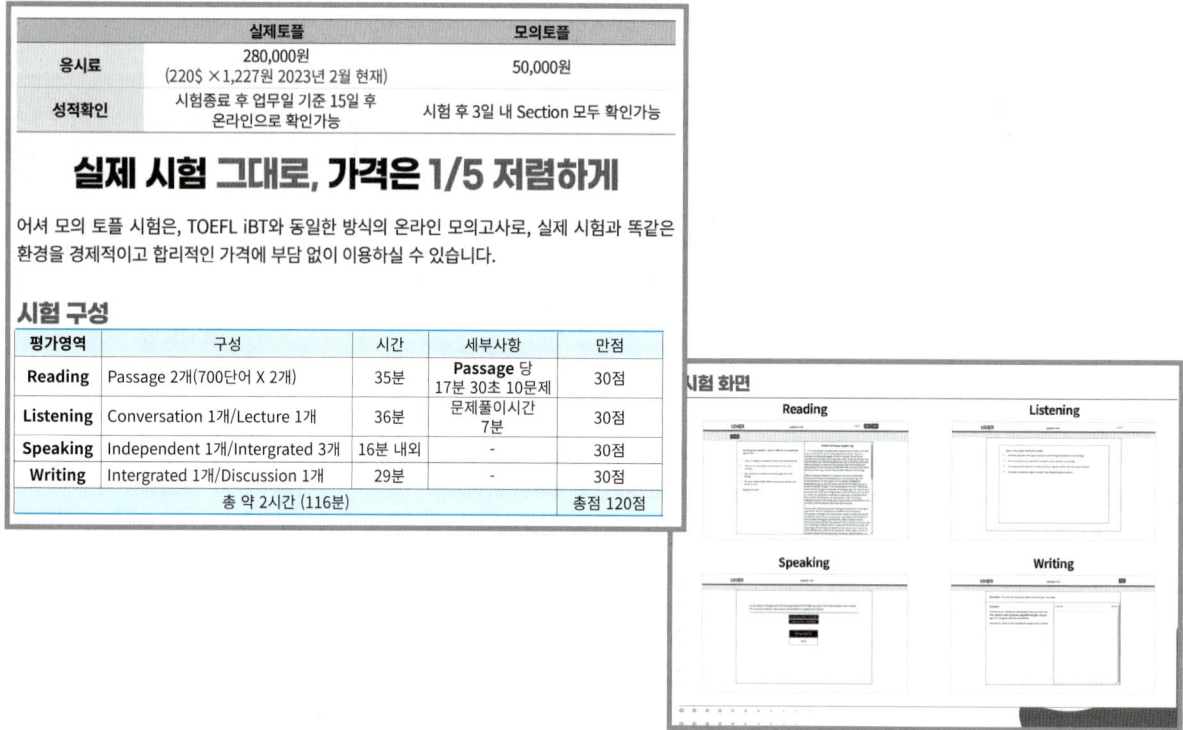

## 04 구매하기 (개별 과목 별도)

| 시험명 | 사용기간 | 가격 |
| --- | --- | --- |
| USHER 공식 토플모의고사 Full TEST | 1년 | 50,000원 |
| USHER 공식 토플모의고사 Half(R/L) TEST | 1년 | 27,000원 |
| USHER 공식 토플모의고사 Half(S/W) TEST | 1년 | 27,000원 |
| 개별 과목 | 1년 | 15,000원 |

# 5  토플 Reading 공부방법

usherin.usher.co.kr

## 리딩 점수에 따라서

- 20점 미만이라면, 리스닝에는 너무 많은 힘을 쓰지 말고, 단어와 리딩에 집중 바랍니다.
  둘 다 하려다 하나도 못 할 수 있습니다.
- 20점 이상이라면, 1. 단어  2. 구문  3. 묶기  4. 열번읽기 까지 꼼꼼히 처리 바랍니다.
- 25점 이상이면, 단어, 구문은 거의 알 겁니다.
  대략 틀린 것 정도 간단히 마무리 하고 **묶기 및 오답 패턴 확인**에 집중하면 됩니다.

## 각각의 과정을 적으면 다음과 같습니다.

Step 1. 문제풀이
Step 2. TAGGING
Step 3. 구문 / 단어시험
Step 4. 묶기
Step 5. 타이핑
Step 6. 별지
Step 7. 접속사 암기

## 과정 순서대로 공부를 해야하는 구체적인 이유와 방법을 적어보겠습니다.

### Step 1. 문제 풀이

- 문제 풀이는 실전 화면처럼 컴퓨터로 직접 풀면서 익숙해지는게 좋습니다.

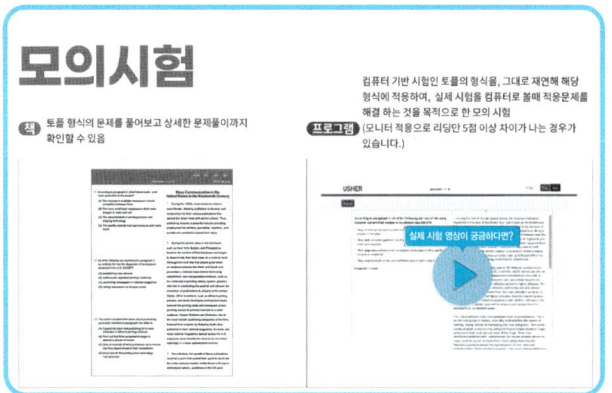

### Step 2. TAGGING

- 문제 풀이 직후, 잊기 전에, 문제 풀면서 가장 짜증 났던 부분 = 즉, 이해하기 힘들었던 부분을 체크해 둬야 합니다.

### Step 3. 구문 / 단어 시험

- 귀찮은 거 압니다. 그래도 해두시기 바랍니다. 리딩 20점 미만은 실력 없어서 하기 싫어도 해야 하고, 리딩 25점 넘는 분들은 별로 할 것도 없겠지만, 그래도 다 챙겨 두시기 바랍니다.

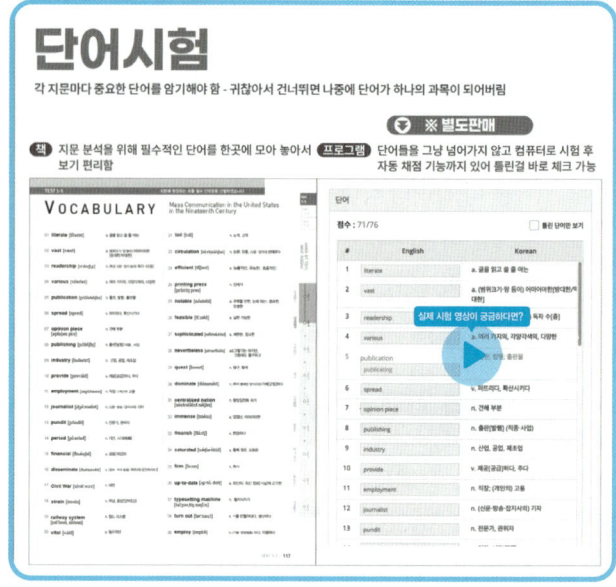

### Step 4. 묶기

- 리딩 20점 미만은 실력이 없으니, 파악+ 실력 자체를 늘리기 위해 필요합니다.
- 리딩 25점 이상은 만점 받기 위해서, 본인이 어느 부분이 약한지 "샅샅이 훑어야 할 때", 가장 강력한 툴입니다.
"30점의 절박함과 귀찮음 중", 더 강한 것이 여러분의 행동을 바꿀겁니다.

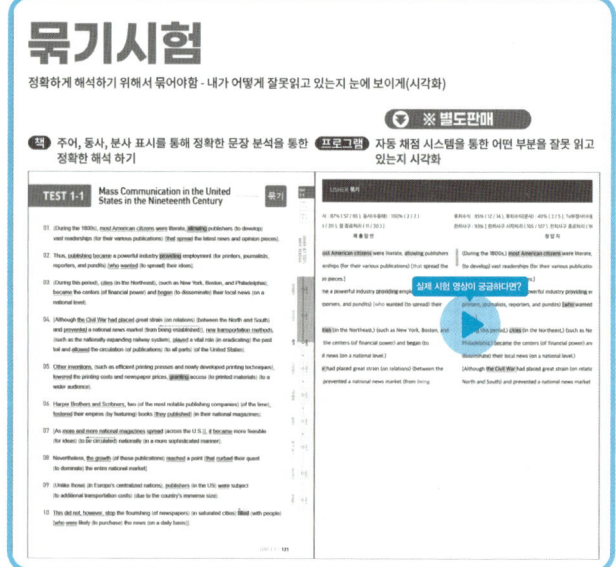

### Step 5. 열번읽기(내 발음 체크 = 말 할 수 있으면 들린다)

- 리딩 20점 미만의 학생들에게 가장 중요한 점은 "말 할 수 없으면, 들을 수 없다!!!" 입니다.
- 본인만 아는 이상한 발음으로 기억하면, 절대 못듣습니다.
이그제그래이션? Exaggeration을 이렇게 읽는 학생. 답 없습니다.
- 말 할 수 있는지는, 학원 프로그램이 모두 파악해 줍니다. 채점까지.
여러분은 성실함만 있으면 됩니다.

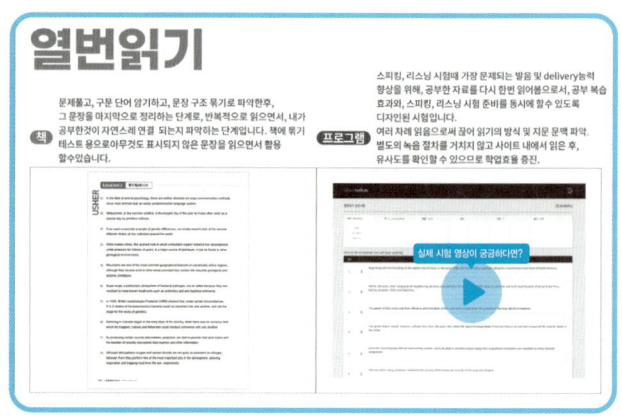

### Step 6. 타이핑

- 라이팅 시험은 영타가 기본인데, 이를 따로 준비하는것이 아닌, 공부한 자료를 반복 연습함으로서, 영타와 복습을 동시에 진행 가능케 하는 시험
- 주어진 문장을 따라 써 보며 정확도와 속도를 올려, 문맥 파악과 더불어 컴퓨터 기반 시험인 토플에서 고득점 하기 위한 필수 역량을 증진

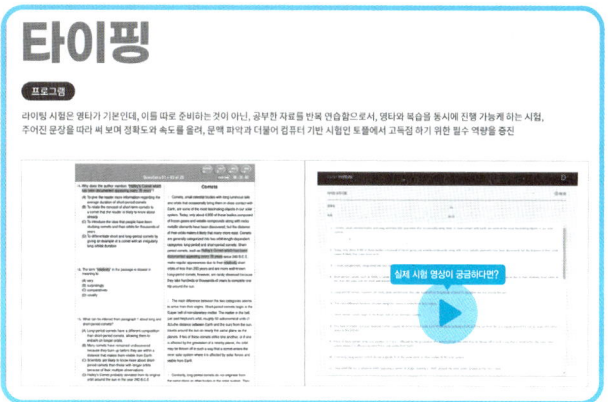

### Step 7. 별지

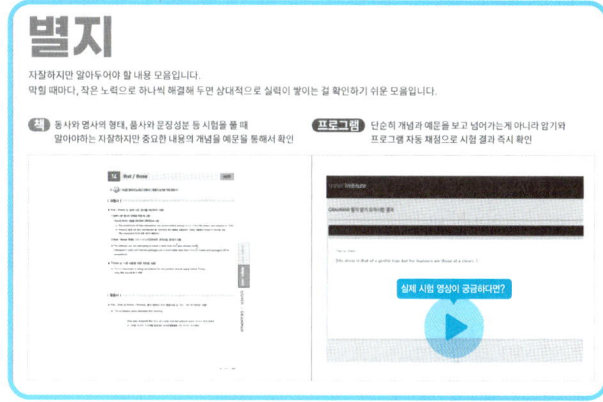

### Step 8. 접속사 암기

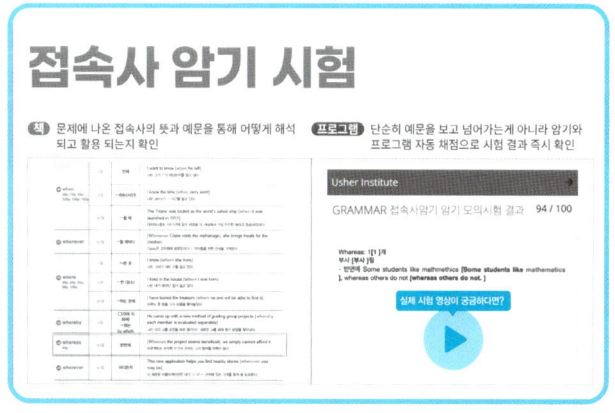

## 어셔어학원을 다니면,

**어셔어학원**을 다니면, 이 과정을 모두 스터디 시간에 **무료**로 합니다.

하지만, 사정이 있어서 **인강을 듣거나 프로그램만 구매하시는 분들은**

반드시, 위 내용들을 기억하고, 실행하면, 실력 향상에 큰 도움 되실겁니다.

# 6 토플 Listening 공부방법
usherin.usher.co.kr

## 리스닝 점수에 따라서

- 20점 미만이라면, 리스닝에는 너무 많은 힘을 쓰지 말고, 단어와 리딩에 집중 바랍니다.
  둘 다 하려다 하나도 못 할 수 있습니다.

- 20점 이상이라면, 1. 단어  2. 구문  3. 딕테이션  4. 열번읽기 까지 꼼꼼히 처리 바랍니다.

- 25점 이상이면, 단어, 구문은 거의 알 겁니다.
  대략 틀린 것 정도 간단히 마무리 하고 **딕테이션 및 오답 패턴 확인**에 집중하면 됩니다.

## 각각의 과정을 적으면 다음과 같습니다.

Step 1. 문제풀이
Step 2. TAGGING
Step 3. 구문 / 단어시험
Step 4. 딕테이션
Step 5. 열번읽기 (내 발음 체크 = 말 할 수 있으면 들린다)
Step 6. 타이핑

## 과정 순서대로 공부를 해야하는 구체적인 이유와 방법을 적어보겠습니다.

### Step 1. 문제 풀이

- 문제 풀이는 실전 화면처럼 컴퓨터로 직접 풀면서 익숙해지는게 좋습니다.

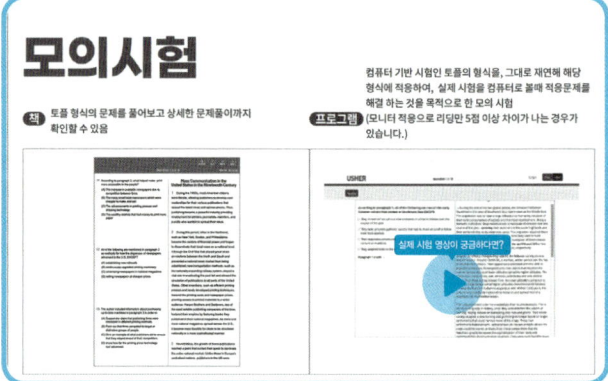

### Step 2. TAGGING

- 문제 풀이 직후, 잊기 전에, 문제 풀면서 가장 짜증 났던 부분 = 즉, 이해하기 힘들었던 부분을 체크해 둬야 합니다.

Step 3. 구문 / 단어 시험

- 귀찮은 거 압니다. 그래도 해두시기 바랍니다.

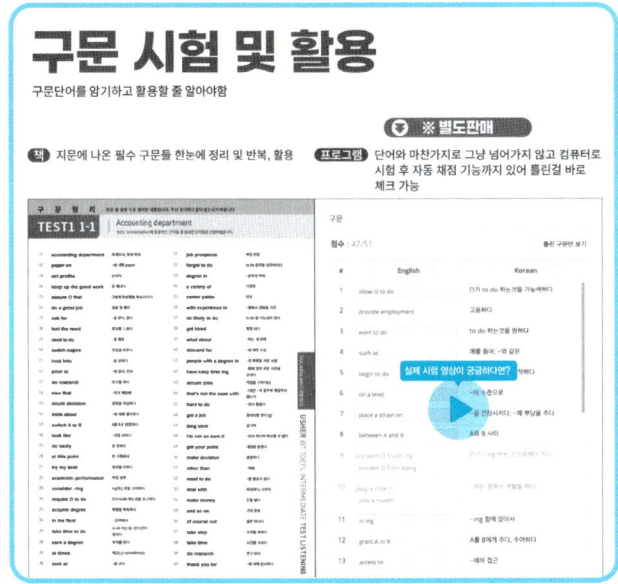

Step 4. 딕테이션

Step 5. 열번읽기(내 발음 체크 = 말 할 수 있으면 들린다)

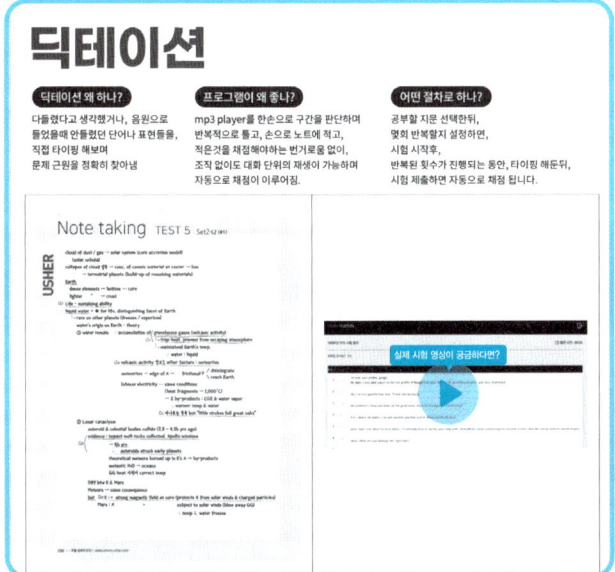

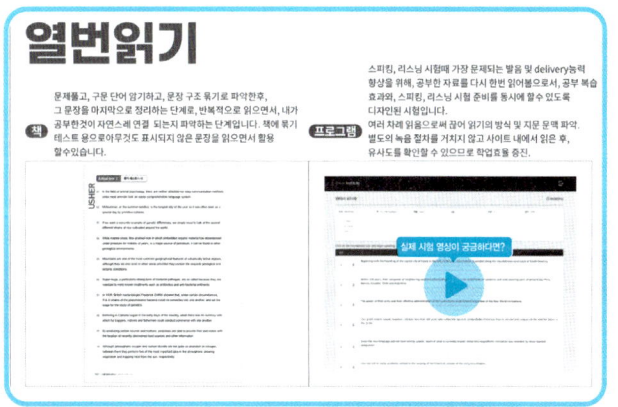

Step 6. 타이핑

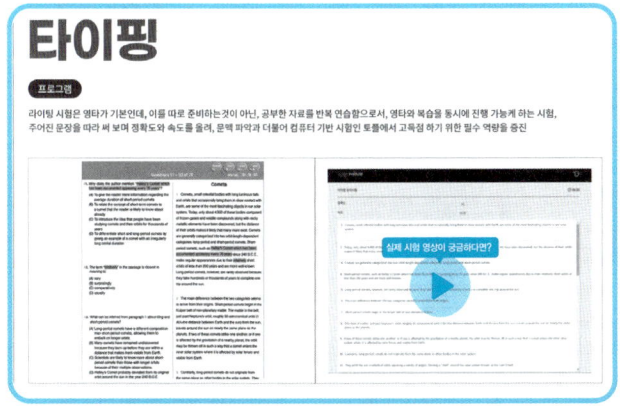

# 7 수강 후기
usherin.usher.co.kr

> 김유석
> 97점 두달간 토플 시험에서의 승리: 훌륭한 교사진, 함께 노력한 학원 동료들에게 감사를

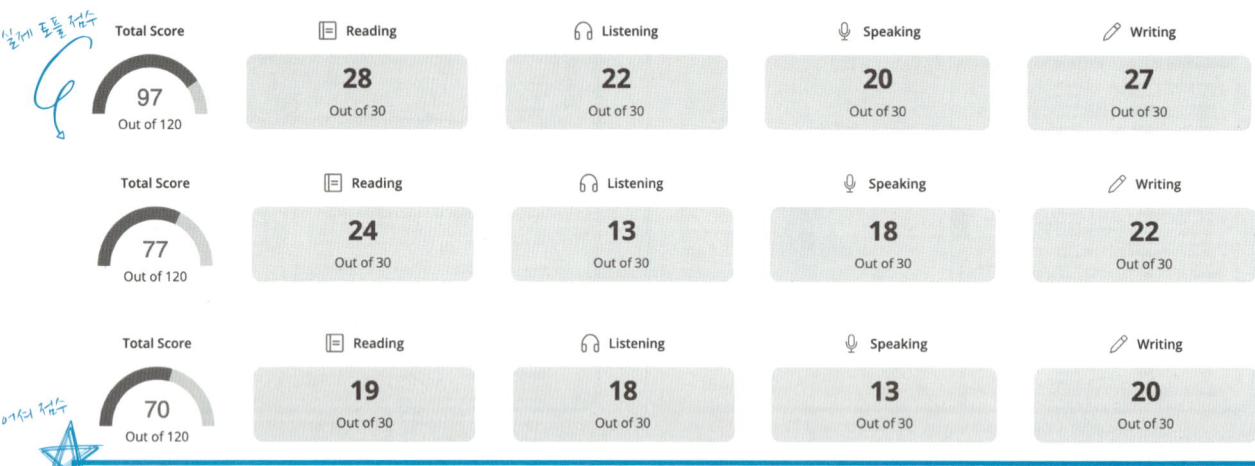

## 반배치고사

| 일자 | 반 | GR | | | RC | LC |
|---|---|---|---|---|---|---|
| | | SW1 | SW2 | SW1+SW2 | | |
| 2024-03-29 | 성인 정규 Intermediate반 | 10 | 18 | 28 | 32 | 23 |
| 2024-02-29 | 성인 정규 Intermediate반 | 11 | 11 | 22 | 28 | 22 |
| 2024-01-23 | 신규 | 9 | 13 | 22 | 25 | |

## 모의토플

| 일자 | RC | LC | SP | WR | 합계 |
|---|---|---|---|---|---|
| 2024-03-15 | 17 | 25 | 19 | 20 | 81 |
| 2024-02-16 | 22 | 19 | 0 | 0 | 41 |

2024.03 성인교육중급반 김유석 성취표

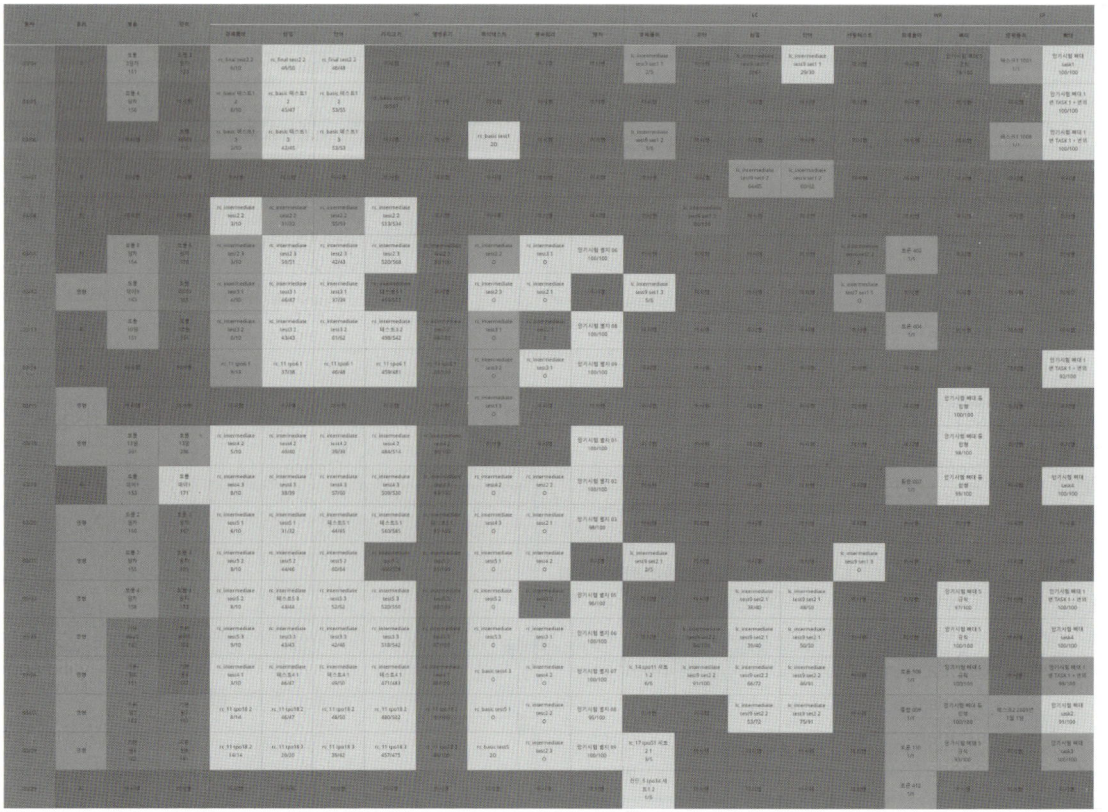

## 처음 학원에 들어올 때 시작 했던 반
2024년 02월 성인 정규 Intermediate반

## 수강 했던반 / 총 개월수
2024년 02월 성인 정규 Intermediate반
2024년 03월 성인 정규 Intermediate반
2024년 04월 성인 정규 K1반

## 학원에 오기전에 가지고 있었던 점수 (파트별)
- 토익점수_ 합계 : 0 RC : 0 LC : 0
- 토플점수_ 합계 : 70 RC : 19 LC : 18 SP : 13 WR : 20

## 목표했던 토플 점수
100점

## 취득한 토플 점수
RC: 28 LC: 22 SP: 20 WR: 27

## 최초/중간/ 최종
- 최초_ 합계 : 70 RC : 19 LC : 18 SP : 13 WR : 20
- 중간_ 2024-01-23 배치고사 SW:22, RC:25, LC:0
    2024-02-16 모의고사 RC:22, LC:19, SP:0, WR:0
    2024-02-29 배치고사 SW:22, RC:28, LC:22
    2024-03-15 모의고사 RC:17, LC:25, SP:19, WR:20
    2024-03-29 배치고사 SW:28, RC:32, LC:23
- 최종_ RC: 0 LC: 0 SP: 0 WR: 0

## 토플 공부한 이유(학업 이유)
일본유학(EJU)

## 파트별 상세 설명

### • Reading

제가 가장 나댈수 있는 영역입니다.

저는 한 달동안 삼지문 → 인터 → K반 까지 승반했었던 유일한 사람이기에, 현재 인터반 학생들이 주의깊게 봤으면 합니다. 다만 한가지 전제조건은, 저는 원래 문해력으로 승부보는 사람이었다는 점입니다. 즉 지문 이해력은 높으나, 영어해석능력이 부족해서 RC영역에서 고생했다는 점을 말해두고 싶습니다.

우선 첫 달은, 영어를 읽고 푸는데에 대한 '자신감', 그리고 긴 문장을 만났을때 '익숙함' 에 중요성에 대해서 배웠습니다. 혜성쌤 께서 강조하신 '오늘 푼 지문 10번 읽기' 과제를 다 하진 못했었으나, 세번씩이라도 읽다보니, 모르는 단어가 나오거나, 긴 문장을 봤을때 느끼는 자신감이 상당히 올라갔고, 정답률 또한 올라갔습니다. 그러나, 아직 이 시기에서는, 문장 직독직해의 수준이 낮은상태였으며, 주어진 시간안에 한 지문을 읽는것이 불안했습니다.

두 번째 달에는, 사실상 제 RC영역에 가장 큰 영향을 주신 김석균 선생님의 수업을 들었습니다.

선생님의 가르침 하에서 선생님이 강조하시는, 그리고 제가 느끼는 중요성의 순서는 다음과 같습니다.

#### 1. 수업시간에 선생님께서 워드에 정리하고, 수업 후에 올려주시는 메모를 빠르게 기억하고 넘어가기 입니다.

〉〉 각 지문 테마 별, 자주 나오는 단어나 표현들이 익숙해지기 때문에, 다음 번, 비슷한 지문을 만났을 때, 읽는 속도와 정확성, 자신감이 매우 다릅니다.

#### 2. 묶기 빠르게 할 것*****

묶기를 연구해가며 하지마세요. 묶기는 하나의 시험입니다. 문장 내에서, 본인이 약한 문법의 영역을 파악할 수 있는 부분이기 때문에, 빠르게 풀 되, 묶기의 결과를 잘 살펴보고, 메모를 남겨둡시다. 특히 토플 RC에서 등위접속사 and, or 과 같은 문법을 다르게 읽는다면, 해석이 전혀 다른 내용이 되기 때문에 지문 이해에 큰 방해가 될 것 입니다.

#### 3. 해석테스트

토플의 RC는 사실 이해를 하지 못한다고 해도, 70프로의 정답률을 보장할 수 있는 시험이라고 생각합니다.

그 이유로는, 어차피 문제에서 물어보는것은 지문의 특정 부분에 관해서 이고, 지문을 한번 읽었을때 기억을 살려, 빠르게 문제에서 요구하는 부분을 지문에서 찾기만 한다면, 정답률 또한 상당히 올라갈 것 입니다.

다만, 지문을 읽고 기억하는데에 있어서, 중요한 능력이 직독직해라고 생각합니다. 토플은 영어단어 바꿔넣기의 시험. 즉 영어를 잘한다는 느낌보다, 유의어 단어나 표현을 얼마나 알고있는지를 묻기에, 기계적인 암기능력을 요구한다고 생각합니다.

그렇기 때문에, 직독직해가 된다면, 유의어가 페러프라이징 된 선지를 고를수 있기때문에, 정답률이 올라갑니다.

또한, 결정적으로 직독직해를 잘 하게 된다면, 영어문장을 빠르게 읽게 되기 때문에, 시간안에 문제를 다 읽고 푸는것이 가능해 진다고 생각합니다. 이런 직독직해능력을 기를 수 있고, 내 상태를 점검할 수 있는 해석테스트를 열심히 준비합시다.

#### 4. 네 번째로 제가 생각하는 석균쌤의 RC포인트 + 어셔에서 가장 중요하게 강요하는 부분인 단어 입니다.

어셔를 다니면서 단어시험은 가장 큰 스트레스중 하나라고 생각합니다. 우선 학원측에서 단어암기를 하라고 과제를 내주면, 암기조차 안하는 학생들이 있기 때문에, 인터반 기준 200개중 180개의 빡센 목표를 요구하는 것 같습니다.

다만 제 생각으론, 단어를 암기하는데에 있어 가장 중요한것은 200개중 180개로 통과해서 초록불을 띄우는 것이 아니라, 내가 한번 본 단어의 뉘앙스를 얼마나 파악했는지 입니다.

아마 저와 수업을 들어보신 분들은 공감하시겠지만, 석균쌤이 수업중에 나온 단어에 대해 동의어를 물어보실 때, 가장 대답을 잘하는 학생이 저 였을 것입니다. 하지만, 반면에 3월달 VOCA 성취율이 가장 낮은 학생도 저라고 생각합니다. 매번 160~170개로 180개를 통과하지 못한적이 허다했거든요.

하지만 그렇다고해서 저는 단어공부의 시간을 줄인적이 없습니다. 대신 낯선 단어가 갖고있는 의미, 그리고 동의어, 이 단어가 어떤 주제의 지문에서 나오는가 에 초점을 맞췄습니다.

그와 반대로, 단어시험 통과율이 엄청 높으신 분들 혹은, 학원을 오랫동안 다니신 분들에게 있어, RC의 점수를 큰 폭으로 향상시키는대에 방해되는것이 바로 180개 제한 통과방식인것 같습니다. 160개에서 180개로 단어시험 정답률을 높이기 위해선, 한글뜻에 초점을 맞추게 되고, 그러다보면, RC지문에서 만난 낯선 단어를 빠르게 의미를 떠올리는 데에 딜레이가 생길 것 입니다. 물론 우선 단어의 익숙함을 줄이고, RC지문에서 만났을 때, 자신감 있게 한글로 해석할 수 있다면, RC의 한 지문을 읽는데에 유의미한 정답률 상승이 있다고 생각합니다. 그렇기 때문에, 단어를 열심히 외우시고, 통과를 잘하는 분들이라면, 지문에서 모르는 단어가 나왔을때는, 남들도 모르는 단어라고 생각하고 일단 자신감 있게 읽고 넘어가셔야 한 지문을 넘어 RC, RC를 넘어 LC, SPK, WRT까지,, 나머지 영역에도 전반적인 영향을 주는 자신감을 잃지 않을 수 있습니다. 그렇기에 본인의 자신감을 유지하는데에 가장 중요한 단어를 소홀히 하시지 마시길 바랍니다.

마지막으로 제 어셔에서의 토플 기간동안 가장 중요했던 3월달 첫 주 "삼지문 반" 입니다.

삼지문반을 수강함으로써, RC에서의 제 단점을 확실히 파악하는것이 가능했습니다.

수강후기 Reading 영역 첫 문두 에서도 말했다시피, 저는 상대적으로 감각적인 문해력을 가진 반면에, 영어를 한국말로 옮기는 부분에 대해서 많이 부족했었습니다. 그러다보니 제가 이해를 할 수 있는 지문들에 대해서는 70% 까지의 정답률을 보장했으나, 이해가 되지않는 주제에 관해서는 그야말로 처참했었죠..

그러다 원장님이 삼지문반 승반테스트를 진행하시고, RC영역에 대해서 설명해주실때, 그야말로 광명을 찾았습니다.

RC = R+C, 즉, Reading +comprehension 이라는 말, Reading 이 7, Comprehension이 3의 비율을 갖는다는 것을 듣고 나서야 비로소, 그때서야 제 단점이 Reading (직독직해) 라는 점에 대해 확신할 수 있었습니다.

그 이후로는, 인터반 -〉삼지문반으로 하반당했다는 압박을 머금고 친한 동료들 경선이와 건우형과 함께 세가지 지문 부수기에 목숨 걸었습니다. 저의 지문 이해력과 설명 + 경선, 건우의 직독직해 설명이 서로에게 큰 시너지를 주었습니다. 3월의 첫 주에 삼지문 반을 경험한 것이, 지속적인 제 RC점수의 상승에 포문을 열었다고 생각합니다.

그렇게 터프하게 학원 불 꺼져도 11시 반까지 공부하다가 보니 한 가지 재미있는 일화도 남겼던것이 기억에 남내요 ㅋㅋㅋ

원장님이 퇴근하시다가 어둠속에서 공부하던 저와 소연, 경선의 공부하는 동영상을 찍어가신것, 채운쌤께서도 퇴근하시다가 저희를 발견하시고 기분좋아하셨던 그런것들이 저희에게도 큰 원동력이 되었던 것 같습니다.

다시 궤도로 돌아와서 정리하자면, 삼지문 반을 거쳐, 3월 모의토플 이전까지 문제풀이및 석균쌤의 수업에 익숙해졌고, 3월 셋째 주 부터 RC점수가 팍 뛰더니 변동기에 들어오기 시작한 것 같습니다. 그리고 3월 이후 어셔에서의 생활을 마무리 하려던 찰나, 석균쌤과 채운쌤의 설득과 조언에 못이겨 4/2, 4/3의 수업도 듣게 되었고, 이 기간에 RC 고득점 평탄화가 이뤄저, 저를 하여금 어셔에서 졸업을 하도록 만들어 준 것 같습니다.

마무리로, 쌤들 말 안듣는 친구들에게도 한마디 하자면, 자기 멋대로 공부를 하려면 우선 쌤들이 시킨것부터 끝내고 하는것은 어떨까요? 석균쌤의 말씀대로, 제 RC점수가 상승하고 안정된 시기는, 어셔의 syllabus를 다 채우는데 성공한 시점부터라는 점을 알아주셨음 합니다.

- **Listening**

저에게 있어서, 시험 한번한번의 변동이 가장 큰 과목입니다.

모의토플 에서는 25점도 맞아보았고, 수업시간에 풀었던 문제는 컨버 렉쳐 렉쳐 다 맞은 적도 있었던것을 비추어 볼 때, 듣기의 고점 자체를 한번 끌어올리는데에는 성공했다고 생각됩니다.

먼저 그렇게 끌어올리는데 성공했던 이유를 생각해 보면

**첫째. 채운쌤의 세뇌.**

질문과 답변 위주로 들어라, 고유명사 연도 는 꼭 적어라, 동사위주로 들어라, 예시는 예시가 나온이유, 그것에 대한 결과를 들어야 한다,, 노트테이킹은 왼쪽에서 오른쪽으로 해라.

사실 더 많은데,, 신입분들은 수업료 내고 들으시라고 여기까지만 !! / 기존 학생들은 본인들이 메모했던 내용들을 한번 정리한다음, WRT통합형의 파이브룰즈 처럼 달달 외우는 것을 추천합니다.

**둘째. 디스커버리 유튜브채널의 영상 "마지막 알레스카인" 반복 청취.**

1시간 46분짜리 몰아보기 영상을 매 대중교통에서, 집안일 할때, 밥먹을때 반복해서 들었을 시기가 LC점수가 가장 잘 나왔던 시기입니다. 저는 시골출신에, 서바이벌에 관심이 많아 재밌게 봤던 영상인데, 토플 bio지문에 나오는 단어들을 귀로 반복해서 들었던것이 상당히 고무적 이었습니다. 시각을 이용해서 공부하지 않는 시간에는 꼭 귀라도 영어로 채워두길 바랍니다.

**셋째. 딕테이션을 단어 단어 단어 적고, 중간에 비었던 부분을 다시 매꾸는 것이 아니라, 영어를 한 뭉탱이 단위로 듣고 적었을 때, 내용이 가장 잘 들렸고, 그러다 보니 노트의 위에도 적어야 하는 내용만 적을 수 있어서, 정답률이 높았던 것 같습니다. 채운쌤이 말하시는 딕테이션의 방식 1단계 2단계 3단계를 잘 수행하시길 바랍니다.**

다만, 더 높은 점수를 내지 못한 이유에는

첫째. 어셔에 있는 도중, 리스닝 자습에 시간을 많이 쓰지 못한것.

RC와 LC는 몇번 고점을 찍는것이 가능하다면, 그 이후에는 점수의 변동을 잡아주는것이 중요하다고 생각하는데, 이 변동을 잡는것에 시간을 투자하지 못한것 같아서 아쉽습니다.

둘째. 노트테이킹을 점점 많이 적게 된 것.

노트테이킹의 양에 대해서도, 선생님들마다 다르지만, 저는 적게 적었을때가 오히려 더 정답률이 높았습니다.

단순하게 내용을 많이 적은것은, 디테일을 놓칠 확률이 큽니다.

셋째. 단기기억 기르는 연습을 게을리 함.

영어는 한국말처럼 단어만 투욱 툭 던져서는 의미가 만들어지지 않는다고 선생님들이 많이 말씀하십니다.

그렇다면 영어를 잘 듣기위해선, 언어 하나의 덩어리가 어디부터 어디까지인지 인식을 하고, 기억을 하고있어야 합니다.

청취테스트 연습을 부지런히 한다면, 본인이 들은 한 덩어리 덩어리가, 잘 기억에 남고, LC정답률 상향에 크게 기여할 것 같습니다.

LC영역에서 저의 결론은 "문제풀이 방식에 시간을 쏟지 맙시다" 라는 것입니다. 토플 리스닝 특성 상, 내용이 잘 들리고, 디테일을 기억하거나 노트에 옮겨적는다면 문제는 어지간히 다 맞을 것 이라 생각합니다.

## Speaking

4과목 중 가장 낮은 점수를 맞아서 가장 할말이 적습니다. 뼈대 잘 외우고, 12간지 잘 외우고, 리스닝영역 문장단위로 적고!! 이 삼박자가 맞지 않고서는 의미있는 점수를 낼 수 없다고 생각합니다. 토플이 단과시험이 아니고, 여러 영역을 요구하는 만큼, 전체의 성적을 끌어올리기 위해선, 무리를 해서라도 하루에 스피킹 하나정도 녹음하는것을 추천드립니다.

두번째로 스피킹 1번과 같은경우 암기가 끝이 아니고, 주어진 주제문에 대해 뼈대와 12간지를 변형시키는 유연함 도 길러야한다는 점 잊지 말아주세요.

저 같은 경우, 솔직히 유연하게 대처하는 연습이 소홀했기 때문에, 걍 논리 안맞는 문장나와도 자신있게 어거지로 밀고 들어갔습니다. 그래서 20점이라도 나오지 않았나 싶어요..

자신있게 어거지로 밀고가서 20점이라도 확보하려면 뼈대 + 12간지를 반드시 외워야 할 것입니다.

### • Writing

4과목중 가장 의외인 점수를 가져다준 고마운 과목입니다. 사실 WRT이 고맙기보단 당연히 채운쌤께 너무 감사드립니다..

스피킹과 더불어 공부량이 적었던 과목인데, 왜 27점이 나왔을까요??...

바로 제 WRT점수가 12간지와 파이브룰즈에 위대함을 다시금 증명했다고 생각합니다.

물론 저도 작전을 세우긴 했는데,, 그게 12간지의 위대함과 더불어 잘 들어맞았네요.

제 작전은, 제가 많은 내용을 생산할 수록, 문법과 스펠링 미스가 많아져서, WRT의 총점을 깎을것이라 예상해서, 안

전빵 문장들만 가져다 적었습니다. 절때 어렵게 쓰려고 하지 마시고, 본인만의 예시 뼈대를 만들고, 12간지에 기대어 최대한 문장을 간단하게 쓰는것을 추천드립니다.

## • 어셔의 관리 프로그램 (asap프로그램) 관련 사용 팁
점수 취득 후 얻게된 결과

1) 한번 실패를 맛 보았던 토플에서 성공을 거둔것.

매번 꿈에 나오던 학창시절 담당일진을 길에서 만나 뚜드려 팬것과 동일한 기분이지 않을까요??

2) 자신감

내 인생에 있어서 가장 높았던 벽 '토플'을 넘었기 때문에,, 앞으로 못할건 하나도 없을것 같다는 근자감

저는 ○○스에서 1년 이상의 시간과 돈을 써가며 영어의 5형식부터 공부했었습니다. ○○스의 기본문법 교실은 to부정사가 뭔지 모르는 저에게는 꽤나 재미있고 이해가 잘 갔던 수업이었죠.

그러나 문제는 ○○스 토플 커리큘럼에 들어가면서 시작입니다. 제가 생각한 ○○스 토플의 문제를 순서대로 나열하자면,

1) 영어 기초반에서 토플 기초반으로 넘어갈 때, 간극이 꽤 크다.

〉〉 단어 요구량이 너무 차이나기 때문에, 영어 기초반에서 공부한 뒤 바로 토플 기초반수업 못따라갑니다.

2) 영어실력의 "근본"을 경시한다.

〉〉 이게 가장 큰 문제라고 생각합니다. 특히, 만약 이글을 보는 본인의 목표가 80점 이상이라면.

제 생각으로, ○○스의 '입문+인터미디엇' 반의 수준이, 어셔의 '완초 1~2반' 이랑 비슷합니다.

근데 차이점이 있다면, ○○스에서는 딱 그정도의 영어수준을 지닌 학생들이 그 상태에서 점수를 잘 내도록 교과과정이 맞춰져 있습니다. 그말은 즉, 더 높은 점수대로 도전하는 "근본"을 쌓는데에 아 무 런 도움이 되지 않는 다는 점입니다.

본인이 영어가 안읽히고, 안들려도.. 그 상태에서 점수를 내게 알려주는 방법이 ○○스식 입니다.

이 방식으로는 저같이 영어의 "근본"이 없는 학생들에게 있어서 90점대의 아성에 도전할수가 없습니다.

3) 각 과목 선생님들이 다르고, 같은 과목의 선생님들도 너무 많다.

〉〉 템플릿 다 난리납니다. 같은 과목의 선생님들 마다 말이 아 다르고 어 다릅니다.

각 과목의 선생님들의 목소리가 너무 큽니다. 수업시간 40~50분의 짧은 시간에 수업을 듣기 위해서, 하루 과목당 4~5시간 정도의 자습량을 요구합니다. 즉, 토플 4과목의 과제를 마치지 않는다면, 수업을 듣는 의미가 없습니다.

○○스 다녀보신 분들 수업 1주차 부터 같은 교실에 사람들이 적어지는것을 경험했거나, 혹은 본인이 점점 수업에 참여를 못하게 되는 학생이셨죠?

그~러~니, 어셔를 토플 학원에 안중을 넣고 계신 분이라면, 혹은 지금 다니고 계신 분이라면 영어의 "근본" 을 쌓기위해서 어떻게 해야하나 열심히 고민해보세요. 공부법에 최첨단 방식은 없습니다.

암기, 반복, 직독직해 이런 무식 하다고 여겨지는 공부가 아직도 사용 되는 이유는 '전통적' 이기 때문입니다. 전통이 전통으로 이어져 온 것에는 그것이 최선책 이어왔기 때문입니다.

학생분들의 뇌는 그저, 때려 넣는것만 생각하시고, 학원에서 시키는것에 대해 의문을 가지지좀 마세요.

그렇게 본인이 학원보다 좋은방법을 알고 있었다면, 지금 이 후기를 볼 일도 없을 테니까요.

뇌의 사용량을 다른데 투자할 것 없이, 내용을 집어넣는 것에만 집중한다는것이 얼마나 효율적입니까?

대신, 학원이 이걸 왜 시키는걸까? 에 대해서만 '고민' 수준에서 머물도록 하는것을 추천합니다..

어셔 어학원에서의 시간들을 돌이켜보며...

어셔에서의 두 달은 제 수명 1~2년을 끌어쓴다는 느낌으로 지냈습니다.

1) 수면은 두달동안 평균 5시간 안넘을거라 생각하구요,,

2) 점심또한 편의점 삼각김밥만 먹어서 소화장애 심각했었죠..

같이 공부했던 친구들은 알겠지만 제 말버릇 중 하나가 소화안되서 죽을것같다..

위생천/까스활명수 마셔야겠다 아마 지겹도록 들었을 것입니다

근데 할만했습니다.. 어셔에서 토플은 공부라기 보단, 하나의 팀 스포츠라고 생각합니다. 매일같이 남아서 동료들과 훈련을 하고, 스스로의 한계를 극복하고, 결과로써 증명한다. 이렇게 생각했기 때문에 어셔에서 상당히 즐거운 시간을 보낼 수 있었습니다.

인생에서 무언가를 위해 몰두하는 경험을 쌓기위해 최적의 환경을 잘 조성해주신 원장님, 그리고 채운쌤과 석균쌤, 해성쌤과 같이 교사진들의 엄청난 하드워킹.. 어셔에서의 두 달은 진정한 낙수효과에 대해서도 느끼게 해준 것 같습니다.

저는 두 달하고 빠질생각으로 다녔기 때문에 제가 열심히 해야하는건 당연했구요..

그런데도 불구하고 나를 가르치는 선생님들은 몇년씩 이 생활을 반복하고 있다는 사실을 생각해 본다면,, 적어도 본인이 어셔에 있는 동안은 그들보다 열심히 해야한다는걸 잊지마세요.

## ▍어셔생활백서

[1] 밥집:
1) 먹고싶은것 없으면 "감미옥" – 시간은 금입니다. 가장 가까운 복합 한식 분식집이며, 맛 또한 일대에서 상위권입니다. 만약 사장님께 아양을 잘 떤다면, 공짜 밥 무한리필도 가능합니다.
2) 먹고싶은것 없고, 감미옥이 질린다면 "KFC" (도보 왕복 약 8분)
3) 학원 MZ세대들이 아마,, 제일 좋아할 김치볶음밥&돈까스 "하트타임" (KFC 근처)
4) 든든한 국밥 "장터순대국" (KFC 아랫층)
5) "뉴코아 킴스클럽" 푸드코드: 가지마세요 시간 다 뺏깁니다. (도보 왕복 약 16분)
   〉〉 참고로 점심은 빠르게 편의점에서 드시고 구문/단어, 묶기 하세요.. 시간은 금입니다.

[2] 자습실 (=학원 오픈시간)
1) 평일: 매일 아침 7시 30분 안에 열리고, 오후 11시 ~ 11시 30분에 닫힙니다.
2) 주말: 주 마다 쌤들께 여쭤보세요. 열릴때도, 안 열릴때도 있습니다.
   〉〉 토플 학원의 학원비는 결코 싸지 않습니다. 최대한 학원의 전기, 수도, 난방 비용을 털어간다는 생각으로 남으세요.

[3] 대인관계:
제 생각으로 어셔에서 공부 다음으로 중요한 영역같습니다. 얼굴을 본 기억이 있는 사람과 마주친다면 정중히 인사부터 나눕시다. 특히, 열심히 하는 학생이 있다면, 혹은 점수를 잘 내는 친구가 있다면 잘 보고 배웁시다.

## ▍Thanks to

1) 경선.. 어셔가 나에게 선물한 가장 친한 친구.. 덕분에 어셔 너무 재미있게 다녔다... 나도 가끔 너무힘들고 맨탈 흔들릴때 있었는데, 그때마다 경선이의 활기랑 에너지가 나아갈 힘을 계속해서 준것같아.. 진짜 너 없었으면 쉽게 졸업하기 힘들었을것같아 너무고맙다 경선아. 빠르게 졸업하고 서로 남은 한국에서의 목표한 바를 완수한 다음에 또 신나게 놀아보자

2) 소연.. 아마 본인은 모르실 것 같은데, 소연님이 제 점수가 오르는데 1등 공신이십니다.. 소연님 분석을 꽤 했거든요 ㅋㅋㅋ 소연님 같은 분이랑 수업을 들을수 있었던것이 진짜 엄청난 행운이었습니다. 그리고 왜 또 공부는 그렇게 열심히 하시는지.. 서로 각자의 위치로 돌아간다음에도 잊지말고 자주 연락해요. (콩고물 얻어먹을라니까)

3) 환준.. 같은 일유생의 키즈나.. 인터에서 K반으로 넘어간 동료이자 산책 나카마... 뭐 우리는 일본에서 끈덕지게 볼것같으니 짧게 씀

4) 건우.. 건우햄 행동력 하나는 진짜 끝내줍니다.. 사실 저도 제 친구들 사이에서 미친행동력으로 비난과 감탄 둘다 받는데 형은 그 이상인 것 같아요.. F-k ng 트래블러 건우형. 저도 여행 좋아하니까 아프리카 정도 아니면 한번 같이 가는것도 좋을지도 ..?

5) 혜성.. 경선, 건우와 더불어 삼지문 -> 인터반의 동료.. 혜성님 힘들어 하시다가 저랑 경선이가 혜성님 웃게 만들었을때 상당히 성취감 있었습니다. 그리고 제가 생각하는 가장 빨리 졸업할 것 같은 맴버 3명중 한 분이십니다. 자신감 잃지마시고 토플 부수기 기원합니다.

6) 인터반 친구들

졸업하고 하느라 교실의 분위기도 많이 달라졌지만,, 다들 함께 할 수 있었기 때문에 토플이라는 거대한 압박 안에서 나름 즐겁게 보냈던것 같습니다.. 2월달에 인터반의 화목하고 재미난 분위기를 만들어두고 가신 하륜이형, 동훈이형도 너무 감사드리고,, 수업시간에 저랑 경선이가 어떻게보면 수업을 방해할 수도 있을 수준에 헛소리를 해도 다들 웃고 넘어가주셔서 감사합니다. 모두 목표한 바를 이루시길 기원합니다.

김유석 어셔졸업 일등공신 채운쌤:

처음에 상담할 시기부터 제 토플공부에 가장 크게 기여해주셨다는 점 알아주셨음 합니다 ㅋㅋㅋ

선생님만 믿고 다른생각 안한 덕에, 기대하지 않은 좋은 점수를 만들 수 있었던 것 같아요.. 비록 처음 반 배치가 완초 2반으로 떨어졌지만, 쌤 께서 2달안에 졸업하려면, 힘들더라도 인터반이 좋을수 있다고 조언해주신 덕에, 인터반에서 기분좋은 시작을 할 수 있었습니다. 그리고 또 가끔 제 기강이 해이해질 타이밍에 완벽히, 교실 전체에 기강 다져주신것도 큰 도움이 되었습니다 ㅋㅋㅋㅋㅋ

12간지야 뭐 말하는거 입아프구요.. 저는 선생님께서 단순히 '선생님'이라는 직책을 빼고도 '김채운'이라는 훌륭한 사람을 만난것에 대해 좋은 경험한 것 같습니다. 하지만 건강도 잘 챙기셔서 롱런하셨음 좋겠어요 ㅋㅋ 채운쌤 너무 감사합니다 !!

석균쌤:

가끔 편한길 찾고싶어서 쌤한테 시도할때마다 본전도 못찾고 깨진 기억들이 떠오르네요.. 덕분에 정신차리고 공부했습니다 쌤.ㅋㅋㅋ 어셔 한달 더 다니고 싶었던 가장 큰 이유가 바로 석균쌤의 수업이었는데,, 다행히도 금방 졸업을 했네요...

그리고 리딩 테마별로 지문 별 문제풀이 순서를 직접 고안하셨는지는 모르겠지만,, 테마별 리딩 문제풀이 순서가 너무 도움됐습니다.. 딱 우주에 대해 잊어먹었을 즈음에 복습시키고,, 슬슬 적응되던 테마에서 벗어나서 낯선거 풀게 시키고.. 그 외에도 쌤께 고마운거 많지만 이만 줄이겠습니다. 쌤은 쿨하시니까요 ~

조교쌤들도 너무 감사했습니다 !! 특히 예림쌤, 유하쌤, 명준쌤,, 매번 해태할때마다 답답하셨을텐데,, 저였으면 좀 화났을수도 있것을 것 같은데, 친절하게 질문받아주시고 너무 감사했습니다 !!!

*usherin.usher.co.kr*